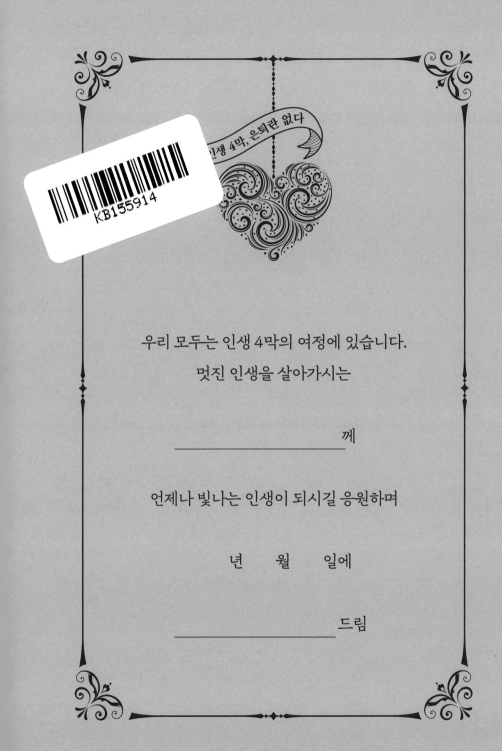

인생 4막, 은퇴란 없다

KB155914

우리 모두는 인생 4막의 여정에 있습니다.
멋진 인생을 살아가시는

_____ 께

언제나 빛나는 인생이 되시길 응원하며

년   월   일에

_____ 드림

인생 4막, 은퇴란 없다

인생 4막,

은퇴란 없다

윤병철 지음

가디언

✳

나는 2018년 1월, 31년이나 다니던 회사를 갑작스럽게 나왔다. 회사를 나온 후 당황스럽고 혼란스러운 마음으로 하루하루를 보내고 있었다. 누구나 그렇겠지만 퇴직에 대한 구체적인 준비가 부족했기 때문이다. 나를 달래볼 요량으로 인생 전반에 대한 성찰 일기라도 써보라는 아내의 권유로 일기 대신 그간의 강의나 회의자료들을 정리했다. '무식이 용감'이라고, 그렇게 시작한 글들이 내 처음의 의도와는 달리 얼떨결에 『어제의 나를 넘어서라』라는 책으로 나왔다.

그러나 퇴직 후 불안정한 심리와 어색한 일상 속에서 서두르듯 출간한 책이 마음의 짐이 되었다. 시간이 지날수록 부끄러움과 민망함이 컸다. 내용이라도 교정했으면 하는 생각을 지울 수 없었다. 마침 한 후배가 첫 번째 책이 회사생활의 경험을 가지고 썼으니 나중에 퇴직 후의 느낌으로 다시 한번 써보면 어떠냐고 제안했다. 그래서 가수들이 자신의 노래나 다른 가수의 노래를 다양하게 편곡해서 부르는 것처럼 편집을 해볼 마음이 들었다. 그런데 글을 쓰다보니 일부는 준용했으나 편집을 넘어 전체적으로는 완전히 새로운 책이 되었다.

31년의 직장생활을 마치고 4년이 지난 지금 나는 더 이상 봉급쟁이가 아니다. 작은 회사를 운영하면서 전혀 다른 세상사를 경험하고 있다. 퇴사 전에는 내가 재직했던 회사가 나에게 전부였고 그곳에서 나는 대단히 많은 경험을 하고 있다고 생각했다. 그러나 회사를 나와 돌아보니 회사에서의 경험은 작은 부분에 불과했다.

나는 공부를 많이 한 사람이 아니고 특정 분야를 깊이 연구한 사람도 아니다. 게다가 크게 성공한 사람도 아니고 비범한 재능이 있는 사람도 아니다. 무엇보다 엄청난 자기 절제와 상상할 수 없는 고난을 극복한 사람도 아니다. 그저 평범한 사람으로 직업의 특성상 많은 사람을 만났고 비교적 다양한 경험을 했다. 사람들은 자신이 경험한 분야가 세상의 전부인 것처럼 살아간다. 나도 그런 사람 중 하나이다. 그렇게 자기 경험이 전부인 듯 착각하는 다양한 사람들이 우리가 살아가는 공동체를 만든다. 각자 다르지만 그들의 고유한 생각과 가치관과 행동들이 공동체의 성장과 성숙을 만들어가는 것이다.

범접하기 어려울 정도의 지식과 경험과 통찰을 담고 있는 책들이 매일 세상에 나온다. 누구나 심혈을 기울여 책을 썼을 것이다. 과거에는 몰랐지만, 이제는 책을 낸 분들이 고맙다. 그들의 경험과 통찰을 간접적으로 접하면서 내 지평이 넓어지는 것을 느끼기 때문이다. '책은 세상에 자신이 하고자 하는 말을 하는 것이다'라는 누군가의 말에 나도 동의한다.

그 말이 무의미한 소음으로 사라질 수도 있고 누군가에게는 귀한 고언이 될 수도 있다. 그건 순전히 독자의 몫이다.

이 책은 전문서적도 아니고 문학작품도 아니고 철학서적도 아니다. 나의 치열했던 직장생활의 경험 속에서 느꼈던 것들을 기록한 것이다. 그래서 나는 이 책에서 몇 가지 원칙을 지키려 한다. 첫째, 내 경험과 능력의 범주를 벗어나지 않으려 한다. 둘째, 인생 4막에 집중하려 한다. 셋째, 내가 잘 모르는 경험 밖의 세계까지 언급하지 않으려 한다. 넷째, 인생문제에 대한 내 나름의 의견을 통해 누군가의 해결책에 작은 모티브를 주고자 한다.

우리가 모르는 길을 가다 보면 감으로 갈 수도 있고, 표지판을 보고 갈 수도 있고, 경험자에게 물을 수도 있고, 내비게이션을 이용할 수도 있다. 각자 자신에게 가장 적합한 방법을 사용하면 된다. 나 역시 누군가에게는 조금 위로가 되고 나의 경험이 어떤 사람들에게는 인생의 일부 구간에서나마 내비게이션 역할을 할 수 있지 않을까? 하는 마음으로 이 글을 쓴다. 영국의 데이비드 캐머런* 총리가 **"내 과거의 실패를 얘기함으로써 미래의 다른 사람들을 보호할 수 있다"**라고 말한 적이 있는데 나 역시 그 말에 동감하여 용기를 내었다. 간혹 주제를 강조하다 보니 개인적인 얘기가 중복되지만 독자들의 넓은 양해를 바란다.

나는 모든 사람이 밤하늘의 별처럼 빛나는 삶을 살았으면 좋겠다. 이 글을 쓰는 최종의 목표도 누군가가 조금이라도 나은 인생을 만들어가는 데 작은 디딤돌이 되는 것이다.

---

* 데이비드 캐머런: 2010~2016년 재임한 영국의 75대 총리. 보수당의 대표를 지내기도 했다.

우리는 한 번뿐인 인생을 살아간다. 예행연습이 없는 인생길이다. 그래서 나이가 들어갈수록 지난날들을 돌아보면 아쉬움과 후회되는 순간들이 쌓이는지 모르겠다. 누구나 현재 나이가 어떠하든 남은 시간을 좀더 의미 있고 보람 있게 살아갈 수 있는 지혜로운 선택을 하고자 하는 열망이 있을 것이다. 나 역시 그렇다. 무슨 일을 하든 좋은 결과를 얻기 위해서는 목표나 지향점이 분명해야 하고, 이를 이루려는 방법을 알아야 하고, 구체적으로 행동해야 하고, 마지막으로는 이러한 메커니즘이 멈추지 않도록 동기를 부여하는 에너지가 필요하다고 생각한다.

이 책을 접하는 사람들도 인생 여정의 특정 구간에 있을 것이다. 어떤 사람은 미래를 위해 준비하는 인생 1막의 시절을 보내고 있을 것이고, 어떤 사람은 인생 2막에서 활기찬 사회생활을 하고 있을 것이다. 나 같이 인생 3막을 시작하는 사람도 있고, 우리 어머니처럼 인생 4막, 즉 삶의 마지막 구간을 보내고 있는 분도 계실 것이다. 인생의 어느 구간에 있든지 구간마다 중요한 것이 있고 준비해야 할 것들이 있다. 나는 이 책에서 인생이란 긴 여정에서 각 구간에서 필요한 것들을 내 나름의 경험을 거울 삼아 말하고자 한다.

무엇보다 오늘의 나를 있게 해준 많은 고마운 분들이 있다. 바쁜 일정 속에서 흔쾌히 시간을 내어 책을 출간할 때마다 원고를 읽고 좋은 의견을 주신 이화여자대학교 국문과 정소연 교수님께 진심으로 감사를 드린다. 부족한 나를 만나 평생 마음고생을 하면서도 나에게 항상 쓴소리를 멈추지 않은 아내에게 감사의 마음을 전하고 싶다. 지금은 은퇴하고 경남 거창에 계시는 이재철 목사님은 나의 신앙은 물론 공동체적인 가치관을 갖게 해주신 분이다. 지면으로 감사를 드린다. 회사에서 퇴직했지만 늘 응원을 아끼지 않은 후배들과 나와 함께 인생 3막을 걷고 있는 선배들과 동료들에게도 감사의 마음을 전한다.

2021년 12월 마포 사무실에서

윤병철

---

* '인생 4막'이란 인생을 총 4막으로 구분한 것이다. 각 구간은 편의상 인생 1막, 2막, 3막, 4막으로 구분했는데, '인생 4막'은 문맥에 따라 네 번째 단계로도 쓰고, 때로는 인생 전체를 아우르는 표현으로도 썼다.

차례

제1부

빛나는 인생 4막을 위한 자세

과거에는 수명이 길지 않아서 사람들의 삶을 몇 개 구간으로 나누는 것이 의미가 없었다. 구간을 나눌 만큼 오래 살지 못했기 때문이다. 그러나 오늘날은 거의 대부분의 사람들이 퇴직 후에도 특별한 일 없이 긴 시간을 살아야 한다. 평균 수명이 길어지면서 노후란 개념이 생겼고, 심지어 누군가의 도움 없이는 삶이 불가능한 시간도 상당 기간을 보내야만 한다. 이 모든 것들이 과거와 다른 새로운 패러다임이다.

　그래서 나는 인생을 4단계로 나누어 설명하고자 한다. 인생 1막이란 세상에 태어나서 가정교육과 학교교육과 사회교육을 통해 기본기를 배우고 재능을 발견하며 사회에 진출하기 위한 준비를 하는 기간으로 대략 0세~30세까지를 말한다. 인생 2막이란 사회에 진출하여 경제활동을 하는 기간으로 대략 31~60세를 말한다. 인생 3막이란 61세 이후 생업에 계속 종사하거나 자력의 삶이 가능한 기간으로 61~80세 정도를 말한다. 인생 4막이란 자력으로는 삶이 어려워져서 누군가의 도움이 필요한 기간이다. 경제적 도움이나 신체적 도움이 필요한 81세 이후의 삶을 말한다. 이런 관점에서 볼 때 내 아들은 인생 1막의 시간 속에 있고, 내 딸은 이제 인생 2막을 막 시작했다. 나는 인생 3막을 살아가고 있고, 내 어머니는 인생 4막의 시간을 보내고 계시다.

미래에 대한 막연한 기대로 어린 학생들이 무한경쟁의 입시 준비로 시간을 보내고 있다. 취업에 어려움을 겪는 젊은이들의 고민이 깊어간다. 언제 구조조정의 대상이 될지 불안해하는 직장인도 많다. 아직은 더 일하고 싶은 인생 3막의 중장년층이 넘쳐난다. 전국에 수많은 요양병원과 요양원에는 홀로 쓸쓸하게 인생 4막을 보내고 있는 어르신들이 계신다. 인생 1~4막을 잘 보내려면 그에 걸맞은 계획과 준비가 필수적이다. 이것은 단순히 개인의 문제가 아니라 기업, 사회, 국가가 모두 관심을 가지고 노력해야 해결할 수 있다. 무엇보다 4막까지의 인생을 잘 만들어가려면 인생을 전체와 부분으로 구체적으로 보는 시각을 갖춤과 동시에 매 순간 해야 할 바를 찾고 실천하려는 자세가 필요하다.

인생에서 돈이 중요하지만 그것이 모든 것을 해결해주지는 않는다. 또한 정신적인 성숙이 모든 문제를 해결해주지도 않는다. 따라서 인생을 종합적으로 보는 눈이 필요하다. 제1부에서는 인생이 4막으로 구성되어 있음을 인지하고 각자가 빛나는 인생을 만들어가기 위한 자세에 대해서 살펴보고자 한다.

1. 인생에서 은퇴란 없다

나는 대학을 졸업하면서 공부를 다 마친 것처럼 생각했다. 그러나 돌아보면 학창 시절에 배운 것보다 사회생활을 하면서 알게 된 것이 더 많다. 책도 회사 다닐 때보다 퇴사 후 더 많이 읽었다. 우리는 보편적으로 다니던 직장을 나오면 은퇴라고 생각하는 경향이 있지만《표준국어대사전》이 규정한 **은퇴란 '직임에서 물러나거나 사회생활에서 손을 떼고 한가히 지냄'으로 정의**하고 있다. 이는 퇴사와 퇴임과 퇴직을 은퇴와 동의어로 간주해서 생긴 오해이다.

우리나라에서 직장인은 대부분 한곳에서 오래 근무하기 때문에 20~30년 다니던 직장에서 나오면 마치 사회생활이 끝난 것 같은 느낌을 받는다. 나 역시 대학을 졸업하고 딱 한 번 원서를 넣은 회사에서 31년 근무하다가 나왔으니 그런 생각이 드는 것도 무리는 아닐 듯싶다. 그러나 곰곰이 생각해보니 난 단지 다니던 회사를 퇴사했을 뿐이지 은퇴한 것은 아니다. 진정한 의미의 은퇴란 사전의 정의처럼 하던 일에서 물러나 한가롭게 지내는 것이지만, 사회에는 우리가 맡을 다른 역할이 많다.

며칠 전 우연히 TV 프로그램에서 방송인 유재석 씨와 정보통신업계에서 40대에 퇴사한 젊은 여성분이 출연한 것을 시청했다. 그 여성분은 남편과 함께 근무했던 치열한 정보통신업계의 업무환경과 경험을 진술하면서도 상세히 얘기했다. 그 부부에게 시시각각으로 바뀌는 정보통신업계의 환경변화는 심한 스트레스를 주었다고 한다. 그래서 오랫동안 재정 및 라이프플랜에 대해 구체적으로 준비한 후에 한창 열정적으로 일할 40대 나이에 자발적으로 은퇴를 했다고 한다. 그 여성분은 은퇴후 비로소 자신만의 삶을 누리고 있고 책을 읽으며 글을 쓰는 시간을 보내고 있다고 했다. 그들은 부모와 사회가 만들어놓은 기존의 질서 속에서 치열하게 살다가 번아웃burnout이 왔었는데 비로소 자신의 삶을 생각해보고 남은 인생을 어떻게 살 것인가를 성찰했다고 한다. 그리고 자신의 삶을 주도적으로 살겠다는 결론을 내리고 꼼꼼히 준비하여 즐거운 삶을 누리고 있다고 한다. 사회자와 그분의 대화 중 은퇴란 단어를 반복해서 사용했지만 난 그분이 은퇴했다는 생각이 들지는 않았다.

나는 그 젊은 부부를 보며 그들이 나이가 들어 이번 결정을 후회하지 않고 더 성숙한 삶을 살아내리라 기대했고 진심으로 응원했다. 요즘 젊은이들에게 파이어족Fire족이란 말이 유행하고 있다. 부모 세대처럼 50~60대에 은퇴하는 것이 아니라 20대부터 극단적으로 소비를 줄이고 저축하여 경제적 자립을 이루어 30대 말이나 40대 초에 자발적으로 은퇴하는 사람들을 말한다. 주로 밀레니엄 세대들에게서 나타나는 현상이란 특징이 있는데, 그들이 이런 결정을 하는 것은 일에 대한 불만족, 높은 청년 실업률, 경제적 불확실성 등과 관련이 있다 한다. 그런데 나는 그런 이유보다 어린 시절부터 치열한 입시경쟁에 시달리며 학창 시절을 저당 잡힌 채 앞만 보고 달려온 베이비붐 자녀 세대들의 아우성이라 생각한다. 그들은 자신의 삶이 아닌 부모와 사회에 의해 강요된 삶을 살아온 것이다. 또한, 그들은 부모 세대처럼 사회에서 정해진 획일화된 기준에 맞추기 위해 본인이 원하는 삶을 포기할 수 없는 세대이기도 하다. 난 개인적으로 그들(MZ세대)의 이런 현상이 자기 주도적인 삶에 대한 표현이라고 생각한다. 조기 은퇴하여 무위도식하면서 시간을 보내고자 하는 것이 아니라 자신들이 원하는 삶을 살고자 하는 용기 있는 도전이라고 생각한다.

비록 은퇴란 용어를 썼지만, 그들은 은퇴라기보다는 주도적인 자신들의 삶을 향한 새 출발을 한 것이다. 나는 그들의 대화를 들으며 헤르만 헤세*의 『데미안』에 나오는 "새는 알에서 나오기 위해 투쟁한다. 알은 새의 세계다. 태어나려고 하는 자는 알의 세계를 깨트리지 않으면 안 된다."라는 구절이 생각났다. 인간의 본향으로 가려는 주인공의 인생 여정을 그리고 있는 『데미안』은 1차 세계대전의 광기가 유럽을 휩쓸고 간 후 유럽의 젊은이에게 깊은 영향을 미쳤다. 나에게는 그 젊은 부부가 오늘날의 물질 만능주의의 가치관을 거부하고 자신들만의 삶을 찾아보려는 도전으로 보였다. 역사는 항상 구세대의 관습에 저항하는 젊은이들의 변화와 도전으로 진보해왔다. 그것은 때로는 정치체제에 대한 저항이었고, 때로는 세속화된 종교 권력에 대한 저항이었으며 때로는 인권탄압에 대한 저항으로 나타났다. 나는 젊은 세대의 이른 퇴직 현상이 무한 경쟁을 유발하는 현재의 신자유주의 체제를 극복하려는 용기 있는 행동으로 보인다.

맥아더 장군은 퇴임과 복귀를 반복했다. 그는 한국전쟁 당시 유엔 총사령관으로 복귀하여 인천상륙작전을 성공시켜 패색이 짙은 전쟁상

---

* 헤르만 헤세(1877~1962): 독일계 스위스인 소설가이자 시인, 화가. 1946년 노벨문학상을 수상했다.

황을 아군에 유리하게 반전시켰다. 그러나 중공군이 개입하자 3차 세계 대전을 걱정한 미국의 트루먼 대통령은 강성의 맥아더 장군을 해임시켰다. 맥아더 장군은 귀국하여 미 상하원 합동연설회에서 "노병은 죽지 않는다. 다만 사라질 뿐이다."라는 유명한 연설을 하였다. 그 말에는 너무나 많은 의미가 내포되어 있다. 나는 이 말을 들을 때마다 '인생에서 은퇴란 없다. 단지 역할이 변할 뿐이다'라고 생각하곤 한다.

산업사회 이전에는 은퇴가 없었다. 대부분의 사람은 삶의 현장에서 죽을 때까지 일을 하다가 세상을 떠났다고 봐야 한다. 나이가 들면 젊은 이만큼 체력적으로 강인하지 못하더라도 나름의 인생 경험과 지혜를 가지고 할 수 있는 역할이 있었다. 어린 시절 우리 동네 어르신들 가운데에는 시신을 수습하거나 묫자리를 정하는 일을 하는 분이 있었는가 하면 집을 짓거나 우물을 팔 때 방향을 정해주는 분도 계셨다. 이처럼 세상에는 젊은이가 잘할 수 있는 일이 있고, 중장년이 잘할 수 있는 일이 있으며, 어르신의 경륜과 지혜가 필요한 일도 있다.

역할이 달라져야 하는데도 고수하는 때도 있다. 예를 들어 어린 시절 내 어머니와 할머니는 가끔 의견 차이를 보이는 경우가 있었다. 그때 젊은 며느리인 어머니는 "노인네가 대접이나 받고 가만히 계시지 사사건건 참견하신다."라고 푸념하셨다. 그러던 어머니가 지금 90세가 가까웠지만 수시로 전화하셔서 60이 넘은 내게 사랑이 넘치는 참견을 자주 하신다. 내가 보기엔 어머니 역시 할머니와 다를 바가 없는 것 같은데 말이다.

장모님 역시 돌아가시기 얼마 전까지도 가업을 이어받은 아들과 며느리의 사업방법에 대한 불만을 아내에게 털어놓곤 하셨다. 장사를 물려주신 지 30년이 지나도 이것저것 하실 말씀이 많으셨던 것이다. 현역에서 은퇴하여 역할이 바뀌었음에도 상황을 인지하지 않으신 것이다.

2021년 9월 21일 포털사이트인 다음 게시판에 '더 일하고 싶은 고령층 1,000만 명 넘어…. 59%는 생활비를 위해'라는 제목의 기사가 실렸다. 여기에서는 고령층의 나이를 55세부터 79세로 설정했다. 즉 우리 사회에서 비자발적 은퇴를 강요받는 사람들 대부분이 은퇴하고 싶지 않다는 바램을 통계로 보여준 것이다. 실제로 내 주변에도 회사를 떠난 지 10여 년이 지난 사람이 아직도 다니던 회사의 인사를 꿰뚫고 있다. 광화문 광장에서는 나이가 지긋한 어르신들이 더위와 추위를 아랑곳하지 않고 국가의 안위를 걱정하는 집회에 참여하고 있다.

내가 알고 있는 사람들이 제한적이긴 하지만 선배, 동료, 후배, 친척 중에서 자발적인 은퇴자는 드물다. 그들은 직무가 없어지고 역할이 달라지고 세상에서 영향력이 변하는 것이지 은퇴하는 것이 아니라고 생각한다. 만약 누구든지 힘이 있다면 그는 힘이 있는 한 자신의 역할을 줄이려 하지 않을 것이다. 우리 집의 경우에도 어린 시절 친척들은 조부모님보다 아버지를 더 어려워했다. 가난한 조부님보다 집안을 책임지고 있는 아버지의 권위가 절대적이었다. 본능적으로 누구의 영향력이 센지 알았던 것 같다. 반면 친구네 집안은 모두가 그 집 할아버지를 어려워했는데 할아버지가 경제력을 가지고 있고, 집안의 결정권을 행사하고 계셨기 때문이다.

언제부터인가 회사를 나오면 할 일이 아예 없어지는 것이 당연한 세상이 되어버렸다. 이것은 사회 탓도 있지만 바뀐 세상에 대해 준비하고 적응하지 못한 개인의 책임이 가장 크다고 할 수 있다. 그러나 생각을 바꾸면 회사에서 퇴직한 사람이라 할지라도 자신의 경쟁력을 발휘할 수 있는 영역이 있을 것이다. 실제로 나이와 상관없이 나름의 영역에서 의미 있는 일을 하는 분들이 많은 것도 사실이다.

축구선수를 예를 들면, 20대에 전성기를 누린 아무리 위대한 선수라도 50대까지 현역으로 뛸 수는 없다. 현역 때는 평범한 선수였으나 은퇴후 코치나 감독, 혹은 축구행정가나 해설가로 본인의 경쟁력을 발휘해 성공한 사람도 있고 축구 교실을 운영하며 후학을 양성하는 사람도 있다. 한편 전혀 다른 영역으로 진출한 사람도 있는데 결국은 본인이 어떻게 자신의 인생을 만들어가느냐에 달려 있다.

나이가 들면 신체적 역량이야 젊은이를 따라갈 수 없지만, 경험과 삶의 지혜, 그리고 폭넓은 인맥이나 여유로운 시간은 나이 든 사람의 강점이 될 수 있다. 무엇보다 젊은 시절에는 가족을 부양하고 자녀양육의 책임 등으로 자유로울 수 없었지만, 그동안 가장으로서의 책임감 때문에 미루어놓았던 것들을 차분하게 도전해볼 수도 있다. 부족한 인생자금을 좀 더 충당하기 위해 자신에게 맞는 일을 찾아볼 수도 있다. 꼭 하고 싶었던 일에 도전해볼 수도 있다. 학문적 깊이를 더해볼 수도 있다. 일찌감치 맥을 놓는 사람도 있지만, 용기를 가지고 씩씩하게 도전하는 사람도 많다. 인간은 의미 있는 존재가 될 때 자존감이 생기고 활력이 생기는 존재이기 때문이다. 나는 이렇게 도전하는 삶이 빛나는 인생이라고 생각한다.

어떻게 하면 우리에게 주어진 인생을 축복으로 여기고 성공적으로 만들어갈 수 있는가는 나의 오랜 관심사였다. 나는 지금 인생 3막의 시간을 맞이하고 있다. 이 책을 읽는 독자 중에 어떤 사람은 인생 1막에 있고 어떤 이는 인생 2막의 시간을 보내고 있을 것이다. 아마도 인생 4막에 계신 분은 많지 않으리라 생각한다. 나는 인생 1막과 2막은 경험했지만 이제 인생 3막과 4막을 바라보고 있다. 무엇보다 인생 4막에 대해선 그림마저 그려지지 않는 것도 사실이다. 그러나 온 힘을 다해 나에게 주어진 인생 3막과 인생 4막을 살아보려 한다. 우리가 어떤 인생구간에 있든지 한 번뿐인 우리의 인생을 가치 있게 살아내기 위해 나의 경험을 나누고자 한다.

인생 1막에 속하는 학창 시절에는 미래에 대한 비전과 꿈을 탐색하여 자신의 재능을 발견하고 미래 사회의 주인공으로서 역할을 감당하기 위한 준비를 철저히 해야 할 것이다. 지금 인생 2막에 속하여 왕성하게 사회생활을 하고 있는 사람이라면 자신이 인생에서 얼마나 중요한 기간에 있는지를 자각해야 한다. 그리고 자신의 역량을 발휘하여 자신의 미래를 위한 준비는 물론 자녀를 현명하게 양육하며 길잡이가 되어주어야 한다. 퇴사 후 나처럼 인생 3막에 있는 사람이라면 젊을 때와 달리 삶의 질적 성숙에 대해 숙고하는 시기에 있다. 이 시기는 비록 젊지 않은 나이이고 현업에서 나왔을 수도 있지만, 경험과 지혜와 두터운 인맥이 형성되어 있는 시기이다. 무엇보다 자식을 양육하는 시기를 넘겨 자신의 인생을 종합적으로 성찰해보고 경제적 준비상태와 건강상태 등을 점검해 부족하거나 미진한 부분을 채워나가는 시기이기도 하다. 그간 생존을 위해 물질적인 부분과 사회적인 역할에 치중했다면 이제는 정신적인 부분이나 죽음에 대해서도 진지하게 생각하면서 앞으로 다가올 인생 4막을 구체적으로 대비해야 한다. 다시 한번 강조하지만, 인생은 단절이 아니라 역할이 변해가는 긴 여정이다.

2. 언제나 빛나는 인생

어른이 된 이후, 오랫동안 도시의 밤하늘에서 별을 볼 수 없었다. 그러나 내가 기억하는 어린 시절, 농촌 마을에서는 헤아릴 수조차 없이 많은 별을 또렷하게 볼 수 있었다. 그때 나는 우주의 넓이, 별들의 크기, 거리 개념 같은 것들에 대해 아무런 지식이 없었다. 그러나 나이가 들면서 어린 시절 본 별들이 내 눈에는 작은 빛에 불과했지만, 실제로는 얼마나 큰 물체인지 알게 되었다. 요즘 우주에 관한 기본적인 지식을 공부하면서는 우주의 넓이가 거의 무한대라는 것도 알게 되었다. 현대 과학으로도 우주의 넓이를 입증하는 데는 역부족이다.

어린 시절의 나는 순진하게도 가깝게 붙어 있는 저 많은 별이 '어떻게 충돌하지 않을까?'하고 생각한 적이 있었다. 우주에 관한 책을 접하게 되면서 우주의 넓이나 거리를 표현하는 단위에 놀라곤 한다. 나에게 익숙한 거리가 아니기 때문이다. 칼 세이건*의 『코스모스』란 책에서는 우리 눈에 보이는 작은 별들 간의 거리가 적어도 3~4광년 정도이고, 어떤 경우에는 수백 광년 떨어져 있다고 한다. 그런데 1광년이 약 9.5조㎞ 라고 하니 줄잡아 별들의 간격은 30~40조㎞ 떨어져 있는 셈이다.

이렇게 별들은 우주라는 큰 공간에 아주 드문드문 떨어져 있다. 더 놀라운 것은 이런 우주에는 1,000억 개 이상의 은하계가 있고, 우리의

---

* 칼 세이건(1934~1996): 미국의 천문학자. 미국 항공우주국(NASA)은 그를 '우주에 관한 연구·과학의 전도사'라 칭하기도 했다.

지구별이 속해 있는 은하계에만도 1,000억 개 이상의 별들이 있다는 것이다. 우주의 넓이를 감히 상상할 수가 없다. 한편 지금 우리 눈에 보이는 작은 별빛은 아주 오래전에 출발해서 보여지고 있는 것이라고 한다. 그래서 어쩌면 우리 눈에 비친 그 별은 이미 수명이 다 되어 없어진 별인지도 모른다. 이런 별들이 우주에는 무한대로 많으나 같은 별이 하나도 없다고 하니 그 또한 놀랍기만 하다.

우주에서 보면 우리가 사는 지구별은 아주 작지만 먼 옛날부터 헤아릴 수조차 없이 많은 사람이 살았을 것이다. 별처럼 우리 인간에게도 당연히 수명이 있다. '저 별은 나의 별, 저 별은 너의 별'로 시작되는 대중가요 가사에서처럼 나는 '별들은 우리가 죽으면 우리의 영혼이 돌아가 살게 될 고향이 아닐까?' 상상해본 적이 있었다.

밤하늘의 별들이 모두 비슷비슷해 보이지만 각자 빛나는 하나이듯 인간도 고유하고 유일한 한 번뿐인 인생을 살아간다. 따라서 인간이 비록 비슷한 신체구조와 지성, 이성, 감정을 느끼는 존재로 동질감을 가지고 있다고 해도 각자는 모두 고유한 존재이다. 그런데 우리는 종종 높은 사람 낮은 사람, 좋은 사람 나쁜 사람, 부자와 가난한 사람, 똑똑한 사람 똑똑하지 않은 사람 등으로 구별하고 평가하는 데 익숙한 사회구조 속에 살고 있다. 사람을 평가하는 기준이 존재 자체보다 그가 가진 것과 역할에 기인하기 때문이다. 그러나 가진 것과 역할은 인간이 쓰고 있는 가면, 즉 페르소나일 뿐이다. 왜냐하면 인간이 가진 것들은 언젠가는 모래성처럼 사라지고 말기 때문이다.

이처럼 인간은 한 명 한 명이 별과 같이 빛나는 존재들이다. 밤하늘의 별들이 각각 빛나는 것처럼 인간도 각자 빛날 권리가 있다. 이러한 우리가 각자 이 땅에서 빛나는 삶을 살아야 하지 않겠는가? **빛나는 삶이란 우리가 소유한 재산이나 지위에 있는 것이 아니라 내가 이 세상에서 유일하며 별처럼 빛나는 존재임을 자각하는 것이다.** 우리에게 재산과 지위는 필요한 것이지 목적이 될 수는 없다. 소중한 우리가 이 땅에서 주인으로서 삶을 살아가야 한다. 나는 주인으로 사는 삶, 즉 빛나는 삶을 살아가기 위해 이 세상에서 필요한 것들과 그것들을 성취할 수 있는 합리적인 방법들을 소개하고자 한다.

3. 인생 4막

2019년 통계청 자료*에 의하면 1970년 대한민국 국민의 기대수명은 남자 58.7세, 여성 65.8세이다. 1985년에는 남성 64.6세, 여성 73.3세이고 2019년에는 남성 80.3세, 여성 86.3세이다. 매년 기대수명이 크게 증가하고 있음을 알 수 있다. 통계에 따르면 남녀 간의 기대수명의 차이는 6년 정도 나는 것을 알 수 있다. 이런 추세를 반영하면 20년 후인 2040년의 평균 기대수명은 90세를 돌파할 것이 확실하다. 이런 예측이 가능한 것은 의료기술의 발전과 섭식 생활은 물론이고 영아 사망률의 급격한 감소 등이 견인차 역할을 할 것이기 때문이다.

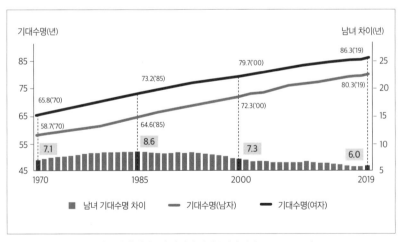

[그림 1] 성별 기대수명 및 남녀 기대수명의 차이, 1970~2019년.

---

* 2019년 생명표(발간 등록번호 11-1240000-000293-110), 2020년 12월 발간.

여기서 기대수명이란 해당 연도 출생아가 앞으로 살 것으로 기대되는 연수를 뜻한다. 사망률이 변하면 기대수명도 변하게 된다. 기대수명이 늘어나면 인생 주기가 달라지는 것은 당연하다.

과거에는 인생 주기란 용어가 그 다시 큰 의미가 없었다. 아래 표에서 보듯이 1970년대 이전만 해도 우리나라 사람들 대부분이 농업이나 어업과 같은 1차산업에 종사했었다. 평생 일터에서 일하다 나이가 들면 그곳에서 얼마간 앓다가 세상을 떠났다. 그래서 은퇴란 용어가 필요하지 않았다.

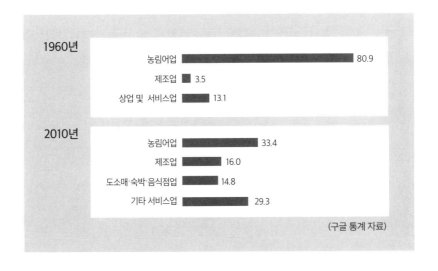

<table>
<tr><td>1960년</td><td></td></tr>
<tr><td></td><td>농림어업 80.9</td></tr>
<tr><td></td><td>제조업 3.5</td></tr>
<tr><td></td><td>상업 및 서비스업 13.1</td></tr>
<tr><td>2010년</td><td></td></tr>
<tr><td></td><td>농림어업 33.4</td></tr>
<tr><td></td><td>제조업 16.0</td></tr>
<tr><td></td><td>도소매·숙박·음식점업 14.8</td></tr>
<tr><td></td><td>기타 서비스업 29.3</td></tr>
</table>

(구글 통계 자료)

그러나 산업화와 도시화가 진행된 오늘날에는 하던 일에서 물러난 후로도 20~30년을 더 살다가 세상을 떠나게 된다. 이 기간은 일할 수도 있고 운동이나 여행도 가능하여 다른 사람의 도움이 없이 스스로 움직이고 생활이 가능한 기간과, 누군가의 도움이 없이는 병원도 갈 수 없고 일상적인 삶 자체가 불가능한 기간으로 나눌 수 있다.

　내가 초등학교 다닐 때 우리 집은 5남매와 부모님 그리고 조부모님이 함께 살았다. 우리 마을에는 그런 집이 많았다. 당시 할아버지 할머니만 사는 집은 한 집도 없었다. 내 기억 속 아버지는 엄한 반면 할머니 할아버지는 자상하셔서 언제나 우리를 무한대로 사랑해주셨고, 우리 최후의 보루였다. 당시의 생활 형편은 지금보다 훨씬 가난해 어른들 세계에서도 나름의 갈등과 어려움이 있었을 것이다. 그런 상황에서도 조부모님은 밭에 나가거나 집 안에서나 늘 할 일이 있었고, 손자 손녀들이 많았기에 외롭거나 쓸쓸하거나 무력한 말년은 보내지 않으셨다. 무엇보다 집안에서 어른으로 대우를 받으셨다. 그러나 2021년 현재, 도시에 사는 80세가 넘은 내 주변의 어른 중에 할 일이 있거나 손자 손녀들과 함께 사는 분은 많지 않다. 지금은 핵가족 중심이라 과거 형태의 말년은 현실적으로 어려워졌다.

　내 아버지는 47세에 돌아가셨다. 작은아버지들도 50대에 일찍 세상을 떠나셨다. 장수 집안이 아닌 터라 주변에서 오래 사시는 친척분을 별로 보지 못하고 살았기에 나는 초고령화에 대한 현실적인 느낌이 별로 없었다. 그러나 최근에 내 생각이 180도 달라졌다. 막연히 이론으로만 접했던 고령화의 문제들을 내 주변에서 실제로 접하면서 진지하게 생각하게 되었다.

　현재 내 어머니는 88세이시다. 아직은 비교적 건강하셔서, 앞으로도 오래 사실 것으로 생각한다. 장모님께서는 별로 건강한 편이 아니었지만 95세까지 사시다 돌아가셨다. 마지막 몇 년은 요양병원과 딸 집을 전

전하셨다. 큰고모는 현재 95세인데 건강한 편이었으나 갑작스러운 뇌졸중으로 쓰러져서 5년째 투병 중이다. 가까운 후배들의 부모님들은 대부분 80대 후반에서 90대이다. 후배 한 명이 어른들 이야기를 하다가 우스갯소리를 했다. 본인 아버지는 죽고 싶다는 말을 입에 달고 살면서도 철마다 보약을 챙겨 드시고 물리치료도 꾸준히 받으러 가신단다. 내가 아는 분의 부모님은 한국 최고 대학의 교수 부부로 은퇴한 분이다. 그 부부는 오래전 연명치료 포기 각서를 스스로 작성하셨다. 그러나 막상 폐에 문제가 생겨 호흡이 곤란해지자, 당장 숨 쉴 수 있도록 도와달라며 스스로 약속을 파기하고 인공호흡기에 의지하여 치료를 받았다. 막상 곤란을 겪게 되면 생명에 본능적인 애착이 생기는 것임을 느낀 경우였다.

고령인 분들 중 문제가 없는 사람은 거의 없다. 건강문제, 재정문제, 관계문제 등으로 고생하는 분들이 대부분이다. 무엇보다 그 연령대에 이르니 누군가의 도움이 필요한 경우가 많다. 인생의 마지막이라 할 수 있는 이 기간이 상당히 길어서 적어도 10~20년은 되는 것 같다.

우리 세대는 학창 시절 조회 시간이 있었다. 그 시간에 선생님들은 인생을 연극에 비유해서 "인생은 2막이다."라고 했다. 인생 2막을 잘 살려면 인생 1막에 해당하는 학창 시절을 잘 보내야 한다고 귀가 따갑게 말씀하셨다. 당시 선생님들께서는 태어나서 학업을 마치기까지를 인생 1막으로 보고 경제활동 하는 기간을 인생 2막으로 본 것 같다. 그 당시만 해도 지금과 같은 세상을 상상하지 못했다.

직장생활을 하던 중 언제부터인가 인생 3막이란 말이 나오곤 했다. 인생 3막은 은퇴한 후의 기간을 일컫는 말이다. 내 주변에는 인생 3막을 말하면서도 이 기간에 대해 구체적으로 계획하고, 철저히 준비하는 사람은 많지 않은 것 같다. 인생 1막을 보내면서 인생 2막을 계획하고 투자하고 준비했던 것과 비교하면 인생 3막에 대한 준비는 대부분 터무니없이 부족하다. 경쟁력이 있거나 특별한 직업을 가졌거나 아니면 자기 사업을 해서 인생 2막 기간이 좀 길어지는 예가 있지만, 대부분은 준비가 부족하고 막연한 상태에서 인생 3막을 마주하게 된다.

화려했던 인생 2막에서 3막으로 넘어온 사람 중에는 여러 부류의 사람들이 있다. 좀 여유가 있어서 골프나 여행을 하며 맘껏 누리며 사는 분들도 있고, 미처 준비를 못 해서 경제적 어려움에 부닥친 분들도 있다. 황소처럼 일한 습관 때문에 눈높이를 확 낮춰서 새로운 직업을 가지고 그나마 만족한다는 사람도 있지만 더러는 지금 처한 상태가 한때는 화려했던 그들의 미래라고는 상상도 못 한 사람들도 있다. 모두가 자신의 상황을 받아들이고 자족하며 하루하루 감사의 삶을 살아간다면 문제가 없을 것이다. 그러나 문제는 많은 사람이 지금의 상황에 만족하지 않는다는 것이다.

왜 이런 상황에 직면하게 됐을까? 나는 힘겨워하는 그들을 볼 때마다 '이분들이 이런 삶을 원해서 그렇게 된 건 아닐 텐데' 하고 생각하게 된다. 누구나 나이가 들면 젊은 날의 경력도 지위도 외모도 중요한 문제가 되지 않는다. 자신의 존재감이 줄어드는 것이다. 중요하게 여기는 것들이 달라진다. 그렇다 보니 나이 든 사람의 가치가 자식의 성공 여부와 여유로운 재정에만 집중되는데, 그것이 나는 못내 씁쓸하다.

그런데 우리 모두가 소홀히 생각하는 것이 하나 있다. 혼자서는 가고

자 하는 곳을 쉽게 갈 수 없는 것은 물론 기본적인 생리현상마저 스스로 해결할 수 없는 인생의 4막이 있다는 것이다. 그래서 나는 제1부에서 내 나름대로 인생을 4단계로 분류하여 이를 인생 4막이라고 정의했다. 왜 인생을 4막으로 이야기하는가? 인생을 4막으로 이해하면 미래를 위한 현재의 행동과 선택이 달라지기 때문이다.

인생설계의 문제

나는 직업의 특성상 업무와 관련하여 다양한 사람들을 만날 수 있었다. 그중에는 자기 사업을 통해 성공한 사람도 있고 기업에서 고위직에 오른 분도 있었고 투자를 잘해서 금전적으로 성공한 분도 있었다. 그분들과 진지한 대화를 나눌 기회도 많았다. 대부분 열심히 살아온 사람들이었다. 그러나 공통적인 것은 인생설계를 구체적으로 하면서 인생 4막 전체를 진지하게 설계하는 사람은 보기 드물었다는 점이다. 그만큼 우리 사회는 누구나 열심히는 살지만, 생애설계를 체계적으로 하는 문화가 아직 도래하지 않았다는 생각이 들었다.

우리 일생은 부유한 사람이든 가난한 사람이든 크게 다르지 않다. 부자라고 200년 사는 것도 아니고 가난하다고 30년 사는 것도 아니다. 누구나 인생 4막을 살아내야 하는데, 문제는 우리가 살아가는 삶의 방정식이 과거에 머물러 있다는 것이다. 교육제도, 국민의식, 국가 시스템 등이 이미 바뀌어버린 세상의 변화를 못 따라가고 있다. 이를 개인에게 맡기고 내버려둘 수도 없고 국가가 모두 해결하기도 어렵다. 현실의 삶이 팍팍한 사람들이 먼 미래를 보고 준비하고 살아가는 것이 쉬운 일이 아니라서 사람들은 닥쳐온 현실에서 당황하고 혼란스러움을 느낀다.

인생은 수많은 선택의 결과인 경우가 많다. 일상생활에서도 바쁘고 시간이 없다는 핑계로 운동도 공부도 전혀 못 하는 사람이 많지만, 아침 시간과 저녁 시간과 주말을 활용하여 효율적으로 건강을 챙기고 자기의 능력을 계발하는 사람도 있다. 나의 할머니는 어려운 형편에 자식들을 대학까지 보내려는 어머니를 못 마땅해하셨다. 당장 먹고살기도 힘든데 자식 교육을 위해 돈을 쓰는 것이 버거웠기 때문이다. 어려운 70년대에도 자식을 공부를 시킨 사람도 있었고 취업전선에 내보낸 사람도 있었다. 이처럼 **인생이 크고 작은 선택의 연속이듯이 인생설계는 중요한 선택의 문제이다.**

인생설계를 할 때 본인 삶의 경험이 큰 영향을 미치는 것은 말할 것도 없다. 어떤 정치인이 '전 국민 기본소득'이란 화두를 꺼내 들었다. 당연히 찬반양론에 휩말렸다. 그 담론이 어떤 방향으로 갈는지 모르지만, 그분이 그 의제를 꺼내든 이유는 정치적 신념 못지않게 그의 삶의 경험도 무시할 수 없을 것이다. 그분이 유복한 집에서 태어나고 자랐다면 달랐을 것이다. 어떤 정치인은 무상급식에 열렬히 반대했다. 그분이 배고픈 학창 시절을 보냈다면 이 또한 달랐을 것이다. 내가 인생설계에 집착하는 것은 내 학창 시절의 여러 경험이 트라우마로 남아서 그런지도 모르겠다. 나는 사람들이 경제적 상황이 어려워졌을 때 스스로 자신들의 존엄성을 지키지 못한다는 것을 자주 목격했다.

나는 1981년 입대해서 논산훈련소에서 기초훈련을 받았다. 동기 중에 우리보다 나이가 많은 친구가 있었다. 우리는 대학 재학 중에 입대했기에 20대 초반이고 어렸다. 그 친구는 대학을 졸업하고 좋은 직장에 다니다가 20대 후반에야 입대해서 우리보다 훨씬 연배가 높았다. 그는 우리를 어린애 취급하고 점잖은 소리를 자주 했다. 훈련병 시절은 배고프고 졸리고 추운 법이다. 그런데 이 점잖은 양반이 배가 고팠던지, 식사전 눈감고 배식을 기다리다가 한두 개씩 돌아가는 동태 튀김을 하나 더집다가 조교에게 걸려 흠씬 두들겨 맞았다. 배가 고프니 점잖은 사람도 별수 없었다. 2차 세계대전에 경험한 것을 쓴 랭던 길키*의 『산둥 수용소』란 책에서 보면 수용소에 갇히고 상황이 어려워지니 사회적 신분이 높은 사람의 교양이 아무런 소용이 없었다. 그저 배불리 먹기만을 바랄 뿐이었다.

고행과 수련을 통해 경지에 오른 사람이 아닌 한, 보통 사람들이 인간다운 삶을 살아가려면 기본부터 해결해야 한다. 자신의 힘으로 하든, 부모님 덕으로 하든, 자식 도움으로 하든 생존을 위해서는 인생의 각종 필요자금을 해결해야만 한다. 옛말에 "남편 돈은 누워서 받고 자식 돈은 앉아서 받고 사위 돈은 서서 받는다"라는 말이 있다. 돈이라고 같은 돈이 아니라는 것이다. 이보다 더 좋은 돈은 물론 자기가 번 돈이다. 이처럼 중요한 돈이 인생 2막의 기간에 준비되어야 한다.

내가 입사했을 때 우리나라 근로자의 정년은 55세였지만 55세까지

---

* 랭던 길키: 2차 세계대전 중 일본에 의해 중국의 산둥 수용소에 억류된 서양인 2,000명 가운데 한 명.

회사에 다니던 선배를 본 적이 없었다. 나는 내 또래보다 아이들을 늦게 얻었다. 내가 55세까지 회사에 다니고 퇴직하면 아이들이 학업을 마치지 못한 상태일 것이 불 보듯 뻔했다. 그래서 내 직장생활의 목표는 60세까지 월급을 받는 것이었다. 하여튼 60세까지는 다니고 싶었고, 운 좋게도 실제로 60세까지 월급을 받았다. 그런데 나중에 알게 된 사실은 내 인생 계획에 문제가 있었다는 것이다. 만일 내가 70세까지 급여를 받아야겠다고 계획했다면 다르게 준비했을 것이다. 물론 계획대로 되는 것은 아니지만 미래의 비전이나 꿈을 높게 갖는 것은 중요하다. 왜냐면 사람은 생각하는 대로 행동하는 경향이 있기 때문이다.

우리가 1막의 인생보다 2막이 더 행복하고, 인생 2막보다 3막이 근사하며, 인생 3막보다 4막을 더 품위 있게 살 수 있다면 얼마나 좋겠는가? 이런 인생이 빛나는 인생이 아니겠는가? 모두가 이런 삶을 꿈꾸지만 현실은 그렇지 못한 경우가 더 많다. 쏜 화살처럼 지나가는 인생 1막보다 2막이 만만치 않다. 그나마 일할 기회가 주어지고 일할 수 있는 2막보다 일할 수 없는 3막을 더 힘겨워하는 사람이 많다. 무엇보다 자신을 스스로 건사할 수 있는 인생 3막보다 4막은 외롭고 쓸쓸한 사람의 비율이 압도적으로 많다.

이는 인생주기에 대해 알지 못했고, 알았다고 해도 설계를 잘못했기 때문인 경우가 대부분이다. 100년을 설계해야 하는데 30년, 50년, 70년만 설계한 셈이다. 매일매일 열심히 살면서 "미래는 어떻게 되겠지"하고 회피해버린 것이다. 이는 마치 에베레스트산 정상까지 등정해야 할 사람이 베이스캠프까지만 준비한 후에 막상 베이스캠프에서 정상을 올려다

보면서 이러지도 저러지도 못하는 상황과 유사하다. 무엇보다 긴 인생 4막을 막연하고 무계획적으로 살아갈 수는 없다. 최근에 내가 주변에서 은퇴한 선배나 친구들에게 가장 많이 듣는 이야기가 '이럴 줄 몰랐다.'라는 말이다.

인생 1막

인생 1막에 있는 사람이 이 글을 읽는다면 고리타분한 꼰대의 주제넘은 이야기로 오해할 수도 있겠다. 그러나 시대를 초월하여 본질은 비슷하다는 것에 기반하여 꼰대의 얘기를 풀어내고자 한다. 인생 1막은 본인은 물론 부모나 주변 환경으로부터 영향을 많이 받는 시기이다. 1막의 기간에는 무엇보다도 평생을 살아갈 기본기를 터득하게 된다. 자신의 재능을 발견하여 경쟁력을 만들어가는 시기이기도 하고 사람됨이 형성되어가는 시기이기도 하다. 상식을 함양하고 도덕과 윤리성을 몸에 익히고 공동체 의식과 사회성은 물론 책임감을 배우는 기간이다. 오늘날 성공한 사람 중에 이런 사람됨이 모자라서 성인이 된 후 큰 물의를 일으키고 본인 인생을 무너뜨리는 사람들을 보게 된다. 이러한 예들은 모두가 인생 1막에서 당연히 갖추어야 할 것들을 갖추지 못했기 때문이다.

나는 농촌에서 태어났다. 내가 본 세상은 모든 게 논밭으로 평가되는 농촌이 전부여서, 모두가 그렇게 사는 줄 알았다. 부자는 아니었지만 어렵더라도 자식들을 공부시키려는 부모님을 만난 것이 내게는 그나마 행운이었다. 초등학교 6학년에 부모님을 졸라 어렵게 서울로 전학을 왔는데, 180도 다른 서울의 환경에 당황했다. 지금까지 내 친구들 부모의 직업은 모두 농사꾼이었는데 서울 친구들의 부모 중 농사짓는 분은 거의 없었다.

내 시골 초등학교 학우 중 전교 1~2등 하는 우수한 친구가 있었는데, 그 친구 형제가 모두 공부를 잘했다. 그런데 초등학교를 졸업한 후 그 친구는 중학교에 꼭 가고 싶어 했지만, 가정 형편상 읍내 지물포에 취업했다. 내 사촌 가운데에도 가정 형편으로 초등학교 졸업 후 취업전선에 바로 뛰어든 동생들이 있다. 이들에게는 인생이 자기 할 탓이라고 말하기 어렵다. 그들에게 더 나은 교육의 기회가 주어졌다면 전혀 다른 삶이 만들어졌을 것이다. 부도 대물림되지만, 가난도 대물림된다.

나에게는 지금은 거의 80세로 나를 유난히 예뻐해준 막내 고모부가 계시다. 똑똑하시고 말씀도 잘하시고 세상 이치에도 밝으신 분이다. 호탕하셔서 따르는 사람도 많았다. 고모부는 젊은 시절 읍내에서 사업도 꽤 성공적으로 일구셨다. 꿈이 남달라서 서울로 이사한 후, 정치 쪽 일도 관여하여 모 당의 지구당 사무장도 하셨다. 그런데 그분이 한탄하신 것이 하나 있었다. 당신의 가방끈이 너무나 짧았다는 것이다. 부모님이 자신을 조금만 더 학교를 보내주었더라면 자신의 삶이 또 달랐을 것이라곤 하셨다. 혹자는 "그것은 핑계다. 자신이 야간학교라도 갔으면 될 것 아니냐."라고 할 수 있으나 이 또한 섣부르게 단정할 일은 아니다.

우리 세대 역시 사교육이 성행했다. 대학입시에서 예비고사를 본 후 본고사란 것이 있었다. 고등학교 시절 형편이 어려운 대부분의 학생은 서울 종로에 있는 수학, 영어 등의 단과학원에 다녔다. 내 기억에 과목당 5,000원가량 했던 것 같다. 보통 수백 명이 유명강사의 일방적인 강의를 들었다. 단과반은 숙제도 없고 출석 체크도 없었다. 언변이 화려한 유명 강사의 강의를 깔깔대며 들었고 진도가 엄청 빨랐던 기억이 난다.

그때에도 부모님이 부자였던 친구 중 한 명은 단과반이 아니고 한 달에 수학 과목에만 20만 원 하는 개인과외를 받았다. 나는 매일 가고 5,000원인데 이 친구는 일주일에 2~3번 가고 20만 원이라 하니 아연실 색할 노릇이었다. 도대체 그 선생님이 뭘 가르쳐주냐고 물었더니 그 친구 말이 "별로 가르쳐주는 것이 없다."라고 말했다. 과외선생 집에 가면, 수학 문제 7~8개를 주고 주어진 시간에 풀라고 한단다. 어디서 듣지도 보지도 못한 문제가 태반이었고 어려워서 다 못 푸는 경우가 더 많았다고 한다. 주어진 시간이 되면 채점하여 간단하게 설명한 후, 집에 가서 다시 풀어 오라고 숙제를 내주고, 다시 만나면 채점하고 모르는 것에 관해 설명하는 것이 전부라고 했다. 공부는 선생이 하는 것이 아니라 학생 본인이 하는 것이니 스스로 해결해야 한다고 했다. 반면 내가 다녔던 단과 반 강사는 본인이 풀고, 혼자 설명하고 그게 끝이었다. 그러니까 녹음기를 1시간 듣고 온 셈이다. 질문도 숙제도 피드백도 없는 강의였다. 이처럼 내 학창 시절에도 형편에 따라 다른 교육의 기회가 주어진 경우가 많다. 요즘도 입시는 부모입시란 말이 있다. 입시요강이 너무 어렵고 복잡해서 웬만한 사람은 지원하기도 어려울 정도라, 부모의 역할이 절대적인 변수로 작용한다고 한다.

그러나 인생 1막에서도 개인의 노력과 의지가 가장 중요한 요소임은 말할 것도 없다. 그야말로 소위 흙수저로 태어났지만, 본인의 초인적인 의지와 노력으로 엄청난 성과를 일군 사람도 많다. 반면, 좋은 여건에서 태어났지만, 인생을 망가뜨린 경우도 많다. 그러나 이 시기는 아직 미성년인 자신의 역량 외에도 외부적인 요인의 영향을 많이 받을 수밖에 없는 시기이다.

인생 1막을 보내는 사람에게 가장 중요한 것은 삶의 방향을 잘 정하는 것이다. 아직 인생 경험이 많지 않은 그들이 스스로 자신의 미래를 정하기는 쉽지 않다. 따라서 이 기간에는 자신의 의지와 노력뿐만 아니라 부모나 사회나 국가의 역할이 크다는 것을 말하고 싶다. 무엇보다 부모의 역할과 자세가 중요하다. 성공한 사람 중에 성공한 부모들이 많은 이유가 바로 여기에 있다.

인류 역사상 가장 많은 고난과 역경을 딛고 살아남은 유대인의 역사를 이야기할 때 부모들의 교육전통을 첫 번째로 든다. 경쟁력 있는 부모를 만난다는 것은 인생을 준비하는 1막에서 가장 중요하다. 물론 공교육 시스템이 있지만 훌륭한 멘토가 있다면 더 좋은 일이다.

여러 가지 이유로 부모로부터 양질의 양육을 받을 수 없는 경우는, 부모 외의 도움이 이를 보완할 수 있어야 한다. 여기서 1차적으로 국가의 역할이 중요하다. 누구나 최소한의 보편적이고 미래 지향적인 교육은 받을 수 있도록 아이들에게 무상 교육, 무상급식이 이루어져야 한다. 이것은 한 개인은 물론이고 가정이나 민족의 미래가 달린 문제이므로, 국가가 의무적으로 이 부분은 지원해야 한다.

인생 1막에서 저지르는 가장 흔한 실수가 있다. 그것은 미래를 살아야 할 자식 세대에게 부모들이 과거의 패러다임으로 교육한다는 것이다. 세상은 사람의 변화보다 훨씬 빠르게 변해간다. 그러나 부모도 학교도 자신들의 사고체계를 미래 지향적으로 바꾸기는 쉬운 일이 아니다.

사회생활을 하면서 나는 종종 학창 시절을 돌아보는 시간을 가졌다. 초등학교부터 대학 졸업까지는 인생에서 긴 시간이다. 투자한 시간과 돈도 무시할 수 없다. 물론 그 시절 배운 것도 많고 얻은 것도 많다. 그러나 내 기억 속에 남아 있는 학창 시절은 시험공부가 대부분이었고 끊임없이 성적순으로 학생들을 평가하고 줄 세우는 시기였던 것 같다. 인생설계란 관점에서는 낭비도 많고 비효율적인 부분이 많다고 생각한다. 비싼 학비를 내고 대학원을 졸업한 지인이 '학교에 다니는 것은 학위를 따기 위함이지 실제 공부는 스스로 하는 것'이라는 자조적인 한탄과 "학교를 오랫동안 다녔는데 사회에 정작 필요한 것들은 학교에서 가르쳐주지 않아서 사회에 나온 후 다시 배워야 했다."라고 한 어떤 사람의 말은 모두 일맥상통한다. 가장 혁신적이어야 할 학교가 가장 수구적일 수 있음을 경계해야 한다. 왜냐면 사람들은 누구나 익숙한 것을 바꾸려 하지 않기 때문이다. 더구나 이미 구조화되고 관료화된 조직은 혁신의 위험을 감수하지 않으려 한다.

산업사회 이전에는 부모 세대나 자녀 세대나 삶의 형태가 크게 다르지 않았다. 따라서 미래를 위한 자녀의 준비가 지금처럼 복잡하지 않았다. 그러나 오늘날의 변화속도는 경쟁력의 조건을 빠르게 변화시킨다. 1955년부터 1963년에 출생한 베이비붐 세대의 부모 중 운 좋게 자녀를 공부시킨 경우 정확하게 미래에 필요한 인재를 만든 셈이다. 그들이 농촌에 머물렀다면 지금처럼 기회를 얻지는 못했을 것이다. 그렇게 기회를 얻었던 베이비붐 세대는 자신의 경험을 바탕으로 천편일률적으로 자녀들에게 공부를 시켰다. 그러나 우리 사회도 그간의 팽창사회에서 이미 『수축사회』*에 들어섰다. 자녀들이 맞이한 수축사회에서는 성장사회였던 부모 세대만큼 자녀에게 기회가 주어지진 않는다. 왜냐하면 다른 세상이 도래했기 때문이다. 나는 내 앞가림도 버거워서 자녀의 교육에 크게 신경 쓰지 못했다. 미래에 관한 공부도 많이 하지 못했다. 그러나 최근에 생각해보니 내가 미리미리 공부를 더 하고 눈을 더 떴더라면 내 아이들에게 다른 조언을 하지 않았을까 생각해본다. 아이들이 살아갈 미래의 경쟁력을 교육받고 훈련하는 것이 인생 1막의 핵심이라 생각한다.

대부분의 성공한 사람들이 자신의 이야기를 할 때 부모님과 선생님의 영향력이 컸다고 말하는 것을 듣곤 한다. 스스로 선택했다고 하는 경우는 많지 않았다. 그래서 부모님과 선생님의 안내가 중요한 것이다. 따라서 아이들을 위해서 부모가 공부해야 한다. 부모들이 자녀들의 인생 내비게이션이 되어주어야 하고 성숙한 가치관으로 다음 세대에게 선한 영향력을 끼쳐야 한다.

지금처럼 획일화하여 모두가 오직 성적에 목을 매고 특정 학교와 특정 직업에만 몰두하는 것은 개인도 국가도 불행한 일이다. 성적표에 따라 보상의 차이가 너무 크지 않았으면 좋겠다. 모두가 공부를 잘할 수는 없지 않겠는가? 다양성이 인정되고 누구나 자신의 능력 범주에서 살아갈 수 있는 사회를 꿈꾸는 것이 무리인가? 오늘날 부자 나라일수록 양극화

* 『수축사회』: 홍성국, 메디치미디어, 2018.

와 불평등의 문제로 고민하고 있다. 나는 요즈음 젊은 세대가 미래에 대해 좌절하고 분노하는 것에 대해 죄의식을 느끼곤 한다.

인생 1막을 보내는 사람은 타고난 잠재력과 본인의 노력과 부모님의 양육과 교육 시스템이 어우러져서 인생 준비를 하는 셈이다. 우리가 잘 아는 박세리, 김연아, 손흥민, 박인비, 박지성 등이 바로 이런 메커니즘이 잘 작동된 사람들이라 할 수 있다. 자신의 재능을 일찍 발견하여 경쟁력을 갖추는 것도 이 기간임은 말할 것도 없다. 이들이 만약 다른 부모를 만났다 해도 같은 길을 갔다고 장담할 수는 없을 것이다.

이 기간을 보내고 있는 사람들에게 내가 하고 싶은 이야기는 이렇다. 이 시기는 젊음의 활력이 넘치고 자의식이 강하게 형성되어가는 시기이다. 그래서 기성 세대의 가르침에 거부감을 가지는 경우가 많다. 무엇보다 어른들의 말을 경청하지 않는 경향이 있다. 내가 그랬다. 무조건 기성 세대가 옳다는 것이 아니다. 그러나 그들은 젊은이가 가보지 않은 길을 먼저 걸어간 사람들이고 경험과 지혜를 가진 경우도 많다. 따라서 겸손한 사람이라면 그런 조언을 무작정 거부할 이유가 없다. 경청하되 취사 선택하면 되는 것이다.

먼저 **인생 1막의 당사자는 다양한 자극과 경험과 독서를 통해 스스로 삶을 위한 통찰력을 쌓아야 한다.**

둘째, 선배나 부모나 스승을 인생의 내비게이션으로 참고하는 것이다.

셋째, 할 수만 있다면 먼 미래를 보는 안목을 늘려가는 것이다.

마지막으로 미래의 패러다임에 부합하는 본인만의 경쟁력을 꾸

준히 만들어가야 한다. 이렇게 하는 것이 인생 1막 기간에서 인생 4막까지 관통하는 왕도를 만드는 것이다.

인생 2막

진정한 인생 설계는 2막에서 시작된다. 이제 학업을 마쳤고 남자라면 군대도 다녀왔다. 본격적으로 그간 준비하고 갈고 닦았던 자신의 기량을 뽐낼 때이다. 좋은 여건에서 충분히 준비한 사람도 있고 젊은 시절 방황만 했던 사람도 있다. 그러나 인생 4막의 관점에서 철저히 준비하고 100년의 인생을 생각하며 출발하는 사람이 몇이나 있겠는가? 별생각 없이 얼떨결에 사회에 나온 사람이 더 많을 것이다. 부모님 둥지에서 쉽게 나오지 못하는 사람도 있다. 선택한 분야도 사람마다 천양지차이다. 특별한 경우를 제외하고, 누구의 도움을 받기도 쉽지 않다. 출발이 빠른 사람도 있고 여러 가지 이유로 남보다 늦은 사람도 있을 것이다.

그런데도 **인생 2막은 철저하게 자기 책임이다.** 자기의 직업에 만족해하며 일을 하는 사람보다 불만족한 사람이 훨씬 많을 것이다. 그러나 이 기간이야말로 가능성이 넘치는 시절이다. 젊음과 시간이 주어져 있다. 자신의 한계를 인정하고 생각을 바꾸고 행동을 바꾸면 할 수 있는 것이 많은 것이 바로 이 시기이다. 그래서 **인생 2막이 우리 삶에서 가장 경쟁력 있는 시기이고 이 시기에 있는 사람들이 우리 사회의 주역인 것이다.**

강조했듯이 인생 1막도 중요하지만, 인생 2막은 우리 인생에서 더 중요한 기간이다. 이때는 주어진 책임도 의무도 많아진다. 먼저 이 시기에 자신의 역할을 감당하고 자신의 삶을 잘 살아내야 한다. 그리고 결혼을 한 후엔 태어날 자식들이 맞이할 인생 1막의 보호자가 되어야 한다. 여기서 끝나지 않는다. 본인에게 당연히 도래할 인생 3막과 4막을 예측하고 준비도 해야 한다. 게다가 베이비붐 세대라면, 노쇠한 부모님의 마지막 기간을 책임져야 한다. 이러한 일련의 일들이 여간 버거운 것이 아니라서 정교한 대비가 필요하다. 이때는 우선순위를 정하고 지금 당장 현실을 보는 눈과 멀지만 다가올 미래를 보는 눈을 가져야 한다. 당장 처한 현실만이 아니라 인생 전체를 보면서 생각하고 계획을 짜고 실행방법을 구체적으로 짜야 한다. 인생의 각종 생애자금들도 이 기간에 준비되어야 한다. 생애자금은 뒤에 나오는 재정 부분에서 상세히 설명하겠다.

내가 현업에서 왕성하게 일할 때 먼저 퇴직한 선배님들이 이런저런 조언을 해주셨다. 내용은 한결같았다. 퇴직하니 현업에 있을 때 생각과 너무나 다르다는 것이다. 물론 내 귀에 잘 들리지 않았다. 지금 당장 회사 일도 버거운데 무슨 딴생각을 할 수 있었겠는가? 우리 시대의 직장인들은 워라밸 같은 것은 엄두도 못 내고 살았다. 회사에 모든 것을 거는 것이 미덕이고 문화였다. 회사 일 외에 조금이라도 다른 곳에 관심을 보이면 이상한 사람 취급을 당했다. 회사에서는 주인의식을 유난히도 강조했다. 직장은 직장일 뿐인데 그 이상의 것을 기대했다.

나의 경우를 돌아봐도 인생 2막은 참으로 화려했고 역동적이었으며 많은 것을 성취할 수 있었던 기간이었다. 직장생활이 행복했고, 열정이 뜨거웠다. 그때 나는 그저 하루하루 주어진 일을 열심히 했다. 지금 생각해보면 인생을 길게 보면서 좀 더 공부하고, 열린 눈으로 세상을 볼 수도 있었을 텐데 하는 마음이 든다. 그러나 나 역시 당시에는 주어진 과제만으로도 버거웠었다. 그래서 실제적이고 구체적으로 미래와 삶을 직시하지 못했다.

우리가 익히 알고 있는 중요한 것과 급한 일 중, 사람들은 먼저 급한 일을 할 수밖에 없다. 그러나 우리 삶에서 우선순위를 정하는 것과 선택은 중요하다. **수입이 많든 적든 인생 2막 중에 있는 사람은 자신의 형편에 맞추어 수입과 시간과의 관계에서 우선순위를 정하고 올바른 인생설계를 실행에 옮겨야 한다.** 수입이 부족하다면 젊음을 활용해서 수입을 늘리든가 경쟁력을 키울 방도를 생각해봐야 한다. 기혼자라면 부부가 함께 경제활동을 하면 훨씬 수월할 것이다.

얼마 전, 20년 전에 함께 근무했던 여직원을 만났다. 상고를 졸업하고 어린 나이에 사무직으로 취업했는데 회사에서 시행한 일반직 전환제도에 도전해서 올해 과장으로 승진했다고 한다. 요즈음은 엄청난 스펙으로 무장하고도 취업이 어려운 시기인데 대기업에서 과장으로 승진했다고 하니 축하할 일이다. 이야기하던 중 남편도 직장에 다니는데 아르바이트로 배달 일을 짬짬이 해서 노후준비를 하고 있다고 한다. 나는 자신의 상황에서 할 수 있는 일에 도전하고 행동하는 젊은 부부의 모습이 기특했다. 이처럼 이 시기는 할 수 있는 것이 아주 많다.

새벽에 운동을 나가다 보면 몇 년째 열심히 신문을 돌리는 젊은 아주머니를 만난다. 처음에는 관심 없이 지나쳤으나 몇 년째 씩씩하게 새벽 일을 하는 것을 보면서 대단하다는 생각이 들었다. 그분과 아무런 대화를 나눈 적도 없고 개인적인 사정도 모르지만 성실하고 씩씩하게 몇 년째 아침신문을 돌리는 것을 보면서 마음속으로 응원을 하게 된다.

20대의 내 딸이 취업하고 월급을 받은 후 돈 관리에 대해 물었을 때 내가 해준 답변은 인생설계였다. 지금부터 스스로 자신의 인생설계를 구체적으로 해보라 했다. 나는 딸에게 "아빠 엄마가 언젠가는 죽는다. 지금까지는 부모가 책임졌다. 이제부터 네가 책임지는 것이다. 지금은 너의 수입이 당연하지만 영원하지는 않다. 그러나 너에게는 죽는 날까지 인생자금이 필요하다. 명품 가방이야 없다고 네 인생이 문제 되지는 않지만, 기본적인 삶의 조건이 채워지지 않으면 존엄성을 지킬 수 없다. 그래서 기본부터 준비해야 한다."라고 말했다. 5년 전부터 스스로 주택 관련 자금을 준비하고 노후대비를 하고 긴급하게 필요한 자금을 용도별로 조금씩 마련해보라 했다. 아빠의 제안을 받아들인 내 딸은 확실히 스스로 공부하여 보험, 주식, 부동산 등을 조금씩 준비하면서 비교적 건강한 자금운영을 하고 있는 것 같다. 20대에 벌써 5년간이나 인생설계를 실천하고 있는 셈이다.

한편 인생 2막에서 주어진 여러 역할을 해내기 위해서 여성의 역할이 그 어느 때보다 중요한 시대가 되었다. 아프리카 속담에 "혼자 가면 빨리 갈 수 있지만, 함께 가면 멀리 갈 수 있다."라는 말이 있다. 이 속담처럼 부부가 함께 풀어가면 인생의 문제가 훨씬 쉬워질 것이다.

난 여성들의 능력이 남성을 능가한다고 믿는 사람이다. 모성애와 부성애를 비교해보면 극명하다. 나의 아버지는 1978년 내가 고등학교 3학년 때 돌아가셨다. 사별한 나의 어머니는 죽을힘을 다해 가장 역할을 하셨다. 또 내 아이가 태어나자 아내는 낮밤이 바뀌고 한 시간 간격으로 밤새 울어대는 아이를 5~6번씩 깨어 달래야 했다. 아내가 몸이 약했음에도 아이의 울음에는 거의 본능적으로 반응하며 일어나는 것을 보면서, 나는 강한 모성애에 대해 감탄해 마지않았다.

그렇다면 여성이 남성보다 타고난 역량과 뛰어난 영역이 많은데도 왜 남성 중심의 세상이 됐을까? 난 사회 시스템과 자녀양육의 문제와 환경, 그리고 생각의 차이라고 생각한다. 현업에 있을 때 나는 영업사원들을 관리했다. 관리자 시절 강의를 할 때면 꼭 물어보는 질문이 있었다. "혹시 여러분 중에 초등학교 다닐 때 나이 들어서 직장을 평생 다닐 것으로 생각한 사람 손들어보라." 하면 까르르 웃어댈 뿐 손드는 사람이 적었다. 처음 입사했을 때 얼마나 다니려 했느냐고 물어봐도 답은 늘 비슷했다. 아주 우연히 입사했다고 말하는 사람이 90% 이상이고 고작 1~3년이나 다닐까 했다 한다. 반면 남성들은 어려서부터 어른이 되면 일을 해야 한다고 배운다. 회사에 들어오면 20~30년을 다닐 것으로 생각하고 사람들과 관계를 맺으며 일을 배우고 회사에 승부를 건다. 지금이야 달라졌지만 불과 30여 년 전만 해도 여성의 경우에는 그렇지 않았다.

이런 경험도 있었다. 나와 함께 일하는 유능한 영업사원이 있었다. 남편보다 급여가 두 배 이상 많았다. 게다가 내가 보기에 그분의 역량이면 관리자로도 대성할 만했다. 그런데 남편이 지방발령이 났다. 여러 상황을 고려하면 주말부부로 지내거나 남편이 이직해야 마땅했다. 그런데 그 여성분이 장래가 보장된 직장을 그만두고 지방으로 내려갔다. 이

것이 당시의 문화였다. 그러나 이제는 세상이 변했고 사람들의 생각도 달라졌다.

2년 전 부산에서 150명 정도 되는 여성 영업사원과 영업관리자 앞에서 강의할 기회가 있었다. 그중 가장 연장자는 86세 된 분이셨다. 너무나 정갈하고 곱게 차려입고 맨 앞줄에서 열심히 강의를 들었는데, 회사를 50년 동안 다녔다고 했다. 또 70대도 많았고 경력 20~30년이 된 분들도 상당히 많았다. 1~2년만 다니려 했는데 하다 보니 20~30년 됐다는 것이다. 용기 있는 분들이다.

이분들이 어려운 영업사원 일을 오래 할 수 있었던 이유는 간단하다. 그들은 인생 2막의 시절에 본인의 상황에서 주저하지 않고 해야 할 일을 해낸 것이다. 생각의 차이가 이들을 움직였다. 늘 방법은 있는 법이다. 인생 2막 중에 있는 사람들의 상황은 천차만별이다. 그러나 상황과 상관없이 자신의 인생은 4막으로 구성되어 있다는 것을 인지하고, 자신의 인생을 스스로 설계하고 책임져야 한다. 어떤 상황에서도 답을 찾는 사람이 있는가 하면 상황마다 핑계를 대는 사람도 있다.

인생 2막을 어떻게 하면 잘 보낼 수 있을까? **가장 중요한 것은 100년 인생을 설계하는 것이다.** 이를 위해서 시간의 이점을 알아야 한다. **우리가 자율적으로 통제할 수 있는 것은 시간이다.** 우리의 잠재력이나 다른 사람의 지원 등은 제한적이다. 그러나 우리에게 주어진 시간을 어떻게 보내느냐는 철저하게 자기 몫이다. 나이가 많은 사람들은 젊은이보다 실력이 더 있고 젊은이보다 더 열심히 일하고자 해도 젊은이만큼 기회가 주어지지 않는다. 젊음이란 가치를 생산성 있게 쓸 수 있는 바로 그 시간이다. 어떻게 하면 이 기간을 잘 보낼 수 있을까?

첫째로는 2막의 인생을 길게 가져갈 수 있다면 최선일 것이다. 요즘에는 나이와 상관없이 왕성하게 현역의 삶을 살아가는 사람이 많다. 그들의 경쟁력이 남다른 것이기 때문이다.

둘째는 자신의 몸값을 높일 수 있는 경쟁력을 만들어 시간당 생산성을 높일 수 있다면 금상첨화다. 직장인이라면 높은 연봉을 받을 만큼 능력 발휘를 하는 것이고 사업을 하는 사람은 사업을 성공시키는 것일 것이다. 자신의 현재 소득이 불만이라면 자신의 경쟁력을 변화시킬 방안을 고민해보는 것도 방법이 될 수 있다.

세 번째는 일하기 어려운 시기를 대비한 재정적 준비를 미리미리 실행해서 형편에 맞는 인생 설계를 구체적이고 철저하게 하는 것이다.

마지막으로 잠시 눈을 들어 미래의 시간표를 보면서 본인이 할 수 있는 일이 무엇인지 생각해봐야 한다. 이를테면 짬짬이 공부를 한다든지 대인관계를 미래지향적으로 하는 것도 중요하다. 나이가 들면 인간관계처럼 큰 재산도 없기 때문이다.

인생 3막

요즈음 TV에 특이한 현상이 하나 생겼다. 그것은 한때 최고 기량을 뽐냈던 스포츠 스타들의 활약이다. 운동선수들은 일반인보다 빨리 인생

2막을 시작하고 은퇴가 빠른 편이다. 과거에는 은퇴한 선수 중 일부는 지도자의 길을 걷거나 자영업을 하는 경우가 많았다. 특히 국가대표나 세계적인 선수들은 그들의 명성 때문에 자유롭지 못했을 것 같다. 그런데 최근에는 이들이 각종 TV 예능프로에 출연해서 망가지기를 두려워하지 않으며 국민의 사랑을 받고 있다. 이 스포츠 스타들은 현역에서 나온 후 인생 3막을 성공적으로 살아가는 것이다.

요즘에 베이비붐 세대들이 퇴직의 시기를 맞고 있다. 퇴직한 후 운동과 여행으로 소일하는 사람도 있고 눈높이를 확 낮춰 일하는 사람도 있고 낙향한 사람도 있다. 그러나 본인이 꿈꿨던 인생 3막의 삶을 영위하는 사람은 많지 않다. 나도 퇴직하면 유유자적할 줄로 알았다. 그런데 막상 회사에서 나오고 보니 이렇게 긴 시간이 기다릴 줄 몰랐다. 내 생각에 적어도 20여 년은 무엇이든지 할 수 있고 특정 부분 외에는 젊은이에게 밀리지도 않을 것 같다. 세계 최강의 지도자들이 모두 이 연령대가 아닌가? 능력의 문제가 아니라 기회가 줄어드는 것이 문제이다. 경쟁력을 유지하여 2막의 인생을 연장할 수 있다면 최선일 것이다. 그러나 흔한 일은 아니다.

오늘날 대한민국의 직장인들은 경쟁력이 정점일 때 퇴직한다. 늙고 힘들고 더는 일할 수 없어서 퇴직하는 경우는 많지 않다. 더 일하고 싶지만, 그저 나이가 되어 나오게 된다. 때에 따라 한두 살 많다고 유능한 사람을 내보내고 능력적인 면에서 더 월등하지 않은 사람이 뒤를 이어받는 아이러니도 있다. 그런데 퇴직 후에도 아직은 신체적·정신적 역량이 충분하지만, 막상 퇴직 후의 삶에 아무런 준비가 되어 있지 않은 경우가 많다. 구체적 계획이 있는 경우도 많지 않다. 자기 사업을 하지 않는 한, 젊은이도 어려운 취업이 쉬운 일은 아니다. 그러나 남아 있는 앞으로의 긴 시간을 막연하게 보낼 수는 없다. 남아 있는 시간은 길고 처음 경험하는 세상을 맞이하는 것이다. 노후자금이 준비되어 있다고 해서 모든 것이 해결된 것도 아니다.

인간은 행복해지고 싶어 한다. 존재감도 느끼고 성취감을 맛보고 싶어 한다. 가슴 뛰는 꿈이 있으면 더 좋다. 인생 1막 시절에는 인생 2막을 위해 20여 년, 혹은 30여 년 가까이를 준비했다. 그러나 인생 3막을 그렇게 치열하게 준비하지는 않았다. 과학과 기술의 발전으로 전통적인 일자리를 기계가 대신하게 되면서 퇴직자가 할 수 있는 일자리도 없고 퇴직자가 일할 수 있는 사회적 시스템도 형성되어 있지 않다. 왜냐면 한 번도 경험해보지 못한 세상이 왔기에 모두가 당황하는 것이다.

앞에서도 강조했지만, 지금과 같이 은퇴란 개념이 일반화된 것도 최근의 일이다. 과거에는 죽는 날까지 은퇴 없이 일터에 있다가 생업의 현장에서 삶을 마무리했다. 이제는 다른 패러다임의 시대가 도래한 것이다. 따라서 현재 인생 1막 중에 있는 사람이라면 2~4막까지를 고려해야 한다. 2막 중이라면 당연히 3~4막을 생각하면서 2막을 보내야 한다. 3막에 접어들었다면 3막과 4막을 보람있게 보낼 생각을 하고 행동해야 한다. 이제라도 다시 생각해야 한다. 어떻게 해야 할까? 이 부분은 참 어렵다. 사람마다 형편도 다르고 인생관도 다르다. 분야가 어떻든 **자신이 좋아하는 일, 잘할 수 있는 일, 보람있게 생각하는 일을 할 수 있다면 행복한 일이다.** 하지만 몇 가지 원칙은 있다.

첫째로 먼저 자신의 현실을 냉정히 평가해야 한다. 과거의 직위나 사회적 신분에 얽매어서는 아무것도 할 수 없다. 형편에 맞는 삶의 수준을 유지하는 것도 중요하다. 자신의 그간의 경쟁력을 활용해서 일할 수 있다면 좋은 일이다. 할 수만 있다며 눈높이를 낮춰서 적더라도 수입이 있는 일을 하는 것도 좋은 일이다.

최근에 아직 현업에 있는 후배들을 만난 적이 있었다. 청출어람이란 말이 있듯이 확실히 젊은 사람들이라 나보다는 현실적이다. 한 후배는 자신은 퇴직하면 고향에서의 제3의 인생을 보내려고 오랫동안 준비해오고 있다고 했다. "고등학교 때 고향을 떠났지만, 어머님이 아직 고향에 계셔서 적응에 문제는 없다."라면서 자신이 고향에 가면 젊은 편에 들기에, 이장에도 도전하고 산불감시 요원으로 활동하는 등 할 일이 있다는 것이다. 무엇보다 생활비가 서울보다는 적게 들기 때문에 고향에서 봉사도 하고 어머님과 함께 지낼 수도 있도록 준비하고 있다고 한다. 그래서 목공과 요리를 배우고 있다고 한다. 나는 구체적인 준비를 해가는 그 후배에게 너무나 현명한 대책이라 격려해주었다. 반면 한 친구는 일은 그만하고 싶다고 한다. 그저 소소하게 좋은 친구 몇이 함께 여행 등으로 보내고 싶다고 한다. 또 다른 후배는 부부가 둘 다 시골생활을 너무 좋아해서 벌써 땅을 사서 주말마다 이틀씩은 부부가 함께 몇 년째 과수원을 일구고 있다고 한다.

난 아직 농촌에서의 삶에는 별 관심이 없다. 반면 운동하며 공부하고 사람 만나는 도시생활이 좋다. 사람마다 다양한 취미와 바람이 있을 것이다. 따라서 자신에게 맞는 분야를 선택하고 차분히 준비하면 의미 있는 인생 3막의 삶이 가능할 것이다. 3막은 1막이나 2막의 삶처럼 표준적이거나 획일적이지 않고 철저히 본인만의 색깔로 준비하면 좋을 것이다.

두 번째는 혼자 잘 지내는 것도 능력이라는 것이다. 사회생활을 하면 많은 사람과 부대끼며 일에 치이게 되어 있다. 한창 일할 때는 주변에 사람도 많았고 관계도 많았다. 그러나 퇴직 후에는 관계도 사람도 줄어든다. 늘 주변에 사람이 많았기에 그런 상황에 익숙해져서 사람이 없으면 오히려 어색하다. 그러나 인간은 어차피 외로운 존재이고 이 세상에 혼자 왔다가 혼자 가는 법이다. 누군가에게 의존하려 하고 혼자 지내는 것이 버거워서는 곤란하다. 혼자 지내는 법을 나름대로 터득해야 한다. 그다음 어떤 삶을 살아갈 것인가를 진지하게 생각해봐야 한다.

세 번째로는 무엇보다도 공부하는 습관과 공부에서 오는 유용함을 아는 것이 중요하다. 공자는 『논어』에서 "학이시습지 불역열호(學而時習之 不亦說乎)"라 했다. 배움의 즐거움과 유용함을 이미 2,500여 년 전에 말씀하신 것이다. 지금까지는 당장 필요를 채우기 위해서 공부했다면 이제는 나를 채우고 성숙한 사람이 되기 위해서 공부해야 한다. 자신의 성숙을 위해서 공부하는 것보다 좋은 시간은 없다. 여기서 공부가 마음공부를 포함함은 말할 것도 없다.

석가모니·공자·맹자·소크라테스·플라톤·율곡·이이·퇴계·이황같이 오랜 시간이 지나서도 후대에 선한 영향력을 끼치고 있는 위대한 분들에게는 공통점이 있다. 그들은 지금처럼 잘 짜인 교육제도에서 교육받고 자격증을 가진 분들이 아니다. 대부분 스스로 공부하고 깨우치고 소수의 사람을 제자로 두어 가르쳤을 뿐이다. 그러나 그들은 지금도 수많은 사람에게 인생의 길잡이가 되고 살아갈 힘을 주고 있다. 이분들이 살았던 시절에 그들보다 훨씬 재력이 많고 부귀영화를 누린 사람이 많았을 것이다. 그러나 누구도 그 시대의 부자와 권력자를 기억하고 영향받지 않는다. 스스로 공부해서 깨우친 분들을 기억할 뿐이다. 그래서 우리도 비록 하잘것없는 것이라 해도 스스로 공부하고 자신이 경험한 것들과 깨우친 것들을 누군가에게 전하기 위해 노력하는 것은 좋은 일이라고 생각한다.

마지막으로 생활방식을 일관되게 가져가는 것이 좋다. 젊은이는 탄력 회복성이 좋다. 그러나 나이가 들어가면 회복력이 떨어진다. 나이가 들어서도 젊을 때처럼 행동할 수는 없다. 그래서 일정한 삶의 루틴을 가져가는 것이 여러모로 좋다. 사람마다 다르겠으나 내가 추천하는 방법은 본인이 감당할 수 있는 일정표를 수립해서 하루하루를 살아가는 것이다. 이를테면 아침 시간을 운동이나 책 읽기나 명상의 시간을 배정하거나, 점심시간에는 사람들과의 교제를 미리미리 정해놓거나, 가족과 모임을 정례적으로 유지한다든가, 하루 중 특정 시간에 새로운 것을 배우는 시간을 배정하는 것이다. 지금은 문명의 이기 덕택에 시간을 보낼 수 있는 도구가 너무 많다. 난 유튜브, 넷플릭스, 책을 읽어주는 앱만 가지고도 시간이 늘 부족하다. 참고로 나의 하루 일정을 소개해본다.

5:00	기상 ~ 스트레칭과 아침 명상 시간 갖기
6:00	아침 운동 ~ 헬스클럽에서 아침 운동
8:00	사무실 출근 ~ 오전 집중 업무시간(메일 등 각종 정보 검색. 당일 중요한 업무 처리. 외부강의 등)

12:00	점심시간(가장 중요한 사람들과의 교제시간)
14:00	긴급하지 않지만 중요한 미래업무 처리·필요한 것 배우는 시간(컴퓨터 등)
18:00	퇴근 후 운동과 독서시간
23:00	취침

대충 이렇다. 나의 시간은 단조로운 편이지만, 난 이 단조로움이 편하고 좋다. 물론 이것은 나에게 특화된 것이므로 각자에게 맞는 루틴이 필요하다.

다양한 형태의 인생 3막을 이어가는 사람들이 많다. 주변에 인생 3막을 보내는 여러 유형을 소개해보고자 한다. 모두 실제 인물이지만 개인의 프라이버시를 존중해서 익명 처리했다. 어떤 유형이 끌리는지는 독자의 몫이다.

[사례1] 40대 초반에 퇴직했다. 부모님에게 상당한 자산을 물려받았다. 그때 이후로 일을 하지 않고 20년째 운동 등으로 은퇴의 삶을 보낸다.

[사례2] 장교로 퇴임한 후 예비군 중대장을 하다가 60대에 완전히 퇴직함. 연금으로 생활할 수 있지만, 초등학교 보안요원으로 근무 중이다. 급여는 적지만 만족스럽게 생각하고 있다.

[사례3] 기업 임원으로 퇴직하여 여유 있음. 해외여행과 골프 등으로 소일함.

[사례4] 부장으로 정년퇴직함. 여행에 관심이 많아서 전국의 여행지와 맛집을 기록하여 특화된 여행 안내자를 하고 있음. 수입은 적음.

[사례5] 회사를 나온 후 낙향하여 부모님도 돌보면서 목공을 취미삼아 살고 있음.

[사례6] 현업에서 배운 경험을 바탕으로 현업과 유사한 회사를 창업하여 자기 사업을 하고 있음.

[사례7] 대기업 부장으로 노후대책 개념이 없는 시절 퇴직함. 현재 70대 중반인데 생계를 위해 건물관리인을 하고 있음.

[사례8] 중견기업 고위 임원으로 퇴직. 특별한 일은 없고 노후자금의 부족을 느끼지만 아껴서 생활함. 하지만 아직 많이 남은 삶이 걱정.

[사례9] 기술직으로 퇴직함. 간간이 본인의 기술을 활용하여 시간제로 일하면서 용돈 정도의 수입.

[사례10] 증권회사 출신. 창업했으나 실패함. 전혀 다른 분야에서 적은 수입으로 일함.

[사례11] 금융기관 간부 출신. 현재 저소득 일을 하고 있음.

[사례12] 퇴임 후 아무 일도 하지 않고 칩거하고 있음.

이외에도 많은 사람이 주변에 있지만, 이 정도의 사례를 참고해도 지금 막 인생 3막에 접어든 세대에게 참고가 될 듯하다.

인생 4막

　출생일은 어느 정도 예측할 수 있지만 언제 죽을지는 모른다. 내 아버지처럼 젊은 나이에 갑작스레 생을 마감한 사람도 있고 자신이 생각했던 것보다 훨씬 오래 사는 사람도 있다. 사람은 죽음을 이야기하지만, 불멸에 대한 환상을 갖고 있다고 한다. 즉, 대부분의 사람은 자기는 금방 죽을 것으로 생각하지 않는다는 것이다. 나 역시 60이 넘었으니 평균만큼만 산다고 해도 내가 살아온 날의 1/4이 남은 셈이다. 지나간 시간은 그야말로 눈 깜짝할 사이에 지나갔다. 그러나 3/4이 지나갔다고 1/4만 남았다고 생각하지는 않는다. 그래서 죽음을 구체적으로 받아들이지 못한다는 생각이 든다.

　얼마 전 후배가 암 투병 중인 84세이신 장인어른 이야기를 했다. 방사선 치료까지는 잘 견디셨는데 항암치료가 시작되자 많이 고통스러워하셨다고 하면서 마음 아파했다. 나는 '연로하신 어르신에게 그런 고통스러운 치료를 해드려야 하는가?' 하고 생각했다.

　얼마 전 건강진단을 받다가 요관에 결석이 있으니 미리 제거하는 것이 낫다고 의사 선생님이 말했다. 간단한 시술이었지만 2박 3일간 입원하고 수술을 잘 마무리했다. 소변 주머니를 이틀간 차고 있었는데 여간 불편한 것이 아니었다. 그때 문득 생각이 났다. 소변 주머니 하나만으로도 이렇게 삶의 질이 망가지는데 콧줄이나 산소호흡기를 낀 채로 산다면 정말 끔찍하겠다는 생각이 들었다.

　나는 인생 1막과 2막을 살아왔고 지금은 3막을 보내고 있다. 1막~3

막은 어느 정도 알겠지만, 인생 4막은 철저히 예상과 상상뿐이다. 구체적으로 무엇을 준비하고 어떻게 대비하는 것이 옳은지 잘 모른다. 그런데도 우리가 공부하고 예측하면 아무것도 안 하는 것보다는 도움이 되리라는 것에는 변함이 없다.

나이 들어서 특별히 아픈 곳 없고 스스로 움직이고 자신이 필요한 일을 할 수만 있어도 다행이다. 그러나 기억력도 감퇴하고 신체적인 능력도 떨어져서 할 수 없는 것들이 많아지는 시간이 온다. 혼자서는 일상생활이나 대소변마저 처리가 안 되는 상황이 올 수도 있다. 그 정도는 아니지만, 혼자서는 대중교통을 이용하거나 운전을 할 수 없어 병원에 가야 할 때 누군가의 도움을 꼭 받아야 하는 경우까지 생각하면 그 기간은 더 길다.

현업에 있을 때 부산에 있는 요양병원이 회사의 고객이라서 방문을 한 적이 있었다. 그때 요양병원 원장님이 내 손을 붙잡고 신신당부를 하며 생생한 말씀을 하셨는데 지금도 눈에 선하다. 그 병원의 최고령 할머니는 104세라 했다. 그런데 그분의 80이 넘은 아들이 매달 요양병원비를 가지고 방문한단다. 40대인 할머니의 증손자가 100만 원을 60대인 할머니의 손자에게 생활비로 드린다. 60대인 손자는 50만 원은 본인이 쓰고, 본인의 아버지 — 할머니의 아들 — 에게 50만 원을 드린다. 다시 그 아들이 10만 원을 쓰고 40만 원을 병원에 가지고 온다는 소설 같은 말이었다. 증손자가 4대를 책임지는 것이다. 물론 나는 이 이야기를 원장님에게 전해 들었다. 그러나 이제는 이와 비슷한 사례가 주변에 흔한 이야기가 되어버렸다. 그 원장님은 이러한 현상에 대해 사람들에게 사명감을 가지고 교육해달라는 당부를 하셨다.

장모님이 돌아가시기 전 스스로 대소변마저 불가능하던 시기에 우리 집에서 1년간 돌봐드린 적이 있었다. 그러나 수시로 발생하는 비상사태로 119를 불러야 했기에 결국 요양병원으로 모실 수밖에 없었다. 장모님이 계신 요양병원을 방문하면서 요양병원에 대해 많은 것을 알수 있었다. 한 병실에 6명 이상이 거주하는 상황과 콧줄을 낀 채로 7~8년 살아가는 분들이나 자식들이 거의 찾아오지 않는 경우 등 수많은 상황에 대해 알 수 있었다.

어르신들을 보살피는 시설은 여러 가지가 있다. 만성질환이 있는 노인들의 치료가 목적인 요양병원은 2018년 1,560개로 파악이 되고 있고, 장기요양 등급 1~3급을 받아 거주하고 돌봄이 목적인 요양원은 2019년 5,338개로 파악된다. 또한, 장기요양 등급과 상관없이 누구나 본인의 형편에 맞게 선택이 가능한 노인복지 시설인 양로원(실버타운)들이 있다. 이러한 시설들이 앞으로 기하급수적으로 늘어나는 것은 쉽게 예견할 수 있다.

우리나라의 미래를 예측해보는 좋은 사례는 이웃 나라 일본의 예이다. 일본은 세계에서 최장수 국가에 속한다. 일본의 경우 2020년 현재 80세 이상이 8.7%이고 70대 이상은 20%를 넘어섰고 65세 이상은 28%(한국 16%)가 넘는다. 일본은 이미 인구의 30%가 고령화인 나라이다. 세계에서 비교적 노후대비가 잘되어 있다는 일본이지만 예상을 벗어난 수명증가로 실상은 그렇지 않은 것 같다.

고령화의 증대는 노인을 부양하는 가족의 고통과 개인적인 의료비

문제는 물론이고 국가재정의 부담을 가중할 수밖에 없다. 『노인 지옥』*
이란 책을 보면 최근에 일본에서 발생하는 노인 문제를 생생하게 다루고
있다. 우리보다 20~30년 전에 산업화에 성공하고 경제적 호황을 누린
일본의 전후 세대들이 나름대로는 세계에서 가장 인생설계가 잘되어 있
다고 자부해왔지만, 막상 그들이 고령화가 됐을 때 부동산 가격의 폭락
과 예상 밖의 평균수명 연장으로 인해 발생하는 심각한 노인문제를 사
례를 통해 자세히 소개하고 있다. 이를테면 나이가 들어 최소한 수준의
요양원에서 돌봄을 받으려 해도 우리 돈으로 150~200만 원 이상의 비
용을 지급해야 하는데 이 돈이 준비된 노인의 수는 턱없이 부족하다는
것이다. 그렇지 않으면 거의 수용소 수준의 요양원에 가야 하는 것이 세
계 최고 부자 나라라고 하는 일본의 현실이다.

우리나라의 베이비붐 세대들은 형제들이 많은 편이다. 그래서 부모
부양을 자녀들이 분담해서 어느 정도는 할 수 있다. 그러나 베이비붐 세
대들은 자녀를 비교적 적게 낳았다. 따라서 이들은 자녀의 도움을 받기
가 쉽지 않다. 한국의 베이비붐 세대들이 고령화가 되면 일본을 능가하
는 심각한 문제가 될 것이다. 이를 위해 하루라도 빨리 이 문제에 대해 현
실적으로 접근해야 한다.

우리나라 역시 양극화가 심각하다. 비록 국민소득이 3만 불을 넘어
서고 있다 해도 인생설계가 안정적으로 준비된 경우는 턱없이 부족하다.
일본도 노인문제가 개인은 물론 국가 의료시스템이나 국가재정에도 부
담을 주고 있는데, 더욱이 이 문제가 짧은 시기에 끝나지도 않는다는 것

---

*『노인 지옥』: 아사히 신문 경제부, 율리시즈, 2017.

이 문제이다.

이러한 위기에 대응하기 위해 나는 더 늦기 전에 국가적 관점에서 국민의 인생설계가 이루어져야 한다고 본다. 차라리 젊을 때부터 사회와 국가에서 과감한 지원을 통해 반강제적으로 인생설계를 하게 해야 한다고 생각한다. 과거에 재형저축이란 제도가 있어서 상당한 세금혜택을 주어 반강제적으로 목돈을 만들게 했다. 지금은 국민연금이란 제도가 있지만, 노후를 안심하고 보내기에는 턱없이 부족하다.

따라서 국가는 국민이 젊을 때부터 스스로 인생설계를 할 수 있도록 과감한 지원을 장기간 해야 한다. 스스로 노후를 준비하고자 하는 사람에게는 높은 세제지원과 금리 우대 등을 지원하는 형태도 고려해볼 수 있다. 당장은 부담이 될 수 있으나 장기적으로는 오히려 국가의 부담을 덜 수 있을 것이라 예상한다. 지금도 우리나라 노인의 가난은 이미 심각하다. 젊은 시절 자녀교육에 온갖 에너지를 쏟고 나이 들어 연로한 부모를 부양해야 하는 베이비붐 세대에게, 재정문제는 절벽으로 다가 올 것이다. 더하여 전 재산이 부동산으로 형성되어 있는 한국의 노후문제는 재앙에 가까울 것이라고 오래전부터 강조해왔다. 두려운 현실이 다가오고 있다.

대부분 어르신은 요양병원이나 요양원 가시는 것을 싫어하고 본인이 살던 집에서 돌봄을 받기를 원한다. 문제는 가족 중의 누군가가 전적으로 매달리기가 어려울 수밖에 없고 다른 사람을 고용하기에는 경제적인 부담이 만만치 않다는 것이다. 그렇다 보니 어쩔 수 없이 노부모님을 요양병원이나 요양원으로 모시게 된다. 이러한 시설을 이용하는 것도 경제적 사정에 따라 그 수준이 결정되는 것은 물론이다. 이 세상에 태어나서 열심히 살아온 인생의 종착지에서, 인간으로서 누릴 수 있는 최적의 환경에서 삶을 마무리할 수 있으면 좋지 않겠는가? 마지막 시간에 누군가에게 짐이 되고 품격을 잃어버린 채 물건 취급받는다는 것은 생각만 해도 끔찍하다.

나도 인간적인 인생 4막을 위해서라도 열심히 살아야겠다고 생각한다. 우리 세대가 30~40대인 1988년에 국민연금이 시작되었고, 이때 노후 준비라는 말이 처음 등장했다. 그 당시 이를 심각하게 받아들이는 사람이 드물었지만 지금 이것은 현실적인 문제가 되었다. **이제 우리는 단순한 노후준비가 아니라 인생 4막이라는 새로운 준비를 본격적으로 생각할 때가 됐다.** 이해를 돕기 위해 내 주변 어르신들의 구체적인 사례를 들어보고자 한다.

[사례1] 나의 어머니 (88세)

43세에 아버지와 사별하셨다. 지금은 허리 디스크가 있지만 아직은 건강하신 편이다. 수입은 자식들이 드리는 생활비와 노령연금이 전부다. 혼자 생활하시며 5남매가 당번을 정해 돌봐드리고 있다. 본인 스스로 생활이 가능하시다.

[사례2] 나의 큰고모 (95세)

젊은 날 사별하셨고 외동딸이 한 분 계신다. 건강하셨으나 5년 전 뇌졸중으로 쓰러지셔서 70대인 외동딸이 집에서 돌봐드리고 계시다.

[사례 3] 후배 1 - 80대 후반 부모

재력이 있고 두 분 모두 성공적으로 인생 3막까지를 보냈다. 최근에 건강이 나빠져 각종 수술을 했다. 절대 돌봄이 필요한 상태이고 본인들이 요양병원이나 요양원은 절대 거부한다. 24시간 내내 돌보는 분이 상주하고 아들이 혼자 부모님 돌봐드리고 있다. 아들이 매우 지쳐 있다.

[사례 4] 후배 2 - 80대 후반 노부모

젊은 시절 엘리트로 지내신 부부이다. 아들 둘을 두었고 현재 두 분이 생활하지만, 아버님에게 치매기가 있어서 아들의 고민이 커진다.

[사례 5] 후배 3 - 80대 중반 어머니

자녀를 많이 두었다. 혼자 시골에서 생활할 수 있으나 디스크가 심해서 큰아들인 후배가 수시로 돌봐드리고 있다. 다른 자녀들이 대부분 현업이라 큰아들의 부담이 커지고 있다.

[사례 6] 후배 4 - 부모

자녀들이 모두 성공적인 사회생활을 하고 있으나 결국은 요양원에서 생을 마감하셨다.

[사례 7] 후배 5 - 80대 장인과 80대의 본인 어머니 두 분을 후배가 돌봄

장인어른이 암 수술해서 모시고 병원에 다니고 있음. 처가 쪽 형제들이 모두 직장인이라 본인이 돌봐드릴 수밖에 없지만, 본인이 답답해함.

[사례8] 지인 - 80대 후반 어머니

한국 최고 대학의 교수 출신으로 경제적인 여유가 있어서 집에
서 돌보는 분을 채용해서 생활한다. 경비가 월 300만 원 이상으
로 많이 소요되고 있다.

[사례9] 지인 - 80대 후반 노부모

교사 출신 아버지가 뇌출혈로 쓰러졌다. 부인이 돌볼 수 없어
서 60대인 딸이 지극정성으로 돌봐드리고 있다.

[사례10] 사회복지사 제부의 증언

강남 할머니. 80대 중반. 강남에 아파트 소유하고 있으나 수입
이 없는 상태. 집을 팔고 싶으나 자식들의 반대가 심해 팔지 못
함. 자녀들이 돌보지 않아 궁핍한 생활을 하고 있음.

[사례11] 선배 - 장모

부인도 몸이 좋지 않아서 돌볼 사람이 없음. 사위인 선배가 퇴
직 후 수년간을 돌봐드리다 최근에 돌아가심. 선배는 장모 돌
봄으로 인해 퇴직 후 아무것도 할 수 없는 시간을 보냄.

**인생 4막에 계신 분들은 몇 가지 특징이 있다. 먼저 대부분이 80
대 후반이고 거의 10여 년 이상 4막이 진행 중이다. 둘째, 모두 요양
원이나 요양병원 입소를 거부한다. 셋째, 경제적 상태에 따라 돌봄의
수준이 결정된다. 넷째, 전통적인 부모봉양의 시절은 끝났다.** 본인의
경제적 준비수준에 따라 다양한 수준의 돌봄이 결정될 수밖에 없다.

부모 세대가 이 정도니 우리 세대는 이보다 훨씬 심각할 것이다. 내가

지레 겁먹는지는 모르지만 닥쳐올 미래가 두렵다. 무엇보다 인생 4막이란 것이 준비한다고 완벽히 준비되는 것도 아니다. 그러나 이 또한 전혀 길이 없는 것은 아니다. 우리가 할 수 있는 일과 할 수 없는 일이 있다고 했다. 따라서 **우리는 할 수 있는 일이라도 해야 한다.**

첫째, 먼저 식습관을 교정하고 몸에 맞는 운동을 하고 주기적으로 건강진단을 받아 본인이 할 수 있는 한 자신의 건강을 돌봐야 한다. 금연과 절주는 얼마든지 가능한 일이다. 젊은 시절부터 몸의 소중함을 인식하여 좋은 생활방식을 습관화할 수 있을 것이다.

자신의 건강을 점검하는 것은 오래 살기 위함이 아니다. 건강을 잃어 삶의 질이 나빠지고 누군가를 힘들게 할 수 있기에 최대한으로 자신을 지키기 위함이다.

둘째, 인생 필요자금을 미리미리 숙지하여 형편에 맞게 준비하는 것은 자식들에게 금전적 부담을 주지 않고 재정적 안정을 도모할 수 있는 첩경이 된다. 이러한 **생애설계는 자신의 자금집행에서 우선순위를 조정하게 하고 꼭 필요한 부분부터 준비하는 계기가 될 수 있다.**

셋째, 삶에 대한 통찰과 죽음에 대한 두려움을 극복하고 자연스레 받아들일 수 있는 정신적 성숙함을 도모해야 한다. 물론 쉬운 일이 아닐 것이다. 내가 아는 목사님께서 암으로 인해 죽음을 앞둔 신자를 병문안 가서서 하신 이야기를 들려주셨다. 대부분 병문안 오시면 낫게 해달라 기도하시는데 목사님께서는 "성도님께서는 평생 믿었던 하나님 나라에 가시는데 무엇이 두려우냐."고 하셨단다. 그 말을 들은 환자분께서는 죽음을 거부하지 않고 비로소 평안하게 죽음을 받아들이셨다고 한다.

그렇다. 우리는 모두 죽는다. 죽음을 자연스럽게 받아들이는 훈련이 필요하다.

넷째, 이 세상에서의 하루하루를 의미 있고 보람 있게 보낼 수 있는 마음의 자세가 가장 필요하다. 오늘 하루하루를 행복하고 즐겁고 보람 있게 꽉 채워나가야 한다.

마지막으로 정신적으로 누군가에게 의존적인 삶이 아니라 스스로 독립적인 사람이 되어야 한다. 그러기 위해서는 계속 배우는 자세로 공부하고 성찰하여 정신적으로 지혜로운 어른으로 성숙해가야 한다.

지금까지 우리 삶을 인생 4막으로 구분하여 살펴보았다. 인생 4막을 어떻게 하면 잘 살아낼 수 있을까? 행복하고 보람 있고 품격 있는 인생 4막의 필요충분조건은 무엇일까? 경제적인 준비만 있으면 모든 것이 해결되는가? "인생 별거 있나?" 하면서 남들처럼 그냥 살아가면 되는가? 대충 시류에 휩쓸려 살아가도 후회하지 않을까? 아니면 좀 더 진지하게 생각해보고 더 나은 삶을 살기 위해 고민하면 답은 없을까?

어떤 순간에도 방법을 찾아보면 길이 있기 마련이고 할 수 있는 일도 있기 마련이다. 주어진 상황과 시간 속에서 늘 할 수 있는 것들을 찾아서 열심히 살아가는 것이 우리 삶의 완성도를 높이는 것이 아닐까?

4. 멈추면 퇴보다

나는 인생 마라톤을 뛰고 있다. 마라톤은 42.195㎞를 뛰어야 완주하는 것이다. 초반에 빨리 내달린다고 완주하라는 법이 없다. 울퉁불퉁 근육형의 선수라고 해서 성공적인 마라토너가 되는 것도 아니다. 완주하기 위해서는 정신적으로 준비되어 있어야 한다. 무엇보다 체력적으로 평소에 훈련이 되어 있어야 하고, 체력안배를 잘해야 완주의 기쁨을 누릴 수 있다. 의욕만 가지고 완주할 수는 없는 법이다. 그래서 흔히 인생을 마라톤에 비유하는지도 모르겠다.

어린이라면 마라톤을 막 시작한 사람이다. 10㎞ 정도 달렸다면 몸도 워밍업이 된 상태이고 본격적인 기량을 보여줄 때이다. 인생에 견준다면 이때부터가 2막의 인생이 시작된 사람이다. 3막에 있는 사람이라면 반환점을 돈 마라토너에 비유할 수 있다. 이제부터는 정신력으로 버텨야 할 구간인지도 모른다. 4막에 있는 사람이라면 5㎞ 정도 남은 사람과 같다. 이쯤 되면 체력도 고갈됐고 힘도 없다. 오직 정신력으로 마지막 사투를 벌여야 할지도 모른다. 고통 속에 포기할 수도 있다. 그러나 완주했을 때의 환희와 기록이 기다리고 있다. 마라톤처럼 인생 역시 멋지게 완주하려면 필요충분조건이 있기 마련이다.

나는 행복하게 살고 싶고 모든 사람이 행복했으면 좋겠다. 무엇보다 내가 다른 사람에게 작은 도움이라도 됐으면 좋겠다. 세상에는 공부를 많이 한 사람, 한 분야를 오래 연구한 사람들이 참 많다. 나는 그런 대단한 사람들을 보면 괜히 주눅이 든다. 그러나 아무리 공부를 많이 했다고 해도 모든 분야를 경험하고 아우를 수는 없다. 여행을 다녀온 사람이 여행기록을 썼다고 해서 그가 세상을 모두 여행한 것도 아니고 세상을 모두 아는 것도 아니다. 그는 단지 자신이 다녀온 지역의 여행 경험을 썼을 뿐이다.

나 역시 비록 한정된 분야이기는 해도 내 업계에서 몸과 마음으로 체험하고 느꼈던 것들이 있다. 지금까지 살아오면서 나에게 깊은 깨달음과 영감을 주고 내 생각과 행동을 바꾸게 해준 것들은 위대한 철학자의 심오한 글이거나 특정 분야의 석학들의 어려운 글들만이 아니다. 편하게 읽었던 쉬운 글들과 때로는 어떤 분의 강의가 크게 다가온 경우가 더 많았다.

몇 년 전 아들의 입대와 높은 세율의 세금으로 좀 민감했던 때의 일이다. 어릴 적부터 몇 번의 전학을 다니면서 부적응과 학내 따돌림을 경험한 아들은 군대 가는 것을 두려워했다. 우리 세대의 군 생활은 얼차려와 구타가 만연했기에 나도 아들의 입대가 안쓰럽기는 했다.

또 하나는 세금에 대한 불만이었다. 당시 나는 급여에서 최고세율을 내고 있었기에 세금에 대한 거부감이 없었다면 거짓말일 것이다. 그런데 주일 설교에서 마치 목사님께서 내 마음을 들여다본 것같이 이런 말씀을 하셨다.

"지금, 이 순간도 누군가의 아들들이 추위를 무릅쓰고 국방의 의무를 하고 있기에 우리가 안전하게 살고 있지 않습니까? 그래서 저는 입대를 앞둔 청년들에게 이제 다른 청년으로부터 받은 사랑의 빚을 갚는 시간이 되길 바란다는 말을 전합니다. 그리고 누군가 부담하는 많은 세금 덕에 우리가 이 나라의 좋은 인프라를 사용하지 않습니까? 성실한 납세로 인해 공원과 화장실 문화가 개선되었습니다. 사회 전반의 공공시설이 쾌적해지는 것은 우리가 납세의무를 충실히 수행해서 생긴 결과입니다." 대충 이런 내용이었다. 그 단순한 말씀이 지금까지 내가 배웠던 그 어떤 안보교육이나 세금교육보다 크게 와 닿았다.

영업의 관점으로 세상을 보다

내가 아는 목사님은 주일마다 특정 구절을 오랫동안 설교 주제로 삼으셨다. 목사님은 작은 창을 통해 넓은 세상을 볼 수 있듯이 한 구절을 통해 성경 전체가 연결되어 있다고 하셨다. 그분의 깊은 의도까지는 알 수 없으나 분명한 것은 작은 세계의 질서나 넓은 세계의 질서는 넓이만 다를 뿐 많은 부분이 서로 연결되어 있다고 생각한다. 이 글 역시 내가 살아온 영업세계의 경험을 벗어날 수 없음을 고백한다.

나는 인간의 욕망과 이해타산이 적나라하게 드러나는 영업이란 특정한 분야에서 30여 년이 넘는 기간 동안 영업관리자의 삶을 살아왔다. 이 분야에서도 사람들은 목적을 이루기 위해 사력을 다한다. 이익 앞에서 본인의 인생관이나 가치관이나 논리가 수시로 변하는 것도 보았고 말과 행동이 따로따로인 경우도 수없이 보았다. 그러나 이러한 인간행태가 비단 영업의 세계에서만의 일이라고 생각하지 않는다.

영업이란 판매자가 본인의 목적을 위해 누군가에게 무언가를 팔아서 원하는 것을 얻는 업이다. 또한, 영업이란 세계에서는 갑과 을의 입장이 수시로 바뀌는 경우가 많다. 바뀐 입장에 따라 각자의 처신이 달라지는 것도 자주 목격했다. 영업의 관점에서 보면 사람이 평생 자신의 이상과 입장을 일관되게 유지하며 사는 것이 쉬운 일은 아니다. 눈앞의 이익이나 욕망 때문에, 때로는 체면이나 남을 위한 배려 때문에 자신을 지키기가 어렵다.

영업이란 분야가 한정된 분야 같지만, 본질에서는 사회생활의 모든 것이 영업이라는 생각이 든다. 예를 들면 물건을 만드는 기업은 그 물건을 팔아야 한다. 농부나 어부도 수확한 것을 팔아야 한다. 지식을 전하는 선생도 자신의 지식을 누군가에게 전해야 한다. 가수나 연기자나 예능인 모두가 결국 본인이 만든 콘텐츠를 누군가가 선택해줘야 한다. 요즈음 각종 오디션 프로가 유행이다. 엄청난 실력을 갖춘 사람도 대중에게 알려지지 않으면 무명이라 불리고 오랜 시절 잊힌 존재로 살아야 한다. 결국, 누군가에게 전달되고 인정받아야 한다.

성장과 성숙이 멈추면 퇴보다

나는 사람들이 지금 처한 형편보다 나아지거나 성장할 때 행복해하는 것을 자주 보았다. 그래서 지금의 나이가 몇이든 어떤 환경에 처해 있든지와 상관없이 각자의 경쟁력을 찾아보고 할 수 있는 것을 찾아봐야 한다고 본다.

사람들은 불가능한 것과 어려운 것을 혼동하는 경우가 많다. 내 키를 10㎝ 늘이는 것은 불가능하지만 10㎏ 감량하는 것은 어려운 일이다. 자동차를 영원히 타는 것은 불가능하지만 관리를 잘해서 20년 타는 것은 어렵지만 가능한 일이다. 따라서 **어려운 일과 불가능한 일을 식별하는 눈을 가지고 어려운 일을 불가능하다고 포기해서는 안 된다.**

라인홀드 니부어*는 '평온을 비는 기도'에서 "우리가 바꿀 수 없는 것을 평온한 마음으로 받아들일 수 있는 은총과 변화시켜야 할 것을 변화시킬 수 있는 용기와 그들을 분별할 수 있는 지혜를 달라."고 기도했다. 나에게는 너무나 힘이 되는 말이다.

지금 우리가 가진 것 중 상당수는 미래에 없어질 것들이 많다. 우선 신체적 기능이 지금보다 안 좋아질 수도 있다. 직장생활 중이라면 언젠가는 퇴직해야 한다. 나이가 좀 더 든 사람이라면 그나마 지금 가진 시간마저 줄어든다. 사랑하는 가족이나 친구와 헤어져야 한다. 그래서 **지금 당장 할 수 있는 것은 해야 한다.** 아직 직장을 갖지 못한 사람이라면 일을 찾아야 한다. 기혼이든 미혼이든 성인이 되면 인생의 각종 자금을 마련해야 한다. 혼자 힘으로 안 되면 부부가 함께 머리를 맞대고 방법을 찾아야 한다. 혹시 하고픈 공부가 있다면 나이가 많아도 할 수 있다.

30여 년 전 초급 관리자 시절 고객과 상담을 많이 했다. 젊은 혈기에 그것도 금융기관에 근무했기에 일반인보다는 미래에 대해 많은 관심을 두고 있었다. 우리가 맞게 될 2000년대의 인구 고령화 문제와 베이비붐

---

* 라인홀드 니부어(1892~1971): 미국의 개신교 신학자이자 기독교 윤리학자.

세대의 노후문제를 설명하곤 했다. 그 당시 가장 많이 듣는 이야기가 "당장도 어려운데 무슨 노후냐."란 말이었다. 그러나 그 사람의 답변과 상관없이 당시 예견했던 시대는 어김없이 모두에게 찾아왔다. 나에게 핀잔을 줬던 그분들도 이제는 더 젊지 않을 것이다. 그때의 그 심정으로 인생 4막을 이야기하고자 한다.

한 후배가 나에게 푸념했다. 골프를 잘 치고 싶어서 교습도 받아보고 유튜브를 보며 연습도 하는데 늘지 않는다는 것이다. 마땅히 떠오르는 정답은 없지만 뭔가 답을 주기는 해야 했다. 그래서 나의 경험을 이야기했다. "연습한다고 원하는 만큼 늘지는 않지만 안 하면 줄어드는 것은 확실하다. 방법이 옳다면 시간이 해결해 줄것이다."라고 말했다. 얼마 후 꾸준하게 연습한 후배의 실력이 작년보다 훨씬 업그레이드됐다. 공부나 운동이나 다이어트 등을 한다고 해서 효과가 원하는 만큼 얻어지지는 않는다. 그러나 **성장하지 않으면 퇴보하는 것은 확실하다.** 그리고 우리가 투자한 노력은 절대 우리를 배신하지 않는다. 자신이 인생의 어떤 시점에 있든 상관없이 성장하지 않으면 퇴보할 수밖에 없음을 알아야 한다. 어떻게 성장하고 성숙해질 것인지를 함께 찾아보고 도전해보자.

▌1등보다 모두가 성장하는 세상을 꿈꾼다

대한민국은 서열 공화국이다. 언제부터인지 모르지만, 한국 사람들은 서열을 매기는 데 익숙하고 모든 것을 서열화하는 것을 당연하게 생각한다. 특히 주류 언론들이 이렇게 서열을 매기고 줄 세우기에 앞장서는 경향이 있다. 대학도 서열을 매기고 회사도 서열을 매기고 개인도 서열을 매긴다. 심지어 올림픽도 종합순위 운운해가며 서열을 매긴다. 어느덧 국민은 서열화하는 것에 익숙해져서 서열화되지 않은 것에 대한 가치판단을 내리기를 주저하기에 이르렀다.

그러나 다양성의 가중치를 어떻게 서열화할 수 있다는 말인가? A대학은 이런 점이 특장점이고 B대학은 이런 점이 특장점이라 서열 매기는 것이 우스운 일이라고 훈련받지 못한 것이다. 예쁘장한 외모와 남성미 있는 외모를 어떻게 서열화한다는 말인가? 좋은 성품과 생존 역량을 어떻게 서열화하겠는가? 서열화와 그에 따른 보상체계가 지나치게 편중되다 보니 경쟁은 불가피하다. 이러한 사회는 급기야는 순위를 올리기 위해 정당하지 못한 행동을 불사하기도 한다. 심지어 신문 부수를 늘리기 위해 무리한 방법마저 동원하기에 이르렀다.

나와 같은 베이비붐 세대들은 똑똑한 1명이 십만 명을 먹여 살린다는 말을 당연시 들어왔고 1등만이 박수받는 세상에서 살아왔다. 그러한 1등 지상주의가 우리나라의 고도성장에 기여한 바도 있을 것이다. 오늘날 혁신적인 기업을 일군 사람이나 뛰어난 사람들을 보면 더욱 그렇다. 그러나 나는 그것이 갖는 효율성을 무시할 수는 없다 해도 100% 동의하지는 않는다. 왜냐면 모두가 1등일 수는 없기 때문이다. 모두가 빌 게이츠나 스티브 잡스가 될 수는 없는 것 아닌가? 모두가 1등에 도전하는 1등 지상주의 조직문화가 경쟁을 유발해 조직의 경쟁력을 향상시키는 경향이 있음은 분명하다. 그러나 1등만이 박수받고 1등이 독식하는 것은 다른 문제이다. 내 경험상 1등만이 강조되는 조직보다 모두의 성장을 추구하는 조직의 힘이 강했다.

어린 시절 나도 우리나라가 올림픽에서 금메달 몇 개 땄는지에 열광했고 특정 선수의 성공에서 대리만족을 느꼈다. 그뿐만 아니라 우리나라 기업이 세계적으로 주목받는 것에 자부심을 느꼈다. 그러나 1인당 GDP는 평균일 뿐이지, 각 사람의 실제의 소득이 아니라는 것을 알게 되었다. 무엇보다 그러한 통계들과 나의 삶이 직접적인 연관이 없다는 것도 알게 되었다. 남의 성공이 곧 나의 성공은 아니다. 나 역시 내 삶의 문제에 더 관심을 두게 된다.

사람들도 남의 성공에 무관심하다. 시대가 바뀌어간다. 그 시대정신에 따라 우리 사회를 이끄는 패러다임이 바뀌어가고 여기에 맞게 리더십도, 개인의 행동양식도 변해간다. 개인의 행복한 삶 자체보다는 남을 의식하는 기성 세대의 체면 중시 문화로는 다가오는 세대를 끌고 갈 수는 없다. 나 역시 진드기처럼 붙어 있는 과거의 습관들에서 벗어나지 못할 때면 낙담하게 되고 혼란스럽다. 말과 생각과 행동이 일치하는 삶이 참으로 어렵다는 것을 절감하곤 한다.

우리는 힘의 논리와 승자독식과 권력과 부의 불평등을 심화시키는 자본주의 시대에 살고 있다. 비교와 줄 세우기를 통해 1등만을 주목하는 사회에서, 1등은 모든 스포트라이트를 받게 되지만 나머지는 패배감과 열등감을 느끼게 된다. 얼마 전 모 방송국에서 오디션 프로가 있었다. 치열한 경연을 통해 우열을 가리기 힘든 경쟁을 거쳐 최종순위가 확정되었다. 그런데 난 최종 시상식에서 좀 아쉬운 마음이 들었다. 우승상금이 1억 원이었다. 그런데 경합을 펼친 10명 중 2~3등에게는 우승상금 없이 상품만 주어졌고 나머지 7명에게는 그마저도 없었다. 그들의 실력이 그 정도로 차이 나는 것은 아니었음에도 모두가 당연하게 받아들이는 것 같았다. 당연하다. 그들이 무슨 힘이 있어 속마음을 표현하겠는가? 1등이 상금을 독식했는데 함께 경연한 경쟁자들에게 미안하지 않을까? 하는 생각이 들었다. 1등 5천만 원, 2등 3천만 원, 3등 2천만 원 4등~10등 상품, 이렇게 했으면 어땠을까? 좀 더 훈훈하지 않았을까 하고 혼자 생각했다.

우리는 어느덧 승자독식을 저항 없이 받아들이는 것 같다. 요즈음 전 세계적으로 흥행에 성공한 한국의 영화나 드라마 등이 한결같이 극단적인 양극화를 다루고 있음이 우연은 아닐 것이다. '모든 사람이 성공을 나눌 방안은 없는 것인가?' 하고 생각해본다. 사람은 누구나 존귀한 존재로서 능력의 차이가 인격의 차이는 아니다. 왜냐면 인간은 각자의 개성 있고 존귀한 존재이지 1등 한 사람만 중요한 존재가 아니기 때문이다.

앞으로의 시대는 우주를 여행하는 등 4차 산업혁명의 최첨단 기술이 인류를 환상의 세계로 안내할 것 같다. 실제 우리는 눈부신 과학문명의 혜택을 누리고 있다. 그러다 난데없이 코로나19를 맞고 있다. 코로나19 바이러스 앞에 세상은 속수무책이고 전 세계가 고통받고 있다. 그것도 전 세계에서 가장 선진화됐다는 나라들의 민낯을 우리는 눈앞에서 목격하고 있다. 코로나19는 정권과 경제질서와 산업구조마저 바꾸고 있다. 말하자면 코로나19는 세상의 패러다임을 바꾸고 있다.

이 거대한 팬데믹 속에서 우리 모두 각자의 삶의 문제를 진지하게 생각해봐야 할 때가 됐다. 분명히 인류는 진보했다는데 불평등은 심화하였고 빈곤은 해소되지 않으며 사람들은 우울해하고 행복감을 덜 느낀다.

나 역시도 지금보다 훨씬 경제적으로 어려웠던 과거에는 몇 가지 소박한 바람이 있었고, 그것만 채워지면 더 바랄 것이 없을 것 같았고, 몇 가지 불편한 것 외에는 행복했다. 그러나 그때보다는 많은 것을 갖고 있는데 그만큼 행복하지는 않은 것 같다. 게다가 만나는 사람마다 까닭 모를 고민을 안고 살아간다. 그것은 우리 사회가 다양성을 인정하고 각자의 개성을 존중하고 자기 나름의 행복한 삶을 살아가도록 독려하고 훈련하지 않은 탓도 있으리라. **끊임없이 비교하고 순위를 매기고 서열화를 통해 평가하는 우리 사회의 패러다임이 한 가지 원인임에는 분명하다.**

▎성찰

오늘의 내 모습은 지금까지 살아온 내 삶의 결정체이다. 이 모습이 나의 한계일 수도 있고 더 나은 미래를 위한 디딤돌이 될 수도 있다. 사람에게는 현재에 머무르려는 마음과 현재를 개선하려는 두 가지 마음이 항상 공존한다. **현재에 머무르려는 마음을 나는 항상성이라 생각하고 지금의 나를 넘어서려는 생각을 초월적 자기극복성이라 생각한다.** 내가 좋아하는 영어 속담에 '구르는 돌에는 이끼가 끼지 않는다.'라는 말이 있다. 돌이 구른다는 것은 돌의 모서리가 깨진다는 말이다. 돌이 아픔을

견딘다는 말이다. 그러한 과정을 거친 돌은 뾰족한 흉기가 아니라 남을 해치지 않고 누구나 갖고 싶어 하는 조약돌이 된다.

어떻게 하면 "어제의 나를 넘어서고 오늘의 나를 극복할 것인가?"는 나의 삶에서 늘 중요한 명제다. 주변에 보면 나이와 상관없이 끊임없는 자기성찰을 통해 세상과 소통하며 새로운 변화와 다양한 가치관에 대해 공감하려는 사람이 있고, 과거의 패러다임과 자기 경직성에 갇혀 있는 사람도 있다. 답은 분명하다. **죽는 날까지 오늘의 나를 뛰어넘어 좀 더 나은 미래를 향해서 가려는 자세가 우리 각자에게 주어진 과제라 생각한다.** 과거에 머물러 있는 것은 본인은 물론, 주변 사람에게도 도움이 되지 않는다.

컴퓨터가 뭔지도 몰랐던 80세가 넘은 어른이 컴퓨터를 배워 젊은이들과 자유로이 소통하고, 젊은 시절 가부장적인 가치관으로 살아오신 어른들이 나이 들어 소소한 집안일들을 돕고 봉사의 삶을 사는 분도 있다. 공자님은 『논어』 위정편에서 나이 40이면 불혹이라 하고 50이면 지천명이라 했다. 나는 이 나이를 훌쩍 넘었지만, 불혹에도 못 이르렀고 지천명은 언감생심이다. 그러나 이제 와 지날 날들을 반추해보니 다른 길도, 더 옳은 바른 길도 있었음을 느낀다.

앞에서도 언급했지만 나 같은 베이비붐 세대들이 살았던 시대는 대한민국이 고도성장을 구가하던 시대였다. 산업화와 민주화가 강력한 이슈였던 시대였기에 모두가 앞만 보고 달려왔다. 그 과정에 성취감도 느끼고 삶의 수준도 몰라보게 좋아진 세상에 살아왔다. 그러나 나는 인생의 목적이나 정체성이나 삶의 방향성 같은 것들에 대해 진지하게 생각하지 못했다. 일반적이지만 획일적으로 주어진 것이 익숙하고 편했기 때문이다.

이제 와 생각해보니 우리가 무심코 따랐던 교육제도와 군대 문화, 회사에서의 시스템에는 과거의 체면 문화와 일제강점기에 강요됐던 식민 시대의 유산들이 많았음에 당황스럽다. 역사란 것이 그런 과정을 거쳐서 흐르겠지만 나는 그런 모든 것들을 비판 없이 받아들였고 거기에 세뇌되어 살아왔다. 그런데 이것이 어찌 나만의 문제이겠는가?

어떤 운동경기도 출발한 처음 시간이나 중간 지점의 기록만으로 평가하지 않는다. 그것은 과정이다. 오직 마지막의 상태를 보고 순위를 정하고 상급을 준다. 인생도 마찬가지다. 우리가 살아 있다면 누구나 인생 4막의 여정 속에 있다. 우리 삶도 매 순간이 중요하다. 시작과 중간 지점도 중요하지만, 마지막의 모습은 더 중요하다. 무엇보다 중요한 기간은 마지막 시기가 아닐까 생각한다.

젊은 시절에는 막연하지만 미래에 대해 꿈이 있어서 고단한 것들을 극복할 수 있었다. 그리고 해보지 않았기에 혹시, 하는 희망이 있었다. 그러나 나이가 들어가면서 많은 것을 경험했고 이미 자신의 한계도 입증되어버렸다. 무엇보다 능력과 무관하게 일할 기회를 얻기가 힘들다. 지인이 모임에서 이런 질문을 했다. 30년 무명가수로 살다가 지금 유명해진 가수와 30년 인기를 누리다가 지금 망가진 가수 중 누가 더 행복할까? 좌중에 있던 사람은 잠시도 망설이지 않고 전자가 더 행복할 거라 답했다. 그렇다. 인생은 지금이 더 중요하다.

이 시점에서 나는 인생을 가장 보람 있게 만들어가고 아름답게 마무리하기 위해서 가장 필요한 것이 자기성찰이라고 생각한다. 이 기능이 없어지면 사람들은 매사에 핑계를 대고 변명을 하고 자기연민에 빠지게 될 수 있다. 그래서 성과관리에서 피드백이 가장 중요하듯이 자기 삶을 성찰하는 자세는 우리 삶을 아름답게 만들어가는 중요한 요소라 믿는다.

누구나 실천할 수 있는 자기성찰의 방법 첫 번째는 자신이 지나온 시간을 객관적으로 되돌아보는 시간을 갖는 것이다. 아마도 이 부분에서 많은 아쉬움이 스쳐갈 것이다. **둘째는 좋은 책을 읽는 것이다.** 수천 년에 걸쳐 위대한 사람들이 온힘을 다해 남긴 글들은 인생의 스승이 되어준다. 그다음은 **인생을 시기별로 돌아보며 글을 써보는 것도 좋고, 여행을 통해 인생을 돌아보는 방법도 있고, 산책하면서 특정 주제에 대해 넓고 깊게 생각하는 것도 도움이 된다.** 불교에 귀의한 스님은 스승님에게 화두를 받고 그 화두를 가지고 긴 시간 수행을 한다고 들었다. 매우 좋은 성찰의 방안이라 생각한다. 생각이란 세계는 우주만큼 넓고 깊다. 또는 **정해진 시간에 호흡을 가다듬으며 명상을 하는 것도 좋은 방법이다.**

5. 도전하기에 늦은 때는 없다

.

　나는 기독교 집안에서 태어나서 자연스레 크리스천이 되었다. 성경에는 하나님이 만물을 창조하셨고 인간을 당신의 형상대로 지었다고 한다. 신은 전지전능하시지만, 사람은 유한하고 한계를 가진 피조물로 태어난다고 배워왔고 그리 믿고 있다.

　인간은 동물군에 속한다. 신체적 능력이 인간보다 훨씬 뛰어난 동물도 많다. 그런데 인간이 동물과 다른 점은 더 많은 잠재력을 가진 생명체로 태어난다는 것이다. 동물도 이성이 있는지 모르지만, 그들은 대부분 본능대로 산다.

　인간은 다른 동물과 달리 본능과 더불어 양심과 이성에 영향을 받는다. 사람은 연약하고 미완성 상태로 세상에 태어나지만, 인간만이 역사를 만들고 문명을 만들어왔다. 일생을 통해 사람들의 잠재력은 각자의 교육과 수련과 경험과 성찰에 따라 전혀 다른 모습으로 성장해간다. 신체적으로든 지식과 정신적으로든 얼마든지 인간은 더 나은 경지에 오를 수 있는 존재이다.

　현업에 있을 때의 경험이다. 비슷한 교육과 훈련을 받은 직원 중에 가는 곳마다 성공적인 성과를 내는 직원이 있고, 반면 기회가 주어질 때마다 실패하는 직원이 있었다. 시간이 지날수록 더 성장하는 사람이 있지만 반대로 전혀 변화하지 않는 사람도 있었다. 운동선수도 마찬가지이다. 같은 교육과 훈련을 받고 경험을 쌓아가도 실력이 느는 선수가 있고 답보하는 선수도 있다. 이유는 간단하다. 일정한 결과를 만들어내고 꾸준히 성장하는 사람은 성과를 만들어내는 정확한 메커니즘을 알고 실천하는 사람이다. 그뿐 아니라 자신이 터득한 그러한 메커니즘을 업그레이드하려고 끊임없이 도전하는 사람들이었다.

나 역시 회사생활 때 17번의 보직을 거치면서 내 나름의 리더십으로 조직을 운영했다. 경험이 일천했던 시절도 있었고 경험이 쌓여서 소위 베테랑 소리를 들은 시절도 있었다. 그때마다 내가 깨달은 것은 어떤 일도 하루아침에 괄목한 만한 경지에 오를 수는 없다는 것이다.

나는 나 자신의 개인기나 역량이나 경쟁력이나 감을 신뢰하지 않는다. 그보다는 **일의 본질이나 원리와 공식과 프로세스를 더 중요하게 생각**했고 그것들을 가르치는 일에 집중했다. 어떻게 하면 그것을 정확하게 구현할 것인가에 더 관심이 많았다. 무엇보다 내가 그러한 프로세스를 구현할 준비가 되어 있는지에 관심이 더 많았다. **리더십이란 사람들이 스스로 비전을 만들고 올바른 방법을 깨우쳐서 성장하도록 돕는 것이라 믿었다.** 그래서 나에게는 나와 함께 일하는 사람들이 싫어하는 것, 좋아하는 것, 중요하게 생각하는 것과 그들의 가슴을 뛰게 하는 것이 훨씬 중요한 관심사였다.

문제는 이런 프로세스를 따른다 해도 성과가 쉽게 만들어지지 않는다는 것이다. 만약 원하는 성과가 공식대로 행동했을 때 자동으로 생산된다면 무엇이 문제이겠는가? 이런 문제 때문에 어떤 사람은 심지어 바르지 않은 방법을 쓰게 되고 어떤 이는 포기하게 된다. 그러나 내가 경험한 바로는 **성과는 완성을 향한 지속적인 도전에서 오는 경우가 대부**

분이었다. 이것이 나의 인생관이자 슬로건이다. 나는 앞으로도 이 원칙을 잊지 않고 살아가려고 한다.

앞에서도 말했듯이 인간은 신과 다르다. 누구도 완벽할 수 없고 기계처럼 움직일 수도 없다. 다만 좀 더 나은 경지를 위해 고민하고 애쓰고 더 나아지려고 노력하는 것이다. 그리스 로마 신화에 나오는 많은 신은 엄밀히 말하면 신은 아니다. 능력의 한계를 느낀 인간들이 만든 허구 속의 창작물일 뿐이다. 이를테면 요즈음 SF영화에 나오는 주인공들과 다를 바 없다. 한계를 가진 인간이 창조했으니 기껏해야 특정 능력을 갖춘 창작물일 뿐이다.

공자나 석가모니 같은 분들이 완벽한 것도 아니다. 간디나 성철 스님 같이 위대한 인물들도 인간적인 한계를 지녔다. 그러나 그분들이 우리와 다른 점은 죽는 날까지 더 나아지려고 애썼다는 것이다. 그 결과 그들은 평범한 사람보다 훨씬 성숙하게 일생을 마감했다.

나는 축구도 농구도 탁구도 수영도 자전거도 골프도 조금씩은 할 수 있다. 그러나 나의 실력이 아마추어 중에서도 경쟁력이 있는 것은 아니다. 게다가 그것들을 직업으로 할 만큼의 정도는 더욱 아니고 누구를 가르칠 정도도 아니다. 왜냐면 그런 운동의 실력이 초급단계에서 멈추었기 때문이다. 그나마 그중 제일 잘할 수 있는 것이 골프다. 재능과 상관없이 골프는 15년간 지속해서 연습했기 때문이다.

신체적 능력과 같이 우리 지식의 수준도 초등학교 수준에서 머문 사람이 있고 중고등학교 수준에서 멈춘 사람도 있다. 반면 끊임없이 성장하여 석학의 수준에 도달한 사람도 있다. 이 역시 능력의 문제라기보다는 끊임없는 지속성의 문제인 것이다.

정신적 수준은 말할 것도 없다. 성 아우구스티누스*는 젊은 시절 정욕을 억제하지 못한 삶을 살았다. 그러나 젊은 시절의 타락과 신앙적 탈선을 극복하고 『고백록』**이란 글을 쓴 위대한 성인의 반열에 올랐다. 이처럼 혼돈과 방황의 시절을 극복하고 자신의 삶을 성숙하게 갈무리한 사람도 있지만, 젊은 시절 뛰어난 재능으로 주변의 찬사를 받던 사람이 노년에 손가락질의 대상이 되어 자신의 삶을 부정해버리는 사람들도 있다.

우리 세대는 이전 세대보다 나이에 비해 신체적으로 건강하다. 경제적으로도 전반적으로 부유해진 사람이 많아졌다. 그러나 정신적으로 성숙해진 사람이 많아졌다고 보기는 힘들다. 올바른 공동체 의식과 도덕적 성숙함으로 나에게 감동을 주는 사람을 만나기가 쉽지는 않다. 사람들은 자신에게 닥친 문제가 아니면 다른 사람의 문제나 공동체의 문제에는 관심이 적다.

얼마 전 자수성가하여 큰 부를 이룬 80세가 넘으신 분과 비즈니스 관계로 만나 한 시간 정도 대화를 나누었다. 초면인 내게 그가 한 이야기의 대부분은 부동산과 주식투자 이야기와 세금에 대한 불만이었다. 그리고 세금을 줄이려고 자식과 손자들에게 증여해준 이야기가 전부였다. 그러면서 법이 바뀌어 전세금은 5%밖에 못 올린다고 투덜댔다. 걷기도 불편하실 만큼 인생을 많이 산 사람의 삶을 대하는 자세가 씁쓸했다. 이 사람

---

* 성 아우구스티누스(354~430): 4세기에 활동한 기독교 신학자이자 성직자. 영어명은 세인트 어거스틴.
* 『고백록』: 아우구스티누스가 40세에 저술한 자서전으로 그가 방탕했던 시기부터 마니교에 빠졌다가 그리스도의 신앙을 갖기까지의 참회를 고백한 내용이다.

만이 아니라 대부분 세금 내는 것에 불만을 토해내고 의료보험료 많다고 투덜대며 법을 교묘히 피하는 것을 능력으로 여기는 사람들이 너무 많다. 자신의 이익과 상관 있으면 목소리를 높이지만 남의 문제에는 관심을 기울이지 않고 건성인 경우가 많다.

인류문명은 정치·경제 체제에서 발생한 문제로부터 혼란과 갈등을 겪으면서 변화와 도전을 해왔다. **나는 개인이든 조직이든 국가든 지금보다 더 나은 내일을 위한 도전을 멈추지 말아야 한다고 생각한다.** 인류의 문명을 돌아보면 진보한 부분도 있고 퇴보한 부분도 있을 것이다. 신분질서나 남녀평등문제, 노동문제, 인권문제 등에서는 과거보다 진일보한 것은 분명하다. 지금은 당연한 것이 과거에는 당연하지 않은 것들이 많았다. 그러나 공정성의 문제, 양극화의 문제, 소유와 분배의 문제, 부의 대물림의 문제 등은 여전히 우리가 풀어야 할 과제로 남아 있다. 이러한 문제들의 해결을 위한 여러 제안 중에는 지금은 받아들일 수 없다 해도 미래에는 성숙한 시민의식으로 해결하기를 기대해본다. 그래서 **변화를 위한 도전을 멈추지 말아야 한다.**

오래전부터 철학자나 사상가들이 인간에 관한 연구를 해왔고 좀 더 성숙한 사람이 되기 위한 가르침을 주었으나 우린 아직도 한계를 극복하지 못했다. 많은 기업이 더 좋은 일터가 되기 위해 애쓰지만, 아직도 갈 길이 멀다. 토머스 모어*는『유토피아』란 소설에서 이상향의 국가를 그리고 있다. 그러나 세상 어디에도 그런 나라가 없다. 그렇지만 우리는 개인도 기업과 국가도 더 나은 내일을 향한 도전을 멈추지 말아야 한다.

---

* 토머스 모어(1478~1535): 영국의 정치가. 인문주의자.

이해를 돕기 위해 운동의 경우를 보자. 어떤 운동이라도 그것을 배워서 일정한 수준에 오르고자 한다면 특정한 프로세스가 필요하다. 먼저 그 운동을 익혔을 때 미래의 모습을 그려보고 성취하고자 하는 경지를 꿈꿔보며 구체적인 수준의 목표를 정해야 한다. 그다음으로는 운동을 잘할 수 있는 공식을 배우고 반복적인 훈련의 과정을 감내해야 한다. 그것이 어떤 운동이든지 짧은 시간에 원하는 수준에 오를 수 없는 것은 자명하다. 무엇보다 원하는 수준에 오르기 위해서는 실패를 딛고 끊임없는 도전이 필요함은 두말할 필요도 없다. 처음에는 몸이 변화를 받아들이지 못하지만, 시간이 지나면 어느덧 새로운 도전에 익숙해지는 것이다. 나는 이것이 인생법칙이고 이러한 법칙은 어떤 부분에도 적용할 수 있다고 생각한다.

나는 현대사회를 네트워크 사회라고 말하고 싶다. 과거보다 훨씬 더 관계 지향적이란 말이다. 전 세계가 거미줄처럼 연결되어 있다. 따라서 나 혼자 잘한다고 해결되는 것이 아니다. 아무리 내가 청결한 생활을 한다고 해도 환경오염을 피할 수 없다. 내가 아무리 성실해도 다니는 회사 소유주의 잘못 앞에 무력할 수 있다. 나의 의지와 상관없는 국가정책의 희생자가 될 수 있다.

우리 각자의 삶을 완성해가기 위해서는 개인이 할 일이 있고 기업과 같은 조직이 해야 할 일이 있고 국가가 함께 해야 할 노력이 있다. 개인의 삶은 개인의 노력과 일터의 도움, 그리고 국가의 보호 속에서 성장하고 성숙해진다. 다른 요소를 배제하고 개인만의 문제로 설명할 수는 없다.

나는 부족한 부분이 많다. 젊은이가 아님에도 모든 면에 부족함을 느긴다. 그래서 내가 부족하다고 생각하는 부분을 조금이라도 더 개선해보려 한다. 인간은 완벽할 수 없지만 좀 더 나아지려고 애쓰면 분명 나아질 거란 희망을 품기 때문이다.

젊은 시절에는 앞에 보이는 성장을 위해 달려왔다. 그렇다 보니 어느덧 텅 빈 내 정신을 보게 된다. 그래서 나의 부족한 것들을 채워야겠다는 생각이 든다. 부족한 부분을 채우기 위해 공부를 한다. 젊은 세대와 소통하기 위해 그들의 이야기에 귀를 기울이려 한다. 원하는 재정의 안정을 위해 힘닿는 대로 일하려 한다. 하다못해 컴퓨터 실력을 늘리기 위해서 늦었지만, 컴퓨터 공부도 새롭게 한다. 혹시 외국어가 필요할지 몰라서 외국어도 조금씩이라도 해보려 한다. 건강에 도움이 될까 하여 아침저녁 규칙적으로 운동하고 식습관도 바꾸려 한다. 그간 내 코가 석 자라 못 챙겼던 주변 사람들을 돌아보려 한다. 더불어 사는 세상이란 것을 잊지 않으려 노력한다. 생각해보면 나에게 주어진 축복 거리가 너무나 많다. 시간이 주어졌고, 건강한 편이고 주변에 좋은 사람들이 있다. 온통 감사해야 할 것들이다. 사람들에게는 감사할 것 수십 가지와 불평 거리 몇 가지가 있다 한다. 그런데 사람들은 감사해야 할 것을 감사하는 것이 아니라 한두 가지 속상한 것들 때문에 감사보다 불평을 선택한다. 그 한두 가지는 남과 비교해서 부족하거나 욕심인 경우가 대부분이다.

나는 죽는 날까지 내가 할 수 있는 일에 최선을 다하는 삶을 살고 싶다. 누가 보든 안 보든 상관이 없다. 스스로 주어진 삶을 좀 더 완성해나가고 싶다. 그것이 빛나는 인생이 아닐까?

6. 성장과 성숙

인간은 태어난 순간부터 신체적으로 정신적으로 성장해간다. 처음에는 생존을 위한 기본적인 성장을 시작한다. 먹고 자고 걷고 남과 관계 맺기 위한 것들을 배워나간다. 그다음에는 이 세상을 잘 살아가기 위해서 경쟁력을 키우기 위한 교육을 통해 성장해간다. 그렇게 신체적·정신적으로 성장하다가 어느 순간이 오면 더는 성장하지 않는 사람이 생긴다. 그래서 신체적으로 좀 더 성장한 사람과 덜 성장한 사람도 있기 마련이다.

정신적 성장 역시 마찬가지이다. 끊임없이 성장하여 성숙의 경지에 이르기도 하고 일찌감치 성장이 멈춰버린 예도 있다. 성장이 멈춘다는 것은 노화가 시작되는 것이라고도 볼 수 있다. 밀가루 반죽을 해봐도 처음에는 말랑말랑해서 어떤 형태라도 만들 수 있는데 시간이 지나 굳어지면 딱딱해서 어떤 형태로도 바뀌지 않는 것을 알 수 있다. 굳어진 반죽은 딱딱해서 때에 따라 흉기도 될 수 있다.

인간도 마찬가지다. 어린 시절에는 우리의 신체도 정신도 말랑말랑해서 몸도 마음도 유연하지만 점점 나이가 들어가면서 몸도 굳어지고, 더 심각한 것은 마음도 정신도 굳어진다는 것이다. 그래서 젊은이들이 나이 든 사람을 피하는지도 모른다. 유연하지 않고 경직된 사람을 만나면 골치가 아프기 때문이다.

어떤 사람은 가진 것이 많아서, 어떤 사람은 가진 것이 적어서 고집이 생기게 된다. 고집은 때에 따라 잘못된 신념이 된다. 이처럼 나이가 들어가면서 생긴 경험이나 신념은 남들에게 디딤돌이 될 수도 있고 반대로 걸림돌이 될 수도 있다.

베이비붐 세대는 어린 시절부터 공부를 잘해서 좋은 학교에 가고 좋은 직장에 가고 좋은 배우자 만나서 잘사는 것이 인생의 성공 공식인 양 배웠다. 오직 성과와 효율이란 프레임에 바탕을 둔 성공 패러다임 속에서 살았다. 결혼한 후에는 자식도 자신들이 자란 방식대로 키웠다. 이 세대들은 가난했던 이전의 세대보다 그나마 기회가 많이 주어졌고 본인의 노력으로 부모 세대보다는 여러모로 업그레이드된 세상을 경험했다. 나역시 큰 고민 없이 이러한 패러다임을 당연하게 받아들였고 개성이나 다양성이나 더불어 사는 세상까지 생각하지 못했다. 신체적, 사회적, 경제적으로 업그레이드되는 것을 성공으로 인식했다. 막연하게나마 성장하는 것이 인생의 행복이라 생각했다.

문제는 이러한 패러다임 속에서 모두가 승자가 될 수는 없다는 것이다. 이 여정에서 원하는 것을 얻는 사람도 있고 원하는 것을 얻지 못한 사람도 있기 마련이다. 얻은 사람을 성공한 사람이라 하고 얻지 못한 사람을 실패한 사람이라 여긴다. 그러나 경제적으로나 사회적으로 많은 것을 얻은 사람이 꼭 성숙한 사람이라고 볼 수는 없다.

나는 주변에서 성장이나 성공이 아닌 성숙한 인생에 대해 고민하는 경우를 많이 접하지 못했다. 만나면 대부분 이야기의 주제가 비슷하다. 정치문제, 자식문제, 부동산, 주식이나 신변잡기 등의 문제에서 크게 벗어나지 않는다. 각자의 이익에서 크게 벗어나지 못한다. 우리가 지향해야 할 방향이나 공동체의 안녕이나 진정한 삶의 행복 등에 대해 생각하고 행동하려 하지 않는다. 우리가 만들어가야 할 공동체에 대한 진지한 고민을 나누기보다 모두가 처한 각자의 문제에서 벗어나지 못한다. 모두가 문제가 있다고는 생각하지만 어찌할 수 없다고 체념하는 것이 아닌지 모르겠다.

부모 세대들은 자신들의 가치관으로 자식을 키우고 자신들이 만든 세상을 넘겨준다. 그렇게 자란 자녀 세대들은 세상은 변해버렸는데 부모가 만들어놓은 세상에 적응하지 못하는 경우도 많다. 게다가 부모 세대들은 자신들이 해내지 못한 기대까지 자식에게 요구하기도 한다. 난센스다.

찰스 디킨스*의 『위대한 유산』이란 책에는 오늘날 우리가 겪는 것과 유사한 이야기가 잘 묘사되어 있다. 1800년대 초 영국은 산업혁명에 성공하였다. 부자가 된 사람도 있고 그 과정에서 탈락한 실패자도 있었다. 그때도 기성 세대들은 자신들의 비틀어진 가치관으로 다음 세대를 키우고 그 과정에서 다음 세대들은 혼란을 경험한다. 이 책은 그러나 다음 세대들이 다시 자기들만의 인간성을 회복해가는 과정을 그린 작품이다. 그로부터 시차를 두고 산업화에 성공한 대부분의 나라에서도 유사한 문제들이 반복적으로 발생했다. 결국, 의식의 **성숙함이 없는 물질적 성장은 파멸을 부른다.** 극단적으로 말하면 괴물 부모가 괴물 자식을 키워놓고 인간미가 없다고 실망하는 것과 같다.

---

* 찰스 디킨스(1812~1870): 19세기 영국을 대표하는 소설가. 『올리버 트위스트』, 『데이비드 코퍼필드』 등의 저자. 셰익스피어에 버금가는 인기를 누렸다.

우리나라에서도 유사한 문제가 발생하기 시작했다. MZ세대*로 불리는 세대에게서 혼란이 생기기 시작한 것 같다. 베이비붐 세대를 부모로 둔 소위 2030세대라 칭하는 밀레니엄 세대들은 부모 세대와는 전혀 다른 환경에서 성장했다. 베이비붐 세대들은 성과지상주의 패러다임 속에서 자녀들을 양육했다. 자녀들은 더 치열한 경쟁 속에서 사회에 나왔고 오히려 부모 세대보다도 더 힘겨운 생존투쟁에 내몰리는 형국이다.

베이비붐 세대의 부모들은 대부분이 가난해서 양극화니 금수저니, 흙수저니 하는 문제가 상대적으로 적었다. 평균적으로 비슷한 환경이라 특별히 출발의 불공정이 적었던 셈이다. 그러나 MZ세대들은 다르다. 지금은 단단한 계층구조가 만들어졌고 단순히 근면 성실만 가지고 자기 삶의 수준을 바꾸기가 어려워졌다. 그들은 부모 세대보다 더 많이 공부했고 더 치열하게 학창 시절을 보냈지만, 부모 세대만큼의 기회도 주어지지 않는 수축사회의 세상에 나오게 됐다. 게다가 많이 배운 만큼 기대수준도 높다. 물론 이 와중에도 뛰어난 젊은이들이 없는 것은 아니지만 주어지는 기회가 턱없이 적은 것이 사실이다.

예를 들어 내가 다니던 회사는 내가 취업할 때와 퇴직할 때 자산이 단순수치로 50배 정도 늘었다. 그러나 새로 뽑는 신입사원은 내가 취업할 때와 비교해서 1/10도 뽑지 않는다. 물론 직업의 종류가 늘어났지만, 기회가 줄어드는 것은 부인할 수 없다. 이전에는 지금처럼 공무원에 도전하는 젊은이가 많지는 않았다.

** MZ세대: 1980년대 초~2000년대 초 출생한 M 세대와 1990년대 중반~2000년대 초반 출생한 Z세대를 일컫는다. 디지털 환경에 익숙하여 통신세대 또는 디지털 세대로 칭하기도 한다.

요즘 2030세대들은 소위 '영끌'해서 부동산 주식, 심지어 가상화폐 등의 고위험 투자에 열을 낸다. 그들 세대가 가진 부채의 규모도 놀랍다. 왜 이런 현상이 생겼을까?

똑똑한 그들이 생각해보니 도저히 미래 비전이 안 보이는 것이다. 부모 세대가 만들어놓은 지금의 사회구조 속에서는 열심히 성실히 사는 것만으로는 미래가 암울한 것이다. 마음이 아프고 미안한 마음이 들지만 나도 어찌할 길을 모르겠다. 우리 세대가 열심히 만들어놓은 세상이 다음 세대에게는 살기 힘든 세상이 돼버린 것이다. 터무니없이 비싼 주거비, 자녀 양육을 위한 교육비 그리고 미래에 대한 불안감이 그들을 초조하게 만들지 않았나 하는 생각이 든다. 이대로 가도 언젠가는 결국은 또 다른 세상이 만들어질 것이다. 왜냐면 이대로는 계속 살 수 없기 때문이다. 그러나 너무나 많은 시간과 많은 희생자가 나온 후가 될 것이다.

따라서 더 늦기 전에 밀레니엄 세대 그리고 그다음 세대가 행복하게 살 수 있는 가치체계와 사회구조를 위한 거대담론과 행동을 시작해야 한다. 왜냐면 지금 모두가 느끼고 있지 않은가? 이건 아니라고!

나비효과*란 것이 있다. 의식 있고 양식 있는 사람들의 작은 행동이 세상에 나비효과를 만들어낼 수 있다. 보통 사람이 전 재산을 기부하거나 모든 것을 걸고 시민 행동에 뛰어들기는 쉽지 않다. 정치적 행동은 더욱 더 쉽지 않다. 그러나 이 정도는 가능하지 않을까?

첫째, 시대정신과 공동체적인 생각을 하자.

---

* 나비효과(Butterfly Effect 또는 Chaos Theory): 어떤 일이 시작될 때 있었던 아주 작은 변화가 결과에서는 매우 큰 차이를 만들 수 있다는 이론. 미국의 기상학자 로렌즈가 주창한 것으로, 브라질에 있는 나비의 날갯짓이 미국 텍사스에 토네이도를 발생시킬 수 있다는 이론이다.

둘째, 더 많은 것을 가진 사람에게 부과하는 세금에 저항하지 말자. 세금은 성공한 사람이 자신을 성공한 사람으로 만들어준 사회에 대한 환원이다.

셋째, 집값 내려간다고 우리 동네에 청년 주택이나 임대 주택이 들어온다고 반대하지 말자. 너무 천박해 보인다.

넷째, 우리 동네에 공동체를 위한 시설 들어온다고 반대하지 말자. 그럼 그런 시설을 어디에다가 세울 것인가.

다섯째, 경쟁에서 뒤처진 사람을 돕는 것을 공산주의 운운하며 반대하지 말자. 그들이 있어야 우리가 있다. 그들에게도 패자 부활전의 기회를 줘야 하지 않겠는가?

선견자들의 작은 실천이 세상을 바꿀 수 있다. 물론 사회지도층들의 노력이 가장 힘 있고 효과도 빠르겠지만 내가 그 부분까지 어찌할 도리가 없기에 양식 있는 사람들의 작은 실천을 기대해본다. 도저히 안 될 것 같은 관혼상제 문화도 조금은 바뀌고 있지 않은가?

내가 30~40대처럼 신체적으로 젊고 감정적으로 뜨거울 수는 없다. 그러나 정신적으로 더 성숙하고 더 깊어지고 더 넓어질 수는 있을 것 같은 희망이 있다. 과거의 명성이나 지위나 현재의 가진 것에 매여 사는 사람들이 얼마든지 있다. 함께 있는 시간을 힘겹게 하는 사람들도 있다. 나도 그럴지도 모르겠다. 어른의 품격과 향기가 아니라 독선과 자기주장만 품어내는 사람들을 보면서 나의 모습이 저러지 않을까 두려워진다. 인간은 사회적 동물이라 한다. 즉 태어난 순간부터 우리는 남과의 관계를 통해 성장하고 성숙해간다는 것이다.

사춘기 시절 역사 공부시간에 두고두고 후손에게 욕먹는 사람들을 배운 적이 있다. 그때 내가 없는 곳에서 나에 대해 "그 사람 어때?" 하고 질문을 받았을 때 사람들이 뭐라 답할까를 생각해보았다. 그리고 "그 사람 괜찮은 사람이지." 라고 말할 수 있는 사람이 얼마나 있을까? 생각했던 기억이 있다. 뒤에서 손가락질당하는 것은 왠지 두려웠기 때문이다. 내가 나를 돌아보면 문제투성이란 것을 알았기에 두려웠다.

지금도 나는 나의 모자란 점은 알겠는데 장점은 모르겠다. 그래서 성장과 성숙을 향한 노력을 멈출 수 없다. 나는 지극히 자기중심적이다. 적당히 비겁하고 입으론 정의를 얘기하지만, 행동은 따르지 않는다. 주어진 것에 감사하기보다 더 많은 것을 얻으려는 욕망을 억제하지도 못한다. 남의 성공을 겉으론 칭찬하지만, 은근히 질투하기도 한다. 아는 것에 비해 더 많이 아는 것처럼 말하기 일쑤이다. 이런 나의 모습을 내가 정확히 알고 있기에 나는 멈출 수 없다. **성숙하고자 하는 노력이 우리가 안고 있는 수많은 문제를 해결해줄 수 있는 답이라고 생각한다.** 이것이 빛나는 인생을 위한 우리의 도전이라 생각한다.

7. 자기 성찰

사람의 성격이나 인품이나 성향이 바뀔 수 있는가? 대부분 쉽지 않다고 답변할 것이다. 수십 년을 함께 살아온 부부도 잘 바뀌지 않는다. 재미있는 것은 부부싸움의 경우 수십 년 동안 같은 원인이 대부분이라고 한다. 다툴 때마다 다른 이유로 다투는 것이 아니라 같은 이유로 다툰다. 그만큼 사람은 잘 바뀌지 않는다. 그래서 서로가 변하는 경우보다 상대를 그냥 있는 그대로 인정하기 시작할 때부터 다투지 않는다고 한다.

관리자들을 상대로 강의를 하거나 회의를 할 때 나는 리더가 가져야 할 첫 번째 덕목이 자기성찰 능력이라고 반복적으로 강조했다. 일찍이 소크라테스는 "너 자신을 알라."고 했다. 우리는 이 말을 소크라테스가 한 말로 알고 있지만 사실 이 말은 소크라테스가 만든 말은 아니고 그리스의 델포이 신전에 적힌 말이라 한다. 아무튼, 이 말이 평범해 보이지만 인간사의 대부분 갈등이나 불행이 자신을 모르는 데서 오는 경우가 많은 것은 사실이다. 자신에게 엄격하고 남에게 관대한 사람도 있지만, 자신에게 관대하고 남에게는 엄격한 잣대를 들이대는 사람이 더 많다. 그래서 '똥 묻은 개가 겨 묻은 개 보고 나무란다.'라는 말이 있다. 요즘 회자 되는 말 중에 '내가 하면 로맨스 남이 하면 불륜이다.'가 있다. 역시 이런 것들을 상징하는 말이다. 성경 말씀에 "형제의 눈 속의 티는 보고 네 눈 속에 있는 들보는 깨닫지 못하느냐?"*라는 말씀도 같은 의미이다.

---

* 마태복음 7장 3절.

어린 시절 내 아버지는 엄격하신 분이셨다. 우리가 작은 실수라도 하면 도무지 용서가 없으셨다. 형이 심부름을 잘못했다고 작대기로 맞기도 했다. 아버지는 나름의 방식으로 자식을 사랑하셨으리라 생각한다. 하지만 아버지가 되는 교육을 못 배운 탓에 당신의 성정대로 자식들을 대하셨다. 내가 아주 어릴 때 아버지가 작은 실수를 하셨다. 나는 그때 아버지에게 "내가 했다면 난 반 죽었다."라고 당돌하게 말했다. 아버지 얼굴이 내 말에 빨개졌던 기억이 지금도 생생하다.

이처럼 사람은 처지를 바꿔 생각해보면 간단한 문제도, 자신 위주로 생각하는 경향이 있다. 그래서 반복적으로 의식적인 훈련이 필요하다. 지금이야 많이 변했지만 불과 20~30년 전만 해도 가정과 학교와 군대에서 체벌이 일상이었다. 그렇게 익숙한 폭력문화는 성인이 되어서도 폭력에 대한 합리화를 낳는다. 교육상의 명목이라 했지만 그건 말이 되지 않는다. 그것은 단순히 화풀이고 저항하지 못하는 상대에 대한 폭력이다. 그리고 상대 처지에서 생각하지 않는 전형적인 자기중심적인 사고의 표현이자 행동이다. 무엇보다 더 나쁜 것은 피해자의 잘못도 있지만, 폭력의 대부분은 피해자를 잘 가르치고 보호해야 할 가해자의 횡포인 경우가 더 많다는 점이다. 그리고 그것은 상대에게 평생 가는 상처를 남긴다.

초등학교 4학년으로 기억된다. 우연히 집에 농구공이 생겼다. 어린이가 보기에는 엄청 신기한 물건이었다. 친구들에게 자랑하고 싶은 어린 마음에 그 공을 학교에 가지고 갔다. 그런데 내가 자리를 비운 사이 친구들이 그 공을 가지고 나가서 축구를 하고 있었다. 순간적으로 화가 나서 나는 친구들에게 좀 심한 욕을 했다. 그때 사달이 나고 말았다. 축구를 함께

하던 사람 중에 다른 반의 젊은 교사가 끼어 있었다. 난 그 교사를 보지 못했다. 그 교사는 아마 자신에게 내가 욕을 했다고 생각했던 모양이다. 화가 난 그 교사가 내가 있던 교실로 뛰어와서 수많은 학생이 보는 앞에서 몽둥이로 — 당시 두 명이 앉는 의자의 버팀목 — 맞는 숫자를 세라 하면서 종아리를 10대쯤 후려쳤다. 거의 고문 수준이었다. 그러고는 나의 잘못을 반성하는 혈서를 쓰라 했다. 겁에 질린 나는 손가락을 깨물어봤지만, 피가 나오지 않아서 연필 깎는 칼로 손가락을 베어 잘못했다는 말 중 "ㅈ"자를 적었고 비로소 나의 체벌은 끝이 났다. 그리고 끝이었다.

물론 내가 친구들에게 욕한 것은 잘못이다. 그러나 내 허락 없이 농구공으로 축구를 한 친구들과 그 교사를 이해할 수 없었고 부당한 그 체벌은 평생 잊혀지지 않았다. 다소 극단적인 나만의 경험이다. 그런데 종종 지인들에게서 듣는 학내 체벌의 경험들은 나만의 경험이 아님을 알게 되었다.

성인이 되어 사회생활을 해가면서 정도의 차이는 있지만, 피해자와 가해자가 바뀐 경우를 많이 봤다. 이를테면 리더가 자신이 대책을 잘못 세워 일을 망쳐놓고서는 애꿎은 직원을 질책하는 경우가 대표적이다. 그뿐만 아니라 기업주나 경영주의 판단 실수로 회사가 잘못돼도 힘없는 사람에게 피해가 전가된다. 힘없는 직원은 항변도 못 하고 당하는 것이다. 물론 반대의 경우도 있다. 가정에서도 실제로 부모 책임인데 자식 탓하는 경우가 비일비재하다. 본인이 잘못 키워놓고 자식을 탓하는 것이다.

나는 젊은 시절 회사 일과 다양한 인간관계로 늘 집안일에는 건성이었다. 사실 가장인 내가 챙겨야 할 모든 일이 아내 몫이 되었다. 버거운

아내가 참다 못해 불만을 이야기하면서 다툼이 생기면 난 아내가 까다롭다고 생각했다. 그리고 너무 관대하지 않다고 생각했다. 방귀 뀐 놈이 성내는 격이었다. 남편의 사회생활을 이해해주지 않는다고 생각했다. 아내는 억울해했다. 원인제공은 내가 하고서는 문제를 제기한 사람에게 다 뒤집어씌운 것이다. 지금 생각해보니 나의 성찰 능력 부족이 문제였다.

나는 몸의 유연성이 현격히 떨어질 나이인 40대 후반에야 골프를 시작했다. 그것도 좋아서라기보다 업무상 필요로 시작했다. 당연히 좋은 스윙 자세가 나오기 힘들 나이다. 늦었지만 비교적 열심히 연습해서 그럭저럭 어울릴 정도는 됐었다. 난 내 스윙 자세에 특별히 의문을 품지도 않았다. 아마추어 골퍼들은 라운딩 중 격려 차원에서 웬만하면 서로에게 스윙 자세가 멋지다고 덕담을 하는 법인데 나는 그런 이야기를 거의 들어보지 못했던 것 같다. 최근에 나의 스윙 자세를 카메라로 찍어 볼 기회가 있었는데 내가 봐도 스윙 모양이 많이 이상했다. 가끔 TV나 연습장에서 아마추어의 이상한 자세를 보고 혼자 웃곤 했었는데 내 자세도 그들과 다를 것이 없었다. 내가 머릿속으로 내 스윙 자세라고 생각하는 모습과는 전혀 다른 자세였다. 그 이상한 자세로 지금까지 골프를 한 것이다. 그래서 유튜브에서 설명하는 프로의 자세를 보고 고치려 해도 잘 고쳐지지도 않았다.

나는 선택해야 한다. 잘못된 방법이지만 이미 굳어버린 자세로 계속 골프를 하든지 아니면 다시 자세를 교정해서 기왕이면 좋은 자세로 나의 골프 자세를 업그레이드할 것인가를 말이다. 내가 카메라로 나의 자세를 찍어보지 않았다면 난 평생 내 자세가 이상하다는 것을 몰랐을 것이다.

예가 적절한지 모르겠지만 이처럼 우리 자신을 우리 스스로가 객관화해서 보지 않으면 진짜 모습을 보기 어려운 법이다. 지금까지 누구도 나에게 나의 스윙 자세가 좀 이상하다고 말해주지 않았지만 아마 나와 라운딩한 사람이 돌아가는 길에 나의 자세를 보고 웃었는지도 모른다. 자신을 들여다보고 스스로 고치려 하지 않으면 세상은 다 아는데 나만 속고 사는 셈이 된다.

과거에는 아파야 병원엘 갔다. 그러다 보니 이미 늦은 경우가 많았다. 조금 일찍 알았더라면 별것 아닌 병을 몰라서 키운 경우가 많았다. 아버지는 건강하신 분이셨다. 병원에는 한 번도 가보지 않으셨다. 그러다가 일찍 돌아가셨다. 반면 어머니는 병원에 자주 가시지만 아직 비교적 건강하시다. 요즘은 다들 조금만 이상해도 병원을 찾는다. 그리고 건강진단도 수시로 받는다. 그래서 조기에 발견하여 큰 병도 쉽게 치료하는 경우가 많다.

모든 문제의 해법은 나로부터 출발해야 한다. 사실 나의 잘못이 아니라 해도 일단 시작은 나로부터 해야 한다. 그래야 답을 빨리 찾을 수 있다. 모든 문제의 원인을 외부에서 찾고 남 탓을 하게 되면 해법도 찾아지지 않고 설령 찾는다고 해도 상대를 설득할 수도 없다. 난 습관적으로 맘에 안 드는 결과가 나오면 일단 내가 무엇을 잘못했는지부터 시작해본다. 의외로 쉽게 해결되는 경우가 많았다. 때론 억울하기도 하다. 그러나 그 억울함은 대부분 보상받는 것 같다.

더 많이 배우고 지식이 쌓여가고 경험이 축적되면 점점 자기 확신과 신념이 생겨난다. 그래서 상대를 인정하기가 어려워진다. 어른들은 어린아이의 이야기를 들어주기가 쉽지 않다. 사회생활 중 지위가 올라가면 점점 더 누군가의 지적을 받기가 어려워진다. 그래서 자신의 문제점을 인식하기 어려워진다. 상사가 부하의 의견을 경청하기가 쉽지 않은 이유이다. 왜냐면 그들의 이야기가 너무 유치한 경우가 많기 때문이다. 부하들은 점점 상사에게 직언하기 어려워진다. 나도 많은 상사를 모셨지만, 적극적으로 남의 말을 듣고 변하려고 노력하는 분은 드물었다. 대부분 남의 말을 자르고 본인 이야기를 더 많이 했다. 그런데 어느덧 나도 그렇게 되어버렸다. 말 그대로 투머치 토커too much talker가 돼버린 것이다. 어른들이 모인 곳은 대부분 시끄러운 경우가 많다. 듣는 사람이 없고 모두 말하고 있기 때문이다.

우리는 역사를 통해 거대한 제국이나 탁월한 능력을 갖춘 사람들이 소위 성공의 정점에서 터무니없이 무너지는 것을 많이 배워왔다. 가장 큰 이유가 외부로부터의 통제나 견제를 받거나 누군가의 조언이나 충고를 받아들이는 시스템이 없어서인 경우가 대부분이다. 오늘날 대부분의 선진국에서 채택하고 있는 자유민주주의는 말도 많고 탈도 많아서 금방 큰일이라도 날 것 같은 형국이다. 그러나 이런 나라들에서는 통제되지 않는 힘을 행사하는 집단은 점점 줄어들고 누구나 통제와 견제 속에서 권한을 행사해야 한다. 결국, 자정능력이 파멸을 막을 수 있는 것이다.

나름대로 똑똑하고 성공한 사람이 주변에 많다. 그런 사람들이 변하기는 더 어려운 것 같다. 완고하다. 신앙도 완고하고 정치적 신념도 완고하고 인생관도 완고하다. 절대로 안 변하려 한다. 나를 돌아봐도 고치기 어려운 나쁜 습관들이 많다. 고치려고 노력 중인데 어렵다. 내가 말하기보다 상대의 말을 들으려고 노력해야 하는데 어느덧 내가 말하고 있다. 특히 누가 말할 때 끝까지 들어주지 못하고 끼어들고 말 자르고 내가 말하려 한다. 그리고 후회하고 반성한다. 남에 대한 기준과 나에 대한 기준이 다를 때가 많다. 스스로 성찰하고 변화하려는 노력을 멈추지 말아야겠다고 다짐해본다.

그러나 간혹 변화하려고 애쓰고 성숙해가려는 사람도 있다. 그런 사람들을 보게 되면 감동이 되고 희망이 생긴다. **어떤 사람이 변화하고 성숙해지는가? 그것은 자기성찰에서 시작된다고 볼 수 있다.** 지피지기란 말이 있듯이 문제를 해결하려면 원인을 정확히 진단해야 한다. 내가 생각하는 자기성찰의 프로세스는 다음과 같다.

첫째, 역지사지의 자세를 가져야 한다. 역지사지해 본다 해서 100% 상황을 인지할수는 없으나 참고는 된다.

둘째, 자신을 객관화하여 냉정하게 볼 수 있어야 한다.

셋째, 가능하면 본인에게서 문제의 원인을 찾아보는 노력이 필요하다.

넷째, NO라고 말할 수 있는 사람이 주변에 있어야 한다. 가족일 수도 있고, 친구일 수도 있고, 후배일 수도 있다. 무엇보다 스스로 NO라는 말을 들으려는 자세가 중요하고 그런 환경을 만들어야 한다.

물질적인 성장만으로 인생 4막을 행복으로 채울 수는 없다. 지금까지 어디에서도 그렇게 조언하는 경우를 보지 못했다. 물질적 성장과 사회적 성장은 분명 필요조건이 된다. 그러나 충분조건이 될 수는 없다. 수레바퀴가 두 개이듯이 **성장과 성숙은 함께 가야 한다.**

8. 선택

어떤 사람은 인생이 짧다고 느끼고 어떤 사람은 길다고 느낄 것이다. 그보다는 다가올 시간은 길게 느껴지고 지나간 시간을 돌아보면 짧게 느껴진다는 것이 더 정확한 표현인지도 모르겠다. 우리는 인생 여정에 수많은 흔적을 남겨간다. 인생 4막의 여정에서 삶의 완성도를 높이는 것 중 선택만큼 중요한 것도 없을 것이다. 우리는 앞으로도 수많은 선택을 해야 한다. 매 순간 크든 작든 선택을 해나가는 것이 우리의 삶의 여정이기에 한 번뿐인 인생의 매 순간 바른 선택을 할 수 있는 것도 실력이다.

나의 아버지는 가난한 할아버지가 낳으신 10남매의 맏아들로 산골 마을에서 태어나셨다. 증조 할아버지 성묘차 아버지가 태어나신 마을을 방문한 적이 있었다. 아버지의 어린 시절에 대한 상황을 내가 소상히 알 수는 없지만, 그곳의 여건은 몇 명의 가족도 부양하기 어려운 척박한 산골이었다. 그러던 중 아버지 가족은 일제강점기 시절 바다를 막아서 농경지가 된 간척지 마을로 이주하신 것 같다. 그 마을이 바로 내가 태어난 곳이다.

우리 집은 마을의 중앙이 아니고 마을 어귀에 있었다. 집은 한 번에 지은 것이 아니라 여러 번 이어서 조금씩 확장한 집이었다. 할아버지가 기거하시는 큰 방과 아버지가 기거하시는 방이 있었고 형의 공부방 같은 것이 이어져 있었다. 그리고 마당 옆에 일꾼이나 손님이 오시면 기거하는 방이 하나 있었고 또 한쪽에는 창고가 있었다. 한 모퉁이에는 외양간과 화장실이 있었는데 그것들이 전체적으로 조화롭게 지어진 것이 아니라 필요에 따라 증축된 것들이었던 기억이 난다. 그리고 마시는 물은 간척지 마을이라 늘 짠맛이었다. 어린 시절에는 그런 환경이 무엇을 의미하는지 알 수 없었으나 나이가 들면서 그 의미를 알게 되었다. 사실인즉 생존을 위해 고향을 떠나 간척지 마을에 정착하신 아버지는 살인적인 노동으로 집안을 일으키셨다. 살림이 조금씩 나아지면서 하나씩 집을 증축하신 것이다. 여기까지만 보면 아버지는 그 시대에 나름 현명한 선택을 하신 셈이다.

그러던 중 아버지는 카투사로 군 복무를 서울 용산에서 하게 되는데 이것이 아버지에게는 엄청난 경험이 되셨던 것 같다. 그래서 아버지는 서울로 올라가야 한다고 생각하셨는데 이 부분부터는 아버지의 갈등과 고민을 정확하게 기억하고 있다.

어린 시절 매년 아버지는 올해 농사만 잘되면 서울로 이사 가자고 집안 식구들을 독려하시면서 일을 시키셨다. 내 기억에 초등학교 시절부터 서울 이사를 말씀하셨는데 내가 고등학교 3학년이 될 때까지 결국 서울로 올라가지 못하고 돌아가시고 말았다. 이유인즉 비교적 적지 않은 논밭을 가지고 계셨던 아버지가 과감하게 논밭을 정리해서 이사하실 생각까지는 못 하신 것이다. 아버지의 의중은 전답을 팔지 않고 추수하여 생긴 여유자금으로 올라가려는 것이었으나 매년 농사가 끝나면 계산이 맞지 않았다. 그러나 과감하게 논밭을 정리하여 고향을 떠나기에는 어렵사리 마련하신 논밭에 대한 애정이 너무 강하셨다. 지금 와서 생각해보면 차라리 논밭이 없었으면 무작정 상경하셨을 것이고 우리 집안의 모습도 엄청 많이 달라졌을 것이다. 이 점은 중요하다. **사람은 아주 작은 것이라도 있으면 그것을 지키기 위해 더 큰 선택을 주저하는 것이다.** 그래서 어느 정도 가진 자보다 무일푼에서 성공한 사람이 많은지 모르겠다. 결국, 아버지가 태어나신 고향을 떠난 것은 현명한 선택을 한 것이었지만 두 번째 정착지를 못 떠난 것은 잘못된 선택이 된 셈이다. 말하자면 아무것도 없는 산골은 떠났으나 논밭이 있는 두 번째 정착지는 못 떠난 것이다. 다행히도 아버지는 본인은 시골을 떠나지 못했지만, 자식들만은 시골을 떠나 도회지에서 공부하도록 허락하셨으니 이 결정은 그나마 잘하신 선택이라 생각한다.

우리 옆집에 셋째 고모님이 살고 계셨다. 고모부는 아버지와 비슷한 연배였고 착하고 성격도 좋으셔서 우리가 잘 따랐다. 그분은 시골에서 태어나셨고 배움도 적은 전형적인 시골 분이셨다. 손재주도 많고 사람들과의 관계도 원만하셨다. 우리도 5남매였고 고모님도 5남매를 두셨다. 차이가 딱 하나 있다면 나의 아버지는 서울을 경험하셨고 그분은 시골 마을을 떠나본 적이 없다는 것이다.

어린 시절 정말 궁금했던 것은 우리 집은 일만 많고 늘 돈이 없었는데, 고모부네 댁은 우리보다 일도 적었는데, 삶의 수준도 우리보다 나아 보였다는 점이 차이는 우리 집은 5남매가 공부를 했기에 늘 돈에 쪼들렸고 아이들의 공부에 관심이 적었던 고모부는 돈이 쪼들릴 이유가 적었던 것이다. 우리 5남매는 어려운 생활 중에서도 어떻든 모두 도회지에서 공부를 했다. 물론 모두가 어렵게 학업을 이어갔지만 그 시절을 견디어냈다. 그러나 고모네 자녀들은 교육의 기회를 얻질 못했다. 두 분모두 세상을 떠나셨지만 지금 와서 생각해보니 아버지의 세 번째 선택이 옳았다는 생각이 든다. 나는 그래서 50년 전 두 사나이의 선택이라고 말하곤 했다.

지난날을 돌아보니 나 역시 수많은 선택을 했다. 부모님께서 하신 선택에 따라 결정된 예도 있고 내가 한 선택도 많다. 그러한 선택들이 내 인생에 지대한 영향을 미쳤음은 두말할 것도 없다. 학창 시절까지는 특별히 아쉬운 과거가 별로 없었던 기억이 난다. 그러나 이제 직장생활을 마치고 지난날들을 생각해보면 아쉬운 일들이 많다.

열심히 산다고 결과가 항상 좋은 것만은 아니다. 앞에서도 얘기했지만, 나의 경험을 잠깐 이야기하자면 서울로 먼저 유학 간 형이 너무 부러워서 3년 반이나 부모님을 졸라서 초등학교 6학년에 서울로 올라왔다. 이것은 부모님의 허락이 있다 해도 나의 투쟁의 산물이니 내 인생에서 잘한 선택이라 생각한다. 갑자기 아버지가 돌아가시고 학업을 중단해야하는 상황이었지만 내 힘으로 학업을 마친 것도 나의 선택이었으니 지금 생각해도 잘한 선택이었다. 대학 시절 취업과 학업을 고민하다가 취업으로 방향을 정한 것도 크게 잘못한 선택은 아닌 듯싶다.

어떤 회사를 갈 것인가 고민해보지 않고 신문의 모집 광고 보고 딱 한 번의 지원으로 회사를 선택한 것은 인연이라고 생각하고 다녔다. 여기까지는 크게 오류를 범하는 선택을 하진 않은 것 같다. 그러나 회사 일에 몰입하다가 내가 어디에 삶의 터전을 마련할 것인지, 회사에서 어떤 업무에 지원해볼까 등은 생각해보지 않았다. 회사의 보직 중에서 선택할 기회가 주어지지 않은 것도 아니었는데, 그때마다 먼 미래까지 고려하여 판단을 직접 내리지는 않았다. 정보도 지식도 없었기에 중요한 일보다는 급한 일과 편한 길에 서서 늘 선택하고 결정했다. 이 점은 못내 아쉬운 부분이다. 세상에 대해, 미래에 대해 조금만 더 관심을 두고 주변인에게 귀를 열었다면 더 많은 기회가 주어졌을 것은 말할 것도 없다.

나는 취업한 후로 일은 열심히 하였으나 공부를 소홀히 하였고 남의 말을 건성으로 들었고 미래에 대해 심각하게 고민하지 않았다. 나와 같은 경험을 한 사람들이 많을 것이다. 지금도 미래를 내다보고 현명하게 대처하는 사람도 있겠으나 당장 급한 일에 헉헉대는 경우가 많을 것이다. 나는 공부하지 않아서 몰랐기에 잘못된 결정을 내린 것이 참 많았다. 예를 들자면 자녀의 미래에 대해선 물론이고 회사 일 외에 어떤 것도 관심을 기울이지 않았다. 지금처럼만 공부했더라도 기회비용을 치르지 않았을 것이다.

오래전 '순간의 선택이 10년을 좌우한다', '순간의 선택이 평생을 좌우한다'라는 광고 문구가 크게 유행했다. 개인은 말할 것도 없고 기업이나 국가가 현명한 선택을 했을 경우와 잘못된 선택을 했을 때의 결과를 강조하면서 드는 몇 가지 흔한 예를 보자.

빌 게이츠나 스티브 잡스는 대학을 중퇴하고 과감하게 자신이 선택한 일에 투신하여 시대를 앞서갔다. 흙수저 출신의 김범수 씨는 카카오를 설립하여 한국 최고의 부자가 되었다. 조선은 임진왜란 시기 전에 율곡 선생의 10만 양병설 제안을 거부하고 소홀히 여기다가 임진왜란이라는 국란을 초래했다. 구한말 쇄국정치를 한 조선은, 개국을 감행하고 메이지유신을 먼저 한 일본 제국주의의 희생양이 되었다. 자본주의를 과감하게 받아들인 중국은 세계 최강의 나라로 부상하고 있다. 기업들도 마찬가지였다. 신기술을 개발하고도 받아들이지 않은 세계적 기업 코닥과 노키아, 그리고 일본의 소니전자는 경쟁에서 밀리고 말았다. 대한민국의 기업 중 IMF 외환 위기 전 변화를 예측하고 발 빠르게 대응한 기업은 살아남았고 과거 패러다임에 메여서 미래를 위한 선택을 하지 않은 기업들은 사라지고 말았다.

이러한 사례들이 진부한 이야기 같지만 들을수록 울림이 크다. 개인이든 기업이든 국가든 변화 속에서 살아간다. 따라서 그 변화의 방향을 알고 미래를 예측해서 선택하고 결정해야 한다. 변화의 속도가 빨라지는 오늘날에는 누구나 깨어 있지 않으면 그 대가를 치를 수밖에 없다. 따라서 현명한 선택은 말 그대로 선택사항이 아니라 필수사항이 되어 버렸다.

우린 일생에 걸쳐 수많은 선택을 한다. 무엇을 먹을까? 무엇을 입을까? 와 같은 사소한 선택과 어디서 살까? 누구랑 결혼할까? 어떤 직업을 가질 것인가? 와 같은 중차대한 선택도 있다. 늦었다고 생각할 때가 빠른 것이란 말이 있듯이 과거의 아쉬운 선택의 결과에 대한 잘못을 되풀이해서는 안 되겠다고 생각한다.

앞에서 언급했듯이 은퇴니, 노후니 하는 말이 키워드로 부상한 것은 그리 오래되지 않았다. 어쩌면 우리나라에서는 은퇴와 노후란 개념 자체가 극소수에게 해당하는 단어였을 것이다. 1960년대까지만 해도 국민 대다수가 소위 말하는 1차산업에 종사했다. 그들은 일터에서 몸이 더 움직이지 않을 때까지 생업에 종사했다. 보상의 크기와 상관없이 은퇴나 노후는 없었던 셈이다. 농사를 짓거나 바다에서 어부로 살거나 산에서 먹거리를 해결했었다. 극소수만 공직이나 교사 같은 직업에 종사했으니 은퇴나 노후를 경험한 사람이 많지는 않았다. 그나마 평균수명이 지금처럼 길지 않았던 과거에는 은퇴 후 여명 기간이 짧아서 은퇴하면 노후 생활을 잠깐 하는 것이 고정 관념이었다.

아마 앞으로 20~30년이 지나면 지금 예측했던 상당히 많은 것들은 그대로 이루어질 것이다. 1980년대에 우리가 스마트폰을 상상이나 했었는가? 그 당시에 오래 살 것이란 예측을 받아들이고 거기에 걸맞은 선택을 하기는 쉽지 않았다. 우리는 지금 4차 산업혁명 시대의 미래를 이야기한다. 100% 이상 이루어질 것이다. 따라서 과거를 발판으로 오늘을 사는 우리는 미래의 패러다임을 준비해야 한다. 멀리 볼 것도 없다. 1900년대 일제강점기부터 2000년대 우리가 살아온 100년은 조금만 공부하면 누구나 정확하게 알 수 있다. 이 짧은 기간에 우리 민족은 변해도 너무 많이 변했고 우리 민족사에서 반만년의 변화보다 많은 변화가 일어났다. 이를 거울 삼는다면 우리가 어떤 선택을 하고 어떤 결정을 해야 하는가는 자명하다.

어떻게 하면 **올바른 선택을 할 수 있을까? 첫째, 과거를 알고 현재를 분석해야 한다.** 우리가 과거를 배우고 역사를 배우는 것은 과거를 그리워하거나 과거로 돌아가기 위함이 아니다. 역사는 반복되는 경향이 있기에 과거를 통해 미래를 대비하고 준비하기 위한 교훈을 얻으려는 것이 더 큰 이유일 것이다. 이를테면 안보를 소홀히 하여 국난을 경험한 과거를 통해 우리는 국가의 안보를 철저히 준비해야 한다. 변화를 받아들이지 않아서 세계사에서 뒤처진 역사를 교훈 삼아 변화의 선봉에 서야 한다. 인생설계란 개념조차 모른 탓에 불행해진 노인들을 보면서 반면교사로 삼아야 한다.

둘째, 미래에 관한 공부를 해야 한다. '인간은 과거를 알 수 있지만 신은 미래를 안다.'라는 말이 있다. 우리가 과거는 몇백만 년 정도 알 수 있지만, 미래는 단 며칠도 정확하게 알 수 없다. 그러나 다행히도 인간은 과거와 현재의 변화를 통해 미래를 예측할 수는 있다. 그리고 우리가 살아가는 데 그 정도의 예측이면 충분한 경우가 대부분이다. 미래를 공부하고 열린 자세만 가지면 문제 될 것이 없다.

셋째, 미래사회의 미래 패러다임으로 오늘을 살아야 한다. 미래를 어느 정도 예측할 수 있다. 문제는 미래를 현재의 문제로 받아들이는 것이 어렵다는 것이다. 그래서 과거의 패러다임에서 빠져나오는 용기가 필요하다.

제2부

빛나는 인생 4막을 위한 필요조건

지금까지 빛나는 인생 4막을 만들어가기 위한 자세에 관해 이야기했다. 이것만이 전부는 아닐 것이다. 사람마다 자신이 추구하는 삶의 모습이 있을 것이고 자신이 가치 있다고 생각하는 것도 다를 것이다.

돈에 대해 무한한 가치를 두는 사람도 있고 명예에 대해 가치를 더 두는 사람도 있고 자식의 성공에 절대적인 가치를 두는 사람도 있다. 영적 성숙함에 무게중심을 두는 사람도 있다. 그러나 어디에다 비중을 두든, 누구에게나 필요한 보편적인 조건들이 있다고 생각한다.

1. 잠재력 개발 도구 활용하기

인간은 나름의 잠재력을 가지고 태어난다. 그러나 아무리 귀한 잠재력을 가졌다 해도 자극이나 교육이나 훈련과정을 거치지 않으면 그 잠재력은 아무것도 아니다. 마치 땅속에 묻혀 있는 다이아몬드나 아니면 값비싼 광물 자원과 다를 바가 없다.

나는 잘하는 운동이 별로 없다. 다룰 수 있는 악기도 없다. 외국어도 제대로 구사하는 것이 없다. 왜 그럴까? 간단하다. 그런 것들을 잘 해내기 위한 자극도 교육도 훈련도 받지 않았기 때문이다. 그뿐만 아니라 나는 재테크에 성공하지 못했다. 이것 역시 돈을 버는 방법에 대한 천부적인 재능이 없을 뿐만 아니라 이를 보완하기 위해 구체적으로 취한 행동이 없었기 때문이다.

마음의 문제도 마찬가지이다. 지금의 상황에 만족하기보다 막연하게 늘 불안해했고 뭔지 모르는 욕망에서 벗어나지 못했다. 정말 원하는 것이 무엇인지, 그리고 무엇을 얻으면 인생의 문제가 해결되는지, 아니면 무엇을 내려놓으면 평온해지는지에 대해 알지 못했다. 성숙한 사람이 되기 위해 애쓴 것이 없다. 말하자면 내가 부족하거나 아쉬운 것들을 극복하기 위한 공식도 프로세스도 없었다. 그러니 내가 할 수 없는 것은 당연하다. 내가 원하는 무엇인가를 위해서는 원하는 바를 위한 공식에 따라 움직여야 한다.

우리의 잠재력을 일깨우고 경쟁력을 업그레이드하여 삶의 완성도를 높이는 것들에는 어떤 것들이 있을까? 먼저 자극을 받는 것으로 교육과 훈련을 받는 것이 있겠다. 그다음으로는 독서를 통해 남들의 귀한 지적 통찰의 도움을 받아 나의 한계를 극복하는 것도 중요하다. 무엇보다도 우리 자신의 꿈이나 목표를 세우고 올바른 공식에 따라 실천하는 것은 기본에 속할 것이다. 우리는 일을 통해 우리의 역량을 발휘한다. 어떻든 여러 가지 도구를 통해 우리에게 주어진 재능을 계발하는 것이라 할 수 있다. 잠재력을 일깨우고 삶의 완성도를 높이는 도구들에 대해 살펴보고자 한다.

자극

살다 보면 특정한 경험이나 누군가의 말 한마디가 우리 인생에 지대하게 영향을 미치는 경우들이 있다. 내가 어렸을 때 일이다. 서울로 유학 간 형님의 말투와 얼굴색이 내 인생의 변곡점이 되었다. 학창 시절 읽은 너새니얼 호손*의 『큰 바위 얼굴』이란 책이 나에게 깊은 영향을 미쳤다. "죄지으면 당신이 괴롭지 누가 괴롭겠어요?"란 아내의 말도 항상 마음에 남아 있다.

어느 날 막역하게 지내는 후배가 나에게 "선배는 교육사업을 하는데 교육에 관한 책이 별로 없네요?"라고 말했다. 얼마나 얼굴이 화끈거렸는지 모른다.

---

* 너새니얼 호손(1804~1864): 미국의 소설가. 대표작으로 『주홍글씨』가 있다.

2017년 노벨경제학상을 받은 리처드 탈러는 그의 책 『넛지』*에서 "무심코 한 작은 선택이 우리의 운명을 결정한다."라고 했다. **인간은 여러 유형의 의식적·무의식적 자극 때문에 움직인다.** 비록 작은 자극에 불과하지만, 결과는 지대한 차이를 만든다는 그의 이론은 행동경제학의 지평을 넓혔다. 인간행동에서 자극의 중요성을 이론적으로 증명한 셈이다. 따라서 긍정의 효과를 유발하는 건강한 자극은 중요하다.

자극의 의미와 중요성에 대해서는 나중에 공식 부분에서도 다루겠지만, 자극이야말로 우리를 변화시키는 첫 번째 동기라 생각한다. 우리는 일상사에서 여러 유형의 자극을 받는다. 신체적 자극도 있고 정신적 자극도 있다. 사람이 신체적으로 아무런 자극을 느끼지 못한다면 그것은 이미 생명체라 할 수도 없을 것이다. 마취 주사를 맞은 후 느낀 경험을 상기해보자. 분명 몸은 그대로인데 우리는 아무것도 느끼지 못한다. 그만큼 자극을 받는다는 것은 의미가 큰 것이다.

정신적 자극은 더 중요하다. 때로는 외부에서 주어지는 자극도 있고 스스로 마음속에서 떠오르는 자극도 있다. 자극을 받으면 생각이 변하고, 생각은 행동의 변화를 유발한다. 자극에는 여러 가지 유형이 있다. 이를테면 외부에서 전달되는 경험, 교육, 훈련, 토론, 관계, 독서, 여행, 영화감상과 같은 것이 있고 내면에서 일어나는 고민, 회의감, 불안감과 같은 것을 성찰하는 것이 있다. 어떤 유형으로든 우리에게는 건강한 자극을 통해 생각을 정리하는 훈련이 필요하다.

---

* 『넛지』: 리처드 탈러, 캐스 선스타인, 리더스북, 2018. '넛지'는 옆구리를 쿡쿡 찌른다는 의미.

교육

학창 시절 조회시간에 선생님께서 늘대 소년에 관한 이야기를 하셨다. 실화인지는 불분명하지만 선생님의 말씀은 50년이 지나도 실제 사례 이상의 의미로 생생하게 기억하고 있다. 내용인즉, 외국의 어느 시골에서 태어난 지 얼마 안 된 어린이가 늘대와 함께 살다가 13세쯤 발견됐는데 늘대처럼 먹고 늘대처럼 네 발로 기더라는 것이다. 무엇보다 늘대와는 의사소통할 수 있지만, 사람과는 의사소통이 어려웠고 결국 인간 사회에는 적응이 안 됐다고 말씀하셨다.

에밀리 브론테*의 『폭풍의 언덕』 내용을 보면, 언쇼 백작은 출장길에 길에 버려진 히스클리프란 어린아이를 버려둘 수 없어 집으로 데려와서 애정을 가지고 돌봐준다. 그러나 언쇼 백작에게는 힌들리라는 아들과 캐서린이란 딸이 있었다. 히스클리프에 대한 아버지의 편애에 질투심을 느낀 힌들리는 히스클리프를 미워하게 된다. 그나마 보호자 언쇼 백작이 세상을 떠나자 힌들리는 히스클리프를 싫어하는 것을 넘어 학대하기에 이른다. 그때 히스클리프를 구원해준 것은 힌들리의 여동생 캐서린이었다. 둘은 사랑하는 사이로 발전한다. 그러나 힌들리의 학대가 심해지자 히스클리프는 집을 나가게 된다. 자신이 사랑했던 캐서린은 린트가의 에드워드와 결혼하게 된다. 소설의 내용은 히스클리프를 중심으로 3대에 걸쳐 두 집안의 얽히고설킨 이야기로 전개되지만, 학대 속에 사랑을 뺏긴 히스클리프는 잔인한 복수극을 펼치게 된다. 결국, 힌들

---

* 에밀리 브론테(1818~1848): 영국의 시인, 소설가. 샬럿 브론테와 앤 브론테의 자매이다.

리도 에드워드도 몰락시키기에 이른다. 마침내 복수에는 성공하지만, 히스클리프는 그 순간 자신 삶의 의미를 상실하고 비참하게 죽고 만다. 내가 여기서 주목하고 싶은 것은 비록 인간에게 근원적인 이성과 본성이 있다고 해도 자신이 처한 성장과정의 왜곡된 교육이나 환경이 인간을 얼마든지 파멸에 이르게 할 수 있다는 것이다.

이 내용만 가지고 인간의 능력과 잠재력 등에 대해 모든 것을 정의할 수는 없지만 분명한 것은 인간이 인간다워지기 위해서 교육이 생각보다 중요하다는 것이다.

내 할머니는 완전 문맹이셨다. 할아버지가 신문을 읽으시면 궁금해서 이것저것 물으시다가 할아버지가 농담으로 "서울에 불났다." 하시면 온종일 걱정을 하곤 하셨다. 어머니는 문맹을 겨우 벗어나셨지만, 디지털 문맹이셔서 문자나 카톡 등은 하실 수 없기에 각종 배달 앱과 같은 편리한 현대문명을 누리실 수 없다. 우리 세대는 문맹도 아니고 컴맹도 아니고 디지털 기기도 어느 정도 다룰 수 있다. 그런데도 맥도널드나 대형몰의 푸드코트에서 키오스크를 이용해 주문하는 방법을 몰라 음식 주문을 제대로 못 하는 노령층이 많다. 앞으로 다가올 4차 산업혁명 시대를 살아가려면 열심히 배우지 않으면 우리도 한계에 직면할 것이다.

시각이나 청각, 후각 기능이나 달리기 능력과 같은 신체적인 능력이 인간과 비교할 수 없을 만큼 뛰어난 동물들이 많다. 그런데도 인간이 위대한 문명을 만들어갈 수 있는 능력은 다음 세대를 교육하고 훈련하면서 경험을 축적하고 기록하는 능력일 것이다. 만약 인간에게 이러한 능력이 없다면 문명은 애당초 불가능했으리라 생각한다. 이처럼 교육이란 완성을 추구하는 인간에게 떼려야 뗄 수 없는 부분이다. 인간의 잠재력은 가정교육, 학교 교육, 종교교육, 사회교육 등과 같은 다양한 교육을 통해 완성도를 높일 수 있다.

교육을 중시하는 경우는 개인이든 기업이든 민족이든 가장 이성적이고 건전한 사고체계를 가진 경우만 가능하다고 생각한다. 당장 의식주가 시급했던 한국의 부모들이 자녀교육을 위해 희생했다. 기업도 단기 성과가 아닌 장기적인 이상을 가진 기업만이 교육이나 연구에 투자하는 법이다. 국가 역시 기초과학이나 교육에 투자하는 국가는 미래를 선도하는 국가가 된다. 세계사를 봐도 교육의 중요성을 일찍이 깨우치고 교육에 열정적인 문화나 전통을 가지고 있는 민족이 그들이 처한 환경과 상관없이 세계사에 나름의 역할이 컸음을 부인할 수 없다. 오늘날 서양문명의 뿌리가 되는 그리스, 로마가 그랬다. 우리가 기억하고 칭송하는 대부분의 위인이 교육과 관련된 사람들 아닌가? 반면 교육에 관심이 없고 당장의 성과에만 치중하면 개인도 기업도 국가도 미래를 담보할 수 없다.

훈련

교육과 훈련은 다르다. 교육과 훈련은 상호 보완관계다. 문자적으로 해석하면 교육은 단순히 가르쳐서 알게 하는 것으로 이해하고 훈련은 반복행동을 통해서 습관화하는 것으로 이해해도 크게 틀리지는 않을 것 같다. 먼저 교육이 이루어지고 그다음 단계에 몸이 기억하도록 반복하는 것이 훈련이다. 극단적으로 단순화하면 교육은 머리와 마음의 변화이고 훈련은 몸의 변화라 할 수 있다.

나의 대학 시절에는 리포트를 모두 글로 제출했기에 글씨를 잘 쓰는 가 못 쓰는가는 중요한 덕목이었다. 회사에서도 대부분 보고서가 글로 이루어지니 글씨를 잘 쓰는 것도 대단한 경쟁력이었다. 다행히 보고서를 많이 쓰지 않는 분야에서 일한 덕택에 글씨의 스트레스를 벗어날 수 있었으나 나 같은 악필은 고민이 이만저만이 아니었다. 그러나 컴퓨터가 나오고부터는 모든 보고서가 문자로 대체되니 글씨를 잘 쓰고 못 쓰는 것이 중요하지 않게 되었다. 하지만 독수리타법을 벗어나지 못하고 있는 나로서는 늘 아쉬움이 남았다.

그런데 회사생활 중 나 같은 컴맹들을 위해 2박 3일이나 1박 2일 일정으로 실시되는 컴퓨터 관련 교육을 받은 경험이 여러 번 있었다. 컴퓨터 개론부터 과정에 따라 배우고 약간의 실습으로 이어지는 교육을 받고 나면 그때는 알겠는데 여전히 컴맹으로 돌아가는 나를 발견했다. 컴퓨터를 자주 쓰고 현업에서 활용할 때 실력이 느는 것이긴 하지만 교육방법에 약간의 아쉬움이 남았다. 만약 교육 프로그램을 이렇게 구성했더라면 어땠을까? 교육생의 컴퓨터 실력을 테스트하여 워드 정복과정, 엑셀 정복과정, 파워포인트 과정으로 분류하여 집중적으로 훈련한 후 시험에 통과한 사람만 이수시켰더라면 하나라도 터득하지 않았을까? 나 같은 사람은 타자 연습만 하게 해서 분당 150타라도 쳐야만 교육이수로 인정했더라면 60이 된 지금의 나이에 자판연습을 하지는 않을 것 같다.

교육과 훈련을 혼동하는 경우가 많다. 대표적인 것이 외국어이다. 난 영문학과를 졸업했다. 그러니 영어공부를 도대체 몇 년이나 한 것인가? 그런데 외국인과 자유로운 소통을 하지 못한다. 난센스다. 말을 한다는 것은 교육이라기보다는 훈련에 가깝다. 우리가 모국어를 교육받아서 하는 것이 아니라 우리도 모르는 사이 훈련을 받은 것이다. 외국 문학을 전공하거나 전문적인 공부가 목적이 아니고 의사소통이 목적이라면 외국어 교육이 아니라 외국어 훈련이 더 효율적일 것이다. 교육과 훈련의 차이를 명확히 이해하지 못한 탓이다. 지금도 현장에서 교육과 훈련이 혼재된 것을 자주 본다.

회사생활 30년 동안 받은 많은 교육 중 가장 기억에 남은 교육은 보름 동안 화법을 외워서 통과해야만 하는 교육이었다. 수업을 마친 후에도 암기하기 위해 늦은 밤까지 연습했던 기억이 난다. 그리고 지금도 그때 외웠던 내용이 거의 생각이 난다. 회사는 교육이라 명했지만, 엄밀히 말하면 그것은 교육보다는 훈련이라고 본다.

내가 장황하게 교육과 훈련에 관해 이야기하는 이유는 **잠재력을 개발하는 도구로써 첫 번째 도구가 바로 교육과 훈련이라고 생각하기 때문이다.** 기타를 잘 치는 사람이 부럽고, 골프를 잘 치는 사람이 부럽고, 외국어를 잘하는 사람이 부럽다. 이런 분들은 교육을 잘 받은 것이 아니라 공식에 따라 훈련을 잘 받은 사람들이다.

무엇인가를 잘하는 사람은 타고난 사람이라 생각하곤 했다. 그러나 시간이 지나서 알게 되는 것은 그 어떤 것도 교육과 훈련이란 과정을 거치지 않고서는 불가능하다는 것이다. 다른 사람의 타고난 능력이라고 말하는 것은 그 정도 수준에 오르기 위해 애쓴 그 사람에 대한 모독이고 자신의 게으름에 대한 변명에 불과하다. 물론 타고난 자질이 영향을 미치겠으나 일정 수준까지는 무조건 교육과 훈련의 과정을 거쳐야 한다.

'1만 시간의 법칙*'이 있다. 이것은 어느 분야이든 위대한 성공을 거두기 위해서는 1만 시간의 노력이 필요하다는 경험 법칙을 말한다. 이것은 하루 3시간씩 10년을 노력해야 가능한 시간이다.

교육과 훈련에 대해 정리해보면 교육은 무언가를 알게 하고 깨닫게 하여 행동을 유발한다. 그러나 교육이 현실적인 성과를 담보하지는 않는다. 반면 훈련은 하기 싫은 일을 반복함으로써 몸이 반응케 하여 결국 습관을 만들어준다. 그래서 훈련은 어렵다. 이 어려움을 극복하게 해주는 방법이 필요하다. 이 부분은 3부에서 자세히 이야기하겠다.

독서

책을 별로 보지 않는 것 같다는 후배의 비수 같은 한마디가 나에게 큰 자극이 되었다. 독서만큼 우리의 삶에 도움을 주는 도구도 없는 것 같다. 어찌 보면 당연한 이야기인데 난 그 점을 간과했고 그래서 후회스럽다. 사람이 여러 사람의 삶을 살아볼 수 없지만, 독서는 다른 사람의 인생을 경험하게 해준다. 책은 글쓴이의 지성과 감성과 통찰의 산물이다. 내가 직접 해보지 않고 그냥 경험하거나 배우는 것이다. 얼마나 가성비가 좋

---

* 2009년 맬컴 글래드웰이 『아웃라이어』란 책에서 빌 게이츠, 비틀스, 모차르트 등의 공통점을 설명하기 위해 제시한 개념.

은가? 어린 시절부터 이런 습관을 터득한 사람이 부럽다.

　내 독서의 절정기는 중학교 2학년 때였다. 아마 그때가 사춘기였는지도 모른다. 그 시기의 많은 학생처럼 나 역시 이것저것 가리지 않고 책을 읽었다. 소위 세계문학 전집을 읽은 것이다. 플로베르*의『보바리 부인』, 모파상**의『여자의 일생』, 펄 벅***의『대지』, 너새니얼 호손의『주홍 글씨』등의 기억이 새롭다. 그 당시에는 소설 속의 내용과 현실을 구별하지 못해 책 한 권을 읽고 나면 감정의 소용돌이에서 빠져나오는 것이 힘들었다. 특히 토머스 하디****의 소설『테스』를 읽고 나서는 정신적으로 고생했다. 그러나 이후로는 소위 입시공부에 매달리느라 책과 멀어지고 말았다. 나는 학창 시절부터 운동하는 습관은 몸에 배어 있었는데 중학생 이후로는 책을 읽는 습관을 지니지 못했다. 만약 어린 시절부터 꾸준히 독서의 습관을 지녔더라면 내 삶도 많이 바뀌었을 것 같다.

　독서량이 부족하니 축적된 지식이 빈약할 수밖에 없었다. 점점 과분한 자리에 앉게 되니 내가 생각해도 참 부족하다는 생각이 들었다. 늦게나마 깨달은 바가 있어서 책을 읽자 하니 어디서부터 읽어야 할지도 모르겠다. 그래서 '죽기 전 읽어야 할 100권'이라든지 독서를 오래 하신 분들이 추천해주는 책 ― 유시민 선생이 추천하는 32권 ― 등을 먼저 무작정 읽기 시작했다. 그렇게 분야별로 정리된 좋은 책들을 읽다 보니 더 관심이 가는 분야가 있고, 좀 더 깊이 알고 싶은 분야도 생겨났다. 난 어차

---

* 플로베르(1821~1880): 프랑스의 작가.
** 모파상(1850~1893): 프랑스의 작가.
*** 펄 벅(1892~1973): 미국의 소설가. 1938년『대지』로 노벨 문학상 수상.
**** 토머스 하디(1840~1928): 영국의 소설가, 시인.

피 독서에 관한 한 문외한이고 초보자이기에 정치, 경제, 철학, 인문학, 과학, 고전, 자기계발, 종교, 문학 등 다양하게 읽었다. 그 점이 오히려 특정 분야에 편중되지 않는 독서습관을 만들어주었다. 그나마 다행스러운 것은 그런대로 세상 경험을 한 후에 책을 접하니 깨달아지는 것들은 젊을 때보다 더 넓어진 것 같다는 점이다.

운동하지 않는 사람은 뭐부터 해야 할지 모른다. 그러나 운동을 하다 보면 부족한 부분이 무엇인지 알게 되듯이, 독서도 이와 유사하다는 것을 깨달았다. 그렇다 보니 다양한 분야가 나에게 큰 감동과 도전을 주었다.

그간의 독서량이 빈약하기에 나는 전투적으로 책을 읽고 있다. 5년 이내에 1,000권은 읽어볼 생각이다. 그리고 한 번 읽을 책과 두 번 세 번 읽을 책을 구분해서 정리하고 있다.

공식과 매뉴얼

요리나 운동이나 이것저것 자주 하다 보니 경험이 쌓이고 감이 생겨 공식은 없지만 잘하는 사람이 있다. 그러나 이러한 방법은 잠재력을 계발하기에는 비효율적이다. 하다 보니 알게 된 것보다는 확실한 결과를 보장해주는 공식이나 매뉴얼을 배우고 그다음에 자신만의 방법을 개발하는 것이 훨씬 더 효율적이다.

요즘은 요리하는 남자가 인기다. 나는 오랜 기간 자취생활을 해서인지 요리에 대한 두려움은 없지만, 막상 가족을 위해 음식이라도 한 번 하고자 하면 막막해진다. 자취생활이란 것이 제대로 된 음식을 만들어 먹는 것이 아니라 대충 끼니만 때우는 것이기에 그렇다.

최근에 '50대에 여자에게 인기 있는 남자'라는 기사를 재미있게 읽었다. '관대한 남자, 잔소리하지 않는 남자, 요리하는 남자'가 그것인데 여기에 더해 '아침에 나가고 저녁에 들어오는 남자'라면 금상첨화란다. 웃자고 하는 이야기이지만 전혀 생뚱맞은 이야기는 아닌 듯싶다. 난 현재 아침에 출근해 저녁에 퇴근하고 있고, 아내에게 잔소리한다는 것은 상상할 수도 없어 아내로부터 내가 비교적 관대하다는 평을 듣고 있으니 3개는 통과된 셈이다.

결혼 후부터는 요리를 해본 적이 없었는데 요즈음 요리 레시피와 유튜브를 보면서 한두 가지 요리를 해보았다. 내가 했지만, 뜻밖에도 밖에서 사 먹는 것보다 훨씬 맛이 좋았다. 당연하다. 가장 좋은 재료를 구했고 가장 유명한 요리사의 요리법을 그대로 따라 했으니 결과는 당연한 것 아니겠는가? 아내가 그렇게 좋아하는 것을 본 적이 없었다. 물론 남편을 독려하기 위함이겠지만 아들마저 너무 맛있게 먹어주었다. 결국 감이나 경험이 아닌 공식과 매뉴얼이 얼마나 중요한 것인지에 대한 반증 아닌가? 난 요리에 문외한이지만 요리에 대한 공식이 나를 단번에 아내에게 최상의 선물을 줄 수 있는 남자로 만들어줬다.

요즘은 유튜브를 검색하면 어떤 음식이라도 만들 수 있는 요리의 레시피가 잘 나와 있다. 누구나 그 레시피대로만 하면 수준급의 음식을 만들 수 있다. 방송인 백종원 씨가 왜 주부들에게 인기 있는지 알게 되었다. 우리가 가진 잠재력을 계발하는 도구로서 그 분야의 공식을 활용하는 것은 매우 중요하다. 이 점은 인생 공식 편에서 자세히 기술하기로 하겠다.

비전

누군가가 옆에서 알려주지 않으면 자신이 얼마나 대단한 가능성을 가졌는지조차 모르고 살아가는 사람들이 많다. 최근 모 방송국에 무명의 가수들이 참여하는 오디션 프로그램이 있었다. 참가자들은 오랜 무명생활을 해온 터라 갑작스러운 스포트라이트를 어색해했다. 가장 코끝이 찡한 부분은 정말 매력 있고 실력 있는 가수인데 자신이 가진 장점을 잘 받아들이지 못하고 자신의 비전에 확신을 갖지 못하는 것이었다.

잠재력을 계발하는 여러 도구 중 가장 영향을 크게 미치는 요인은 비전과 꿈이다. 세종대왕의 한글창제가 바로 그런 것이다. 이처럼 위대한 업적을 이룬 지도자들은 한결같이 비전을 세우고 그 비전을 이루기 위한 꿈과 구체적인 목표를 세운 사람들이다.

난 현업에 있을 때 함께 일했던 사람 중 평범한 주부가 영업사원으로 엄청난 성과를 내는 것을 자주 봤고 영업관리자로 성장하는 것도 많이 봤다. 평범한 사무직으로 입사했으나 전혀 다른 분야에서 자신의 기량을 펼치는 사람도 많이 보았다. 내가 한 일이라고는 그들의 잠재력을 인정해주고 미래 비전을 일깨워준 것뿐이다.

2011년에는 서울의 강북지역 본부장을 했다. 강북본부는 회사에서 역사가 가장 오래된 본부였다. 당연히 사원들이나 관리자의 평균연령도 전국에서 가장 높았다. 전통적으로 영업성과를 올리기 어려운 지역이다 보니 관리자들도 미래에 대해 긍정적인 비전을 가지고 있는 사람이 적었다. 나는 그들에게 이렇게 말했다. "사원이나 관리자의 나이가 많으니 안정적이다. 강북 지역이 강남이나 수도권에 비교해 젊은 패기는 부족해도 안정적이고 흔들리지 않는 안정감은 있다." 억지든 합리화이든 나는 이런 말로 자극하고 교육하고 행동했다. 그렇게 부임한 지 2년이 지나니 전국에서 가장 많은 간부 후보가 육성되었고 10여 년이 지난 지금도 그때 성장한 인재들이 회사의 주역으로 일하고 있다. **비전을 심어주는 것이야말로 모두가 빛나는 인생을 만들어가기 위한 가장 큰 에너지임이 분명하다.**

경험 활용

사람은 살아가면서 다양한 경험을 하게 된다. 그런 경험들이 단순한 경험으로 끝나기도 하지만 삶의 방향을 결정하는 중요한 변곡점이 될 수도 있다. 이를테면 시험을 망친 경험이 우등생으로 변신하는 계기가 된 예도 있다. 돈 때문에 느껴본 고통이 부를 이루는 결단의 에너지가 된 사람도 있고, 건강을 잃어본 경험이 건강관리를 잘하는 계기가 되기도 한다. 하지만 위암 수술을 한 사람이 여전히 담배를 피우고 술을 먹기도 하는 것처럼 모든 경험이 삶의 변곡점이 되지는 않는다. 그래서 자신의 경험을 성찰해보는 습관이 필요하다. 아픈 경험이나 실패의 경험과 충격적인 경험을 반추해보고 그 경험이 삶을 바꾸는 에너지가 되고 자극이 되도록 해야 한다. 나에게 긍정의 변곡점이 됐던 경험을 소개한다.

2006년 1월 31일 저녁, 담배를 끊었다. 대학교 1학년 때부터 흡연을 시작했으니 거의 20년 넘게 피웠었다. 여러 번 금연을 시도했으나 번번이 실패했다. 그러다가 2005년 말 임원이 되고 지방의 본부장으로 부임하여 첫 달 영업을 마무리하고 실적분석을 했는데 전국에서 꼴찌를 했다. 주변의 모든 사람이 내 책임이 아니라 부진한 본부에 부임한 것이기 때문이라고 위로의 말을 했지만 난 엄청난 충격을 받았다. 입사하고 한 번도 해보지 않은 성적이었다.

그날 밤 퇴근하여 사택 거실에 우두커니 혼자 앉아 있는데 도저히 분이 풀리지 않았다. 그래서 이날을 절대 잊지 말자고 혼자 다짐했다. 다짐만으로는 안 될 것 같아 뭔가 해야 했다. 그래서 당시 내가 가장 포기할 수 없는 것이 무엇인지 생각해봤다. 문득 금연이란 생각이 떠올랐다. '금연도 못 하는 내가 어찌 이날을 기억할 수 있겠는가' 하는 생각이 들었다. 바로 금연을 결심했다. 그 다음 흡연의 욕구가 생길 때마다 그날 밤 금연 결심의 이유를 생각하면서 버텼고 어느새 금연이 습관이 됐다. 이후로는 단 한 번도 담배를 손에 대지 않았으니 그 경험은 나에게 좋은 변곡점이 됐다.

2. 성공 DNA 벤치마킹

사람들은 어떤 분야에서 어떤 직업을 가지고 무슨 일을 하든지와 상관없이 누구나 주어진 일을 잘해 원하는 성과를 내고 성공하고 싶어 한다. 궁극적으로는 그 과정에서 성취감과 존재감을 느끼고 행복해한다. 이러한 목적을 이룬 사람도 있고 그렇지 못한 사람도 있다. 안타까운 것은 누구보다 애쓰고 나름대로 최선을 다했는데 성과를 못 낸 사람들이다.

나 역시 학창 시절 나름으로 열심히 공부했는데 원하는 성적을 얻지 못했다. 이는 나에게 패배감과 열등감을 가져다주었다. 그뿐 아니라 살아오면서 재정관리나 투자나 회사에서의 성과창출 등에서 좋은 결과를 내는 방법을 알지 못해서 잘못된 판단과 선택으로 많은 기회비용을 지불했다. 돌이켜 생각해보니 세상만사는 나름의 원칙과 공식과 메커니즘이 있음을 조금씩 알게 된다. 말하자면 모르는 길을 갈 때 내비게이션 덕택에 원하는 목적지에 무사히 갈 수 있는 것처럼 우리 인생에도 길이 있고 방법이 있다는 것이다.

성공한 사람들의 특징

나는 직장생활을 하면서 다양한 분야에서 소위 성공했다는 사람들을 접할 수 있었고 무엇이 그들을 성공으로 이끌었는지 궁금했다. 반대로 노력만큼 성과를 얻지 못하는 사람들은 어떤 연유일까에 대해 생각을 해 보았다. 물론 태어날 때부터 유리한 환경에서 시작한 사람도 있고, 타고 난 재능이 남다른 사람도 있고, 운이 따라준 사람도 있고, 좋은 지도자를 만난 예도 있었지만 그러한 것들을 배제하고 **성공적인 사람들의 특징**을 요약해보면 다음과 같았다.

첫째, 삶의 여정에서 올바른 선택을 하고 방향을 잘 잡는다.

앞에서도 언급했지만, 인생은 끊임없는 선택의 연속이다. 그들은 누군가의 도움을 받았든 아니면 자신의 노력으로 통찰력을 가졌든 그것도 아니면 절묘하게 운이 좋았든 방향 선택을 잘한 사람들이다. 얼마 전 도박으로 엄청난 돈을 날리고 노숙자가 된 사람의 인터뷰 기사를 읽었다. 정말 수년간 몇 날 며칠을 잠을 자지 않고 온 힘을 다해 도박장에서 애썼지만 모든 것을 잃었다는 것이다. 잘못된 방향은 갈수록 목적지와 더 많이 빗나가게 된다. 열심히 노력할수록 오히려 성공과는 멀어지게 되는 것이다. 그래서 방향이 중요하다. 올바른 선택을 위해서는 두말할 것도 없이 경험자의 조언을 듣거나 스스로 공부하여 지식을 쌓고 통찰력을 길러야 한다. 고집과 무모한 아집은 안 된다. 무엇보다 열린 마음으로 지혜로운 사람들의 말을 경청하는 것이 방법이다.

둘째, 본인이 하는 일의 본질을 꿰뚫어 보고 있다.

업의 본질이란 말이 있다. 모든 업에는 그 업 나름의 본질과 메커니즘이 존재한다. 이 점은 단순히 책이나 이론으로는 알 수가 없다. 다만 오랜 시간 그 분야에 일하면서 업의 본질과 메커니즘을 경험한 사람만이 알 수 있는 법이다.

얼마 전 금융업종에서 20여 년을 근무하다 회사를 떠나 요식업을 성공적으로 운영하는 후배를 만났다. 그 후배가 음식업을 하면서 있었던 여러 이야기를 들려주었다. 20여 년의 금융기관 경험은 요식업에서는 아무런 도움이 되지 못했다고 한다. 그래서 5년간 형이 하는 음식점에서 배운 후 창업을 했다고 한다. 성공에 대한 환상만 가지고 그냥 덤벼들면 100% 망할 수밖에 없다. 음식의 맛, 좋은 식자재를 납품받는 일, 종업원과의 관계, 새로운 경쟁자의 출현에 대비하는 것과 시간대별 손님의 차이 등을 실감 나게 이야기해주었다.

운동 세계의 속성이 있고, 연예계의 속성이 있고, 전자사업의 본질이 있다. 유통업의 본질과 제조업의 그것은 다를 것이다. 때에 따라 업종의 사이클이란 것도 있을 수 있다. 이런 점을 모르고 덤벼들면 성공할 수 없다. 수많은 인수·합병이 성공보다 실패로 끝나는 이유가 업의 본질을 습득하기까지 긴 시간이 걸리기 때문이다.

몇년 전 모 그룹의 재무담당 부사장과 운동을 한 적이 있다. 그런데 수년 전 내가 다니던 회사의 주인이 바뀌는 과정에서 그날 내가 접대하는 회사가 내가 다니던 회사의 인수 후보자였던 기억이 났다. 내가 접대하는 터라 상대가 기분이 좋을 만한 이야기로 환심을 살 요량으로, 우리가 한 가족이 될 뻔했다고 이야기를 했다. 그런데 그분이 정색하면서 사실 자신이 그 협상을 가장 강력하게 반대했다는 것이다. 머쓱해서 이유가 뭐냐고 물었더니 자신이 몸담은 그룹은 전통적으로 제조업에 기반을 둔 회사라는 것이다. 금융이란 제조업과는 본질에서 다르고 더욱이 보험업은 더욱 특수하다는 것이다. 그러나 자신의 그룹에는 금융업에 대한 경험도 인재도 없고, 오직 제조업 분야의 경험과 제조업 생태계에서 성장한 사람뿐이라는 것이다. 실제로 자신의 그룹에서 금융업을 성공한 예도 없다는 것이다. 그래서 반대했고 자신의 반대가 그 협상의 무산 이유는 아니겠지만 지금도 그 소신에는 변함이 없다고 했다.

시간이 가도 그분의 이야기가 내 마음에서 떠나지 않았다. 업의 본질을 알고 그 업의 메커니즘을 정확히 알고 이를 수행할 인재를 육성하기가 말처럼 쉬운 것은 아니다. 그래서 유사한 업종이거나 시너지를 내는 경우가 아니고 전혀 다른 업종에 진출하다 보면 소위 '승자의 저주'라는 말처럼 인수·합병이 실패하는 경우가 많다. 월급쟁이들이 회사를 나와서 잘 모르는 분야에 의욕만 가지고 진출하여 실패하는 것도 유사한 예라 할 수 있다.

어떻게 하면 업의 본질을 알고 위험을 줄일 수 있을 것인가? 의외로 간단한 방법이 있다. 먼저 자신이 모든 것을 잘할 수 있다는 생각을 버려야 한다. 우리는 흔히 직급이 높거나 성공 경험이 쌓여가면 어떤 것이라도 잘할 수 있다는 자기 과신에 빠질 수 있다. 이건 착각이다. 축구 국가대표 선수가 야구 국가대표 선수는 될 수 없다. 그런데 현실 사회에서 이런 일이 자꾸 일어난다. 예를 들자면 특정 분야에서 오랜 고생과 난관을 극복하고 성공한 사람이 다른 분야에 진출하여 바로 잘할 수 있으리라 생각하는 것이다. 높은 산에 오른 사람이 다른 산을 오르려면 산을 하산한 후 다시 다른 산을 올라야 하는데, 정상에서 정상으로 바로 갈 수 있다고 생각하는 격이다. 속도와 비용은 줄일 수 있다고 해도 업의 본질과 메커니즘은 다시 터득해야 한다. 그다음은 해당 분야에 정통한 사람을 활용하는 것이다. 본인의 한계를 명확하게 인정하고 자신이 잘할 수 있는 일에 집중하고 모르는 분야는 그 분야의 전문가에게 맡기는 것이 훨씬 효과적이다.

부자 3대란 말이 있다. 이 말은 여러 가지의 경우를 설명하기 위한 말일 것이다. 1대 부자는 어려운 일부터 경험하면서 천신만고 끝에 부를 이루었을 것이다. 2대는 1대가 고생하는 것을 눈으로 목격하고 최소한 간접경험이라도 했을 것이다. 3대는 할아버지 시절의 환경을 전혀 모르고 자랐을 것이다. 당연히 업의 본질이나 메커니즘을 경험하기 어려웠을 것이다. 문제는 3대에게 중요한 일이 맡겨졌을 경우이다. 리더십의 문제가 발생할 소지가 있는 것이다. 물론 청출어람인 경우도 많다. 그러나 업의 본질을 모른 채 하는 의사결정은 때에 따라 엄청난 기회비용을 지불하게 된다. 이런 현상은 곳곳에서 일어난다.

요즈음은 컨설팅 업체들이 성업 중이다. 물론 현업 종사자가 보지 못하는 미래 지향적이고 글로벌한 관점의 시각이 중요할 수 있다. 그러나 현업을 전혀 모르는 이론가의 약점은 존재한다. 그래서 업의 본질에 정통하며 혁신정신으로 무장한 사람에게 맡겨야 한다. 문제는 정통한 사람을 어떻게 찾느냐이다. 이것은 인사에 관한 문제이다. 인사에 관한 설명은 지도력을 다룬 부분에서 설명하겠다. 나 역시 내가 잘 모르는 분야의 보직을 맡으면서 지금까지 내가 언급한 방법이 옳았음을 경험했다.

셋째, 자기정체성을 알고 사명감이 있다.

오래전 일이다. 막 입사했을 때 나는 내 일에서 사명감이나 보람을 느끼지 못했다. 대학을 갓 졸업한 20대 청년이 대부분 40~50대인 여성 인력을 관리하면서 성과를 창출한다는 것은 여간 버거운 것이 아니었다. 무엇보다도 매일 매일 여성들과의 소통이 쉽지 않고 일 자체가 근사하게 느껴지지도 않았다. 사람들이 좋아하지도 않는 업종에 종사한다는 것 때문에 자부심도 느껴지지 않았다. 그러나 시간이 가면서 사람들이 기간이 길고 당장 효과를 느끼지도 못하는 보험을 자발적으로 가입하는 것은 어려운 일이지만 우리의 삶에서 보험은 꼭 필요한 것이라는 것을 알게 되었다.

무엇보다도 유일하게 이 일을 하는 사람이 설계사란 것도 알게 되었다. 게다가 당시 설계사들은 가정 형편이 녹록지 않은 분들이 많았고 생존을 위해 일할 수밖에 없는 분들이라는 것을 깨달아갔다. 누군가에게 딱히 환영받지 못했지만, 이곳에서 희망과 꿈을 가지고 자녀와 가족을 위해 일하는 분들이었다. 나는 그분들을 도와주는 관리자라는 사실을 알게 되자 이 일에 인생을 걸 가치가 있다는 생각이 들었다. 나에게 이런 깨달음은 너무나 중요한 문제였다. 그것은 나의 정체성과 사명감을 일깨우는 것이었기 때문이다.

설계사들도 마찬가지였다. 사람이 살아가다 보면 누구나 생존의 위험과 사망의 위험과 노후의 위험을 직면하게 된다. 그것이 엄연한 현실임에도 사람들은 당장 급한 일에만 신경 쓸 뿐 먼 미래에 발생할 현실적인 문제를 해결하기 위해 경제적 부담을 자발적으로 준비하기는 쉬운 일이 아니다. 이 문제를 해결해주는 사람이 바로 설계사이다. 물론 자신의 소득을 위해 일한다 해도 본인의 사명과 역할을 잘 아는 사람이 일에 임하는 자세는 다를 수밖에 없다. 그래서 본인이 하는 일의 정체성을 아는 것은 중요하다.

요즈음 곳곳에서 소위 엘리트란 사람들의 일탈을 보고 있다. 돈만이 점점 중요한 가치로 여겨지고, 곳곳에서 발생한 사건의 이면에는 돈과 관련된 것들이 많다. 그들이 지식과 기술과 전문성을 가졌는지 모르지만, 그들에게 정작 필요한 자기정체성과 그 일에 대한 사명감 부족이 빚은 참사라는 생각을 지울 수 없다. 사람들이 자신에게 주어진 사명을 저버리고 탈선하거나 부패하는 경우의 대부분은 바로 자기정체성과 사명감의 부재에서 오는 경우가 많다. 공직자의 사명, 언론인의 사명, 의사의 사명, 선생의 사명, 종교지도자의 사명과 국민의 사명이 있다. 그들이 자기정체성과 사명을 저버리고 돈만을 목적으로 할 때 그 폐해는 고스란히 공동체의 몫이 된다. 어떻게 하면 자기정체성과 사명감을 자각할 수 있는가? 그것은 앞에서 언급한 성장과 더불어 성숙한 삶을 회복하는 것 외에는 답이 없다고 생각한다.

넷째, 정신세계가 남다르다.

정신세계는 사람이 행동하는 에너지의 근원이 된다. 여기에는 비전이나 꿈이나 불안 극복이나 인생의 목적과 같은 보편적인 것도 있고, 자신의 경쟁력을 업그레이드하려는 자기계발의 노력도 있고, 공동체적 사명을 다해서 좀 더 품격 있는 사람이 되고자 하는 것도 있다. 과학이 발달하고 소위 디지털 시대에 살면서 점점 더 정신적인 부분을 소홀히 생각하는 경향이 커진다. 과거에는 지나치게 정신력을 강조했다면 요즈음은 지나치게 정신적인 부분을 가벼이 여기는 경향이 있다. 의식의 전환이 중요하다. 일은 인간이 하는 것이고 결국 인간의 경쟁력은 정신세계인 것이다. 이 부분이 삶을 차별화하는 에너지이다.

다섯째, 일의 방정식을 알고 있다.

소위 말하는 'KASH^{knowledge, attitude, skill, habit} 법칙'이란 것이 있다. 성공한 사람들은 이 네 가지를 자연스럽게 체화하고 있었다. 그들은 업에 대한 지식을 가지고 있고 남다른 태도를 견지할 뿐만 아니라 차별화되는 기술과 좋은 습관을 지니고 있다는 것이다. 그들은 보통 사람과는 비교가 안 될 정도로 강한 정신력을 가지고 있었다. 그다음으로는 몸에 밴 좋은 습관을 지니고 있었다. 운동하는 습관, 책을 읽는 습관, 시간 관리를 잘하는 습관, 주변을 돌보는 습관, 가족과 좋은 관계를 유지하는 습관을 지니고 있었다. 좋은 습관은 하루아침에 만들어지지 않는다. 습관의 중요성은 아무리 강조해도 지나치지 않을 것이다. 마지막으로 차별화되는 기술과 다양하고 실천적인 경험이 있는 경우가 많다.

여섯째, 사람들과의 관계를 잘한다.

인간은 사회적 동물이라 했다. 우리는 다양한 사람들과 협업을 통해 인생문제를 해결해간다. 그러나 인간의 본성 중에는 이기적인 면이 많다. 그래서 이 둘이 상충하는 것이다. 말하자면 사회적 동물인데 자기중심적인 셈이다. 인간관계가 어려운 이유이다. 나도 여러 가지 이유로 사람들을 많이 만난다. 대부분의 사람은 만남에서 상대에게 초점을 맞추고 상대 이야기를 경청하는 것이 아니라 자신의 의견과 자신의 이야기에 열을 올린다. 나 역시 예외는 아니다. 그래서 훈련이 필요하다. 좋은 인간관계 능력은 성공의 열쇠이다. 어떻게 하면 인간관계를 잘할 수 있을 것인가. 이 부분은 인간관계에서 자세히 다룰 것이지만 요약하면 다음과 같다.

사람들과 관계를 잘한다는 것은 무엇보다 상대에게 관심을 두고 배려하는 자세를 가지는 것이다. 내 문제에만 집중하고 내 처지에서만 생각하면 어떤 경우에도 인간관계는 불가능하다. 상대의 처지에서 생각해 보는 것이 인간관계의 첫걸음이다.

사람들은 칭찬받는 것을 좋아하기에 자랑질보다는 남을 칭찬해야 한다. 칭찬이 쉬운 것이 아니다. 이유 없는 칭찬은 상대를 기쁘게 하는 것이 아니라 불쾌하게 할 수도 있다. 영혼 없는 가벼움으로 여겨지기 때문이다. 칭찬을 잘하려면 상대가 가진 미세한 장점들을 찾아내야 한다. 그리고 그것은 상대에 대한 깊은 관심에서 나온다. 이런 칭찬이야말로 엄청난 감동을 주는 칭찬이 된다.

사람들은 배려받는 것에 감동한다. 이 또한 자기중심적인 인간의 속성상 노력이 필요하다. 관심의 방향이 나뿐만 아니라 남에게 있을 때 우리는 배려할 수 있다. 그다음으로 작은 것이라도 베푸는 습관이 몸에 배어야 한다. 이 또한 어렵다. 누구나 내 것이 아깝기 때문이다. 그러나 받은 사람들은 묘하게 이런 부분은 잘 기억한다.

정리해서 말하면 인간관계를 잘하려면 인간의 이기적인 본성과는 정반대로 행동해야 하는 경우가 많다. 말하기보다는 들어야 하고, 내 입장보다는 상대의 처지에서 생각해보고 배려해야 하고, 자랑하기보다는 칭찬해야 하고, 받기보다는 베풀려는 자세를 견지해야 한다.

마지막으로 성공한 사람들의 가장 큰 특징 중의 하나가 시간의 중요성을 알고 있으며 시간을 허투루 쓰지 않고 시간 관리를 잘한다는 것이다. 이 부분은 뒤의 NDP장에서 상세하게 설명하겠다. 내가 이 책을 쓰게 된 이유이기도 하다.

인간은 시간을 통해서 성과를 만들어낸다. 하루는 24시간이고 1년은 365일이다. 누구에게나 시간의 길이는 같지만, 시간을 활용하는 사람은 천차만별일 것이다. 빌 게이츠는 5분 단위로 시간을 쓴다고 했다. 철학자 칸트의 산책 시간을 보고 이웃들이 시계를 맞추었다는 일화가 전해진다. 시간 관리를 잘한다는 것은 좋은 습관이 몸에 배어 있다고 봐야 한다. 사회적으로 성공한 사람일수록 시간을 효율적으로 관리하기 마련이다.

성공 결과의 불일치

이상에서 살펴본 것과 같이 성공한 사람들은 명확한 특징을 가지고 있고 공식이 있다. 그런데 누구나 그 원칙대로 행동하면 유사한 성과를 담보할 수 있을 것 같은데 **모두가 성과를 얻지 못하는 이유는 무엇일**

까? 나는 다음에서 열거하는 **여러 가지 불일치 때문이라고 생각한다.**

첫째, 사람들은 과정보다 결과에만 열광한다. 그러나 원인 없는 결과는 없다. 일의 성과는 프로세스에서 나온다. 결국, 인풋^{input}이 있고 프로세스가 있어야 성과가 있는 것이다. 그러나 사람들은 이 프로세스에 참여하는 것을 버거워한다. 말하자면 좋은 성과를 원하지만, 성과를 만들어내는 프로세스에 참여하기는 싫은 것이다.

둘째, 사람들은 적은 노력으로 최대의 효과를 원하지만, 아웃풋^{output}**은 투입된 인풋에 비례한다.** 아마존의 일하는 방법을 다룬『순서 파괴』*란 책에서 인상 깊은 구절이 나온다. 대부분의 기업은 아웃풋에 관한 각종 지표나 구체적인 목표들에 민감하다. 그러나 아마존은 아웃풋 지표보다 인풋 지표에 훨씬 더 집중한다는 것이다. 나 역시 매년 매월 매주간의 각종 사업계획과 목표들에 수십 년간 시달려왔다. 그리고 그러한 각종 지표를 만들어내기 위해 많은 인재가 매달리는 것을 오랫동안 보았다. 그렇게 설정된 각종 도전 지표나 목표들이 현실과 많은 괴리가 존재하는 것을 지적하곤 했다. 그러나 그러한 업무행태가 잘 바뀌지 않았다. 인풋부터 점검하는 것이 아니라 아웃풋을 정해놓고 과정을 맞추는 것이다. 때로는 이와 같은 탑 다운^{Top Down} 방식이 효과적일 때도 있지만 이 과정에 조정과 소통이 절대로 필요하다.

그러므로 우리가 집중해야 하는 것은 아웃풋이 아니라 인풋이다. 난 직장생활 내내 인풋에 훨씬 비중을 두고 일했다. 그리고 거의 항상 내 믿음이 틀리지 않았음을 경험을 통해 알고 있다. 아마존에도 아웃풋 지

---

*『순서 파괴』: 콜린 브라이어, 빌 카, 다산북스, 2021.

표들이 없는 것은 아니지만 모든 인풋 지표들을 수치화한다는 말에 내 생각이 틀리지 않았다고 생각해보았다. 그렇다. 인풋에 집중해야 한다. 모든 퍼포먼스는 프로세스에서 나온다. 내가 이 책 전체에서 하고자 하는 말도 결국 이 말인지도 모르겠다.

1998년 4월 오랫동안 부진한 지역단에 부임 후 전 조직 앞에서 과정 없이 결과 없다는 이야기를 쉽게 전달하고 싶어 유치하면서 단순한 이벤트를 했다. 내가 반쯤 사용한 치약과 칫솔을 들고 500여 명 앞에서 말했다. "여러분이 아무리 급하다 해도 치약을 칫솔에 묻히려면 치약을 아래부터 짜야지 급하다고 거꾸로 쑤셔 문지른다고 치약을 칫솔에 묻힐 수 없지 않습니까?" 한번은 이런 적도 있었다. 고무줄을 당기면서 "고무줄이 무한히 늘어나는 것은 아니다. 어느 정도 늘어나면 그다음은 끊어진다." 이런 여러 가지 퍼포먼스를 통해서 내가 말하고 싶었던 것은 프로세스와 인풋에 집중하자는 것이었다.

원인 없는 결과는 없고 과정만 맞는다면 결과는 어느 정도 예측이 가능하다는 나의 오랜 소신을 설명한 것이다. 그뿐만 아니라 사람들은 투입된 인풋에 비해 높은 성과를 원한다. 최소비용에 최대효과를 원한다. 그러나 실제는 어떤가? 비즈니스란 상대가 있는 법이다. 최소의 노력이나 최소한만 투자하는 사람에게 최대의 효과를 안긴다면 그 상대편은 속았거나 당한 것으로 인식한다. 오히려 나는 반대로 생각한다. 10,000원을 지급하고 20,000원의 가치를 누린 사람과 반대로 10,000원을 지급하고 5,000원의 가치를 받은 사람을 생각해보자. 전자는 고마운 마음과 빚진 마음을 느끼지만, 후자는 속았거나 억울한 느낌을 받을 것이다. 당연히 누구와 계속 관계를 유지하고 싶겠는가?

셋째, 일하는 사람은 즉시 결과를 원하지만, 성과는 시간이 필요하다. 성과 시기에 대한 불일치인 셈이다. 운동을 처음 시작한 사람이 오랜 훈련과 경험을 통해 오를 수 있는 경지에 쉽게 오르고 싶어 한다. 단기간에 외국어를 구사하고 싶어 한다. 적은 노력으로 악기를 다루고 싶어 한다. 노력 없이 행복해지고 싶어 한다. 그러나 세상에 이런 것은 하나도 없다. 조직에서도 전임자가 계획한 정책의 효과가 후임자 시기에 올 수도 있고 반면 나는 씨를 뿌렸지만, 자식 때 가서야 거둘 수도 있는 법이다. 국가나 기업이나 가정에서도 이런 일은 언제나 존재할 수 있다. 누군가가 일이 잘 풀리면 "전생에 조상들이 나라를 구하셨나 보다."라고 덕담을 하곤 한다. 아마 장기간에 걸친 원인과 결과의 필연성을 이야기하는 것이 아닌가 한다.

네 번째, 성과의 대상이다. 사람들은 내가 노력했으니 그 결과도 내 몫이 되길 바란다. 때에 따라 노력은 내가 했으나 성과는 엉뚱한 사람에게 돌아가는 예도 있는 법이다. 독립운동으로 고난을 받으신 애국지사의 덕을 후손이 누린다. 민주화 투쟁으로 희생한 사람 덕에 우리는 민주화된 세상에 산다. 지금도 환경문제, 인권문제 등 수 많은 분야에서 헌신하는 사람들이 있다. 그분들에게 모든 성과가 돌아가지는 않는다. 그분들 덕에 뒤에서 누리는 나로서는 감사하고 고마운 일이다.

다섯 번째, 세상 반응의 불일치이다. 일하는 사람은 본인 인생이 걸린 문제이기에 하는 일에 대해 생각도 많이 하고 고민도 많이 하고 온 마음을 다해 임할 수밖에 없다. 그러나 그 일에 대한 상대방의 반응은 단지 남의 문제일 수밖에 없다. 인간은 남의 문제에 관심이 없다. 오직 자신의 문제에만 집중하고 살아간다. 이 점은 매우 큰 불일치이다. 그래서 열정적으로 일에 임한 사람일수록 실망은 클 수밖에 없다. 사업을 시작하는 사람치고 성공하고 싶지 않은 사람이 어디 있겠는가? 그러나 대부분 본인의 생각처럼 세상은 반응하지 않는다. 그래서 실망하게 되고 포기하고 만다. 기껏해서 마음을 추스르고 다시 도전한다고 해도 세상은 조용하기만 할 뿐 반응하지 않는다. 이런 과정에 도전자들은 서서히 포기하게 되고, 극소수의 사람만이 최후의 성과를 접하게 된다.

『사자도 굶어 죽는다』*는 책에 미국의 소매상협회 조사에 의하면 '외판원의 방문을 받으면 고객은 일차적으로 무관심과 귀찮음과 거부감을 표한다'고 쓰여 있다. 첫 번째 거절을 받으면 외판원의 48%가 포기하게 된다고 한다. 두 번 권유한 사람이 25%이고, 세 번 권유한 사람이 15%이고, 세 번이나 퇴짜 맞고 네 번째 도전하는 사람은 12%에 불과하지만, 그 모든 거절을 극복한 12%가 전체매출의 80% 이상을 올린다는 것이다.

이처럼 나의 바람과 입장과 상대방의 입장이나 반응은 다르다.

---

*『사자도 굶어 죽는다』: 서광원, 위즈덤하우스, 2008.

3. 경쟁력 UP

　1995년 연말 송년 잔치 때의 일이다. 행사를 위해 연예인을 섭외하기로 했다. 난 멋도 모르고 가수 나훈아 씨를 초대하겠다고 선언했다. 당시 행사 관련 이벤트사를 통해 알아보니 우리 같은 조그만 행사에는 오지도 않지만, 설령 온다고 해도 공연조건을 갖추어야 하고 감당하기 어려운 비용이 소요된다고 했다. 궁여지책으로 나훈아 씨를 모창하여 유명해진 가수 너훈아 씨를 섭외하여 행사를 진행했는데, 내 관점에서 모창 가수 너훈아씨도 훌륭했던 것으로 기억하고 있다.

　2020년 대한민국 축구 1부 리그의 평균연봉은 1.9억 원이고 2부 리그의 평균연봉은 5천만 원이라 한다. 반면 세계에서 가장 인기 있는 영국의 프리미어리그의 2021년 평균연봉은 290만 파운드(약 46억 원)라 한다. 오랜 세월 훈련한 그들의 미세한 실력 차이가 엄청난 보상의 크기를 만든다. 이것이 바로 경쟁력의 차이이다.

경쟁력의 의미

　경쟁력의 사전적인 의미는 '**남과 비교하여 남이 할 수 없는 것을 할 수 있는 능력**'이라 한다. 어찌 보면 우리가 하는 대부분의 노력은 자신의 경쟁력을 개발해서 보다 나은 보상을 얻기 위함인지도 모른다. 남보다 더 강한 정신력을 가진 사람, 남이 가지지 않은 지식이나 기술이나 재능을 가진 사람, 남이 못 보는 미래를 보는 사람, 심지어 남이 가지지 못한 타고난 환경이 늘 경쟁력이 되어왔다. 그리고 개인이나 기업이나 심지어 국가마저 이러한 경쟁력의 영향을 받는다. 개인의 경우 직업과 소득에 영향을 미친다. 기업은 매출이나 수익성에 결정적 요인이 된다. 국가의 경우 위상이나 국력에 심대한 영향을 미친다.

운동선수 중 타이거 우즈나 손흥민, 류현진처럼 개인으로서 엄청난 부를 축적한 선수나 송해 선생님이나 김형석 교수님처럼 고령임에도 왕성하게 일하는 분들은 개인적으로 탁월한 경쟁력을 가진 경우들이다. 기업에서는 삼성전자, 네이버, 카카오, 구글, 아마존, 페이스북, 마이크로소프트 같은 경우는 기업으로서 경쟁력을 가진 경우이다.

시대를 초월하여 경쟁력이 없으면 누군가에게 희생을 당하거나 지배를 당하거나 생존의 비용을 치러야 했다. 그러므로 사람들은 경쟁력을 업그레이드하기 위해서 교육과 훈련을 받고 국가는 산업과 과학을 발전시켜 국력을 키우기 위해서 고군분투하는 것이다.

한편 경쟁력을 결정하는 조건들은 시대적으로 변해왔다. 인간이 신체로 농사를 짓던 농경사회 때와 재래식 전쟁을 했던 과거에는 남자의 숫자가 경쟁력이었다. 그래서 남아선호 사상이 강했다. 한편 신분사회에는 태어나면서 어떤 신분을 타고났느냐가 중요했고 산업사회에서는 학력이 중요한 경쟁력이 되었다. 학력이 보편화되고 노동이 기계로 대체되면서 불과 얼마 전만 하더라도 대단했던 경쟁력이 이제는 그 위세를 잃어가고 있다. 일본에서 봉건시대가 끝나면서 칼잡이 사무라이 등의 위상이 사라져버린 것도 한 예이다.

나는 경쟁력을 결정하는 요소는 그 시대가 요구하는 능력이라고 생각한다. 나는 1960년대에 초등학교에 다녔다. 그 당시에는 전쟁 후 베이비붐 세대들이 폭발적으로 태어난 시대였다. 당시 초등학교 한 반의 정원이 70명을 넘었고 학교와 교사가 부족해서 오전 오후반으로 나누어 운영할 정도였다. 그래서 시골 학교의 교사 중에는 농고를 졸업하고 단기 교사 양성소를 이수하신 분들이 교사로 채용되신 경우도 많았다. 당시는 고등학교 졸업장으로도 굉장한 경쟁력이 되었다.

내 사촌 형 중의 한 분은 중학교 다닐 때 잠시 한눈을 팔다가 학업을 소홀히 하였다. 고등학교에 진학하여 뒤늦게 정신을 차려 보니 본인의 학력이 심히 뒤처진 것을 발견했다. 진로를 바꿔 대학 대신 은행에 취업할 요량으로 주산에 도전해서 주산자격증 고단자가 되었다. 그런데 그분이 졸업할 무렵에 전자계산기가 널리 보급됐다. 계산기가 보급되면서 주산자격증은 그 위력을 잃었다.

내가 대학생 시절만 해도 컴퓨터가 보급되기 전이었다. 학교나 회사에서 리포트나 보고서를 손으로 써야 했기에 글씨를 잘 쓰는 것도 대단한 경쟁력이었다. 취업 시즌에는 어학 실력이나 간단한 컴퓨터 실력도 경쟁력이었다.

최근에는 넘치는 고학력자들로 인해 대학 졸업장은 경쟁력을 상실했다. 요즈음은 특정 직업군의 자격증이 젊은이의 로망이 되고 있다. 과거에 저평가되었던 연예인이나 체육인들이 엄청난 부와 명성을 얻고 있어서 그들이 어린이들의 꿈이 되고 있다. 4차 산업혁명 시대에는 우리가 상상할 수 없는 변화가 일어날 것이다. 지금 인기 있는 직업군이 사라지고 또 다른 인기 직업군이 생겨날 것이다.

이처럼 시기에 따라 경쟁력이 되기도 하고 더는 경쟁력이라 할 수 없는 것들도 있기 마련이다. 한편 사람들의 나이에 따라 요구되는 경쟁력도 달라진다. 인생 1막을 살아가는 10대에는 인생을 살아갈 기본기를 배우고 자신의 재능을 발견하는 시기이다. 이때는 재능을 발견하는 것과 학업성적이 경쟁력이 될 것이다. 20대라면 직업을 가져야 하기에 이에 필요로 하는 역량을 갖추는 것이 경쟁력이 될 것이다. 취업하여 직업전선에 있는 30대와 40대들은 사회생활에 적응하고 성과를 내는 것이 자신들의 몸값에 영향을 미친다. 50대가 되면 구체적인 업무역량도 중요하지만, 인간관계나 리더십과 무엇보다 소통과 공감 능력이 더 중요해진다. 최근에 사회 지도급 인사들이 그 위치에 걸맞은 경쟁력을 상실해서 한순간에 모든 것을 잃는 것을 우리는 목도하고 있다. 60대 이후가 되면 건강이나 성숙함 또는 재정적 준비상태가 경쟁력이 될 수도 있을 것이다

유대인의 경쟁력

민족의 경쟁력을 이야기할 때 좋은 사례가 유대인이다. 유대인에 대한 다양한 관점에서의 평가가 있으므로 그들의 경쟁력을 미화할 생각은 없지만, 여기서는 유대인의 생존에 국한해서 말하고자 한다. 얼마 전『유

대인 이야기』*를 흥미롭게 읽은 적이 있다. 유대 민족은 우리 민족처럼 5,000년 역사를 가지고 있다. 우리나라도 5,000년 역사 가운데 수많은 전쟁을 경험했고 고난과 역경을 이겨온 민족임을 우리는 알고 있다. 그러나 유대 민족이 겪은 고난과 역경은 우리와는 비교조차 할 수 없을 정도로 참혹하다. 우리나라도 5,000년 역사에서 원나라의 지배를 받기도 하고 잠시 국권침탈로 나라가 없어진 적도 있었지만 모든 민족이 뿔뿔이 흩어져서 한반도를 떠나본 적은 없었다.

반면 유대인은 수많은 침략전쟁을 당하면서 민족이 대규모로 노예로 끌려가고 복귀하기를 반복하다가 로마제국의 지배를 받게 된다. 로마를 상대로 독립투쟁을 하지만 결국 패하게 되어 뿔뿔이 흩어진 그들은 긴긴 세월을 나라 없이 살아야 했다. 그러다가 1948년에 기적적으로 독립을 하게 된다. 거의 2,000여 년의 세월이 흐른 뒤의 일이다.

상상이나 되는가? 우리 역사로 말하면 고조선이 망하고 전 세계로 뿔뿔이 흩어져 민족의 정체성을 유지하면서 2,000년을 살아오다 나라를 다시 세운 격이라 할 수 있다. 막연히 세계사의 한 사건으로 보기에는 너무나 놀라운 일이다. 무엇이 이것을 가능하게 했을까?

이스라엘은 인구가 대한민국의 서울 인구 정도밖에 되지 않고 면적도 우리나라의 경상남북도 정도밖에 되지 않는 나라이다. 유시민의 『거꾸로 읽는 세계사』**에서 보면 전 세계에 거주하는 유대인까지 확장해도 유대인은 1,500만 명에서 1,800만 명 정도라 한다. 그런데도 그들이 배

---

*『유대인 이야기』: 홍익희, 행성B, 2013.
**『거꾸로 읽는 세계사』: 유시민, 돌베개, 2021.

출한 인물들을 보면 놀라움을 넘어서 경이롭기까지 하다. 여기서 그 이름을 거명하기조차 어려울 만큼 걸출한 사람들이 많다. 전 세계 금융계의 가장 강력한 가문이라 하는 로스차일드 가문, 과학자 아인슈타인, 영국 총리 벤저민 디즈레일리, 미국 국무장관 헨리 키신저와 매들린 올브라이트, 독일 총리 헬무트 슈미트, 영화감독 스티븐 스필버그, 지휘자 레너드 번스타인, 학자 중에는 프로이트, 촘스키, 재레드 다이아몬드, 칼 세이건 등 이루 헤아릴 수조차 없다. 도대체 어떤 경쟁력이 이 조그만 민족이 세계사에 지대한 영향력을 발휘하게 했을까? 물론 나는 이것을 깊이 있게 연구한 학자가 아니지만 『유대인 이야기』에서는 다음과 같이 증언하고 있다.

첫째, 그들은 종교적 동질성으로 결속된 민족이다. 유대인의 정의는 피부색이나 지역적 개념이 아니다. 인종과 상관없이 유대종교로 개종하면 유대인으로 간주한다. 그래서 유대인 중에는 ~계가 유독 많다. 일본계 유대인, 폴란드계 유대인, 독일계 유대인이 바로 그런 개념이다. 종교적 신념은 그 어떤 것보다도 강한 힘이 된다. 사람들이 목숨을 걸 수 있는 가치는 많지 않다. 아무리 돈이 귀해도 돈과 목숨을 바꾸지는 않는다. 그러나 종교적 신념 앞에서는 목숨을 과감히 버린다.

둘째, 교육의 힘이다. 다른 어느 민족보다 그들은 어린 시절부터 철저한 가정교육을 받는다. 지금이야 세계 대부분 지역에서 문맹률이 낮아졌지만, 과거에는 그 어떤 민족도 문맹률이 낮지 않았다. 그러나 그들은 수천 년 전부터 13세만 되면 일종의 의무교육을 했다. 그것도 체계적으로 시킨 것이다. 그래서 그들은 비록 나라 없이 떠도는 신세였지만 세계 어디에 있든 머리와 지식을 가지고 하는 일을 할 수 있었다.

셋째, 남다른 위생 관념이다. 그들의 위생 관념은 종교적이랄 만큼 철저했다. 의료기술이 발달하지 않았고 전염병이 주기적으로 창궐했음에도 그들은 몸에 밴 위생 관념 덕에 상대적으로 피해를 최소화하고 생존할 수 있었다.

넷째, 공동체적 삶과 기부문화이다. 나라가 없어 공권력의 보호를 받지 못했기에 그들은 가족애와 같은 공동체 정신으로 서로를 돕는 전통을 유지했다. 어린 시절부터 동족을 책임지는 자선과 기부는 필수적이었다. 그래서 낙오된 동료를 공동체적 관점에서 도왔다. 일종의 패자 부활전이 가능했다.

마지막으로 유대인들은 당시 인간의 생존에 절대적인 땅을 소유할 수 없었다. 그래서 그들은 금융과 상업과 무역과 기술에 종사할 수밖에 없었고, 이러한 업종에서 필요한 신뢰에 바탕을 둔 계약의 중요성을 일찌감치 터득하여 자연스럽게 국제감각을 키우고 그들만의 네트워크를 만들 수 있었다.

빛나는 삶을 위한 경쟁력

우리는 미래를 정확하게 알 수 없지만, 어느 정도의 미래는 예측해볼 수 있다. 문제는 예측하는 것과 예측하여 미래를 준비하는 것은 별개라는 것이다. 1990년대에 30년 후의 우리 사회를 예측하고 교육했다. 뭐 대단한 능력이 없어도 예측할 수 있는 것들이 대부분이었다. 그리고 지금 우리 사회를 보면 그때 예측과 크게 다르지 않다.

당시 누구나 평균수명이 길어지고 노후문제가 심각해지리라는 것을 알았다. 그리고 자녀들이 사회에 진출할 때 취업문제가 큰 문제가 되고 저출산이 사회문제가 되리라는 것을 모르는 사람은 없었다. 문제는 그런 미래사회를 위해 무슨 대비를 했느냐는 것이다.

나는 오래전부터 앞으로는 바른 인성과 정신적 성숙함이 굉장히 중요한 경쟁력이 될 것이라 말해왔다. 자본주의와 경쟁이 심화하는 사회가 되다 보니 언제부터인가 온통 눈에 보이는 물질적인 성공에 절대적인 가치를 두게 되었다. 사람다움이나 정신적 성숙함을 소홀히 여기게 되었다. 바른 인성의 사람이란 도덕과 윤리성을 바탕으로 상식을 갖추고 공동체 의식과 사회성을 함양하여 책임감 있는 사람을 말한다. 정신적 성숙함이란 몸에 밴 겸손과 배려를 통해 감사와 사랑을 알며 자족의 삶을 살 수 있는 사람이라 생각한다. 눈에 보이는 외적인 것을 성취했다 해도 정신적 성숙함이 없이는 결코 인생의 문제도 사회의 문제도 해결할 수 없을 것이다.

가진 자들의 일탈로 최근에 사회를 뜨겁게 달구었던 사건들을 보자. 유학생 마약사건, 땅콩 회항 사건, 운전기사 폭행 사건, 성범죄 등이 대표적인 성품과 인품에 관한 일이다. 성품이나 인품은 하루아침에 형성되는 것이 아니다. 오랜 시간을 두고 형성되는 것이다. 대중은 이제 그런 좋은 성품을 가진 사람에게 애정을 보인다. 최근에 재능도 재능이지만 좋은 성품으로 오랜 무명에서 벗어나 스타로 도약한 사람도 있고 좋은 성품으로 장기간 인기를 누리는 연예인들도 많다. 높은 경쟁력을 누구나 가질 수는 없다.

그렇다면 세상 대부분을 차지하는 **평범한 사람들이 어떻게 하면 자기만의 경쟁력을 가질 수 있겠는가?**

첫째, 인생설계를 잘해야 한다. 앞에서 이미 언급했듯이 우리는 이전의 세대보다 오래 살아야 한다. 긴 여정에 대한 구체적이고 현실적인 인생 설계를 하고 그 설계에 맞춰 존재감을 잃지 않고 살아갈 방법을 찾아야 한다.

둘째, 물질적인 성공뿐 아니라 정신적 성숙을 갖추어야 한다. 성공을 위한 노력과 더불어 성숙을 위한 노력이 필요하다.

셋째, 과거의 패러다임이 아니라 미래의 패러다임으로 살아갈 수 있는 변화를 받아들여야 한다. 이는 말처럼 쉬운 일이 아니다. 인간이 어린 시절부터 터득한 대부분의 교육은 윗세대들로부터 전수된 것이다. 이전 세대들은 자신이 경험한 것들을 가르친다. 문제는 그 중 상당수는 과거의 관행과 관습들이라는 것이다. 대표적인 것이 관혼상제 문화가 아닐까 한다. 그중에는 지켜야 할 것이 있고 버려야 할 것도 있다. 사람이 익숙한 것들과 결별하는 것은 쉬운 일이 아니다. 당연히 의지적인 노력과 용기가 필요하다.

마지막으로 이러한 경쟁력을 갖기 위해서는 끊임없이 미래의 모습을 그려보고 그러한 사회에서 효용 가치가 있는 역량을 충분한 시간 동안 준비해야 한다. 과거의 경쟁력이 미래에는 경쟁력이 되지 못할 것이다. 무엇보다 많은 부분이 AI와 같은 것으로 대체될 것이다. 그러나 어떤 경우에도 사람의 역할은 더 중요해질 것이고, 따라서 인간만이 가진 창의성이나 감수성, 그리고 오랜 시간을 두고 습득해야 하는 사람다움을 갖추어야 할 것이다.

스스로 질문해보자. **나의 경쟁력은 무엇인가?** 인생이 4막이나 될 만큼 길어진 이 시대에 나는 무슨 경쟁력으로 살아갈 것인가를 고민하고 준비해야 한다. 마치 100리 길을 가는 사람과 1,000리 길을 가는 사람의 준비물이 달라야 하는 것과 같다. 이것들을 깨달을 때 우리 각자는 빛나는 삶을 만들어갈 수 있다.

4. 인생 4막의 재정관리

건강, 학력, 관계, 재정, 일과 같은 요소 중 인생 4막을 빛나게 살기 위해서 가장 중요한 요소는 무엇일까? 우열을 가리기 힘들겠지만 나는 재정문제라고 생각한다. 왜냐면 인생 4막에 필요한 상당 부분을 재정으로 해결할 수 있기 때문이다. 재정의 안정이 필요충분조건은 아니더라도 필요조건임에는 분명하다. 따라서 재정에 관한 올바른 개념과 재정관리에 대한 훈련이 필요하다.

우리 삶에서 돈 만큼 중요한 도구가 있을까 싶다. 과거와 비교하면 최근에는 돈에 관한 이론이나 의미를 다룬 책도 많다. 나는 돈에 대한 이중적인 입장을 견지하는 사람들도 많이 만났다. 돈을 무시하면서 실제로는 돈에 굴복하거나, 돈을 절대시하면서 실제는 돈을 천박한 도구로 전락시키는 사람 말이다. 마치 요리사의 칼과 강도의 칼이 다른 것처럼, 돈에 대한 의미는 때에 따라 다르다. 누군가의 인생에서 돈은 더할 나위 없이 선한 도구이지만 누군가에게는 흉기가 되기도 한다.

나는 돈을 다루는 금융기관에서 31년을 근무했다. 그래서 재정관리에 성공한 사람과 실패한 사람들을 많이 만났다. 나는 돈을 이론적으로 다루거나 학문적 관점에서 다루고자 하는 것이 아니다. 그럴 능력도 없다. 나의 경험을 통해 현실 삶 속에서의 재정에 관한 이야기를 하고자 한다.

우리는 산업화 이전처럼 평생을 논밭이나 바다나 산에서 삶을 영위했던 사람들과 달리 지금은 산업현장에서 일한다. 그러나 원하는 나이보다 빨리 일터에서 퇴출당하고 그 후로 일이 없는 상태에서 긴 시간을 보내야 하는 시대에 살고 있다. 말하자면 **생애주기의 불균형이 생긴 것이다.** 이제는 인생 2막에 소득이 없는 시기도 준비해야 한다. 문제는 오늘을 감당하기도 쉽지 않은 상황에서 일터가 없어진 상태에서 자신의 소득이 가능했던 시간보다 소득이 없는 긴 시기를 살아야 한다는 것이다. 이런 문제는 산업화 이후의 세대가 처음 겪는 상황이기에 우리에게는 학습효과도 없다. 이 점에 대한 경험이 없기에 이런 미래에 대해 아무리 강조해도 선뜻 삶의 패턴을 바꾸지 못한다.

오래전 어떤 강사가 한국의 사교육비가 과함을 지적하면서 선진국의 중산층은 생활비 다음에 소득에서 최우선으로 노후대비를 하는 데 반해 한국의 중산층은 자녀의 사교육에 지나치게 많은 돈을 쓴다고 했다. 그래서 한국 부모들은 자식에게 늦게까지 투자하는 바람에 자신을 위한 대비가 안 된다는 요지였다. 결국 자신의 노후를 준비하지 못하고 자녀에게도 더 큰 부담이 된다고 말했다. 실제 선진국들이 그런지 확인해 보지 못했지만, 한국인의 노후대비가 부족한 것은 사실이다.

돈에 대한 자신은 그들이 처한 처지에 따라 천차만별일 것이다. 어린 시절부터 경제적 궁핍을 경험한 사람과 소위 금수저로 태어나서 한 번도 돈으로부터 오는 어려움을 경험해보지 않은 사람이 돈에 대해 전혀 다른 관념을 가질 것은 자명하다. 평범해 보이는 사람들이라 해도 각 사람의 재정을 들여다보면 겉으로 드러난 모습과는 완전히 다르다. 조상으로부터 자산을 물려받은 사람과 부모의 빚을 물려받은 사람은 다를 수밖에 없다. 부양의 책임이 있는 사람, 부양의 책임으로부터 자유로운 사람, 홀벌이 가정, 맞벌이 가정의 차이도 크다. 따라서 모든 사람에게 동일하게 재정관리 방법을 적용할 수 없다.

　나는 젊은 시절 돈 관리에 실패했다. 이를 해결하기 위해 혹독한 대가를 치러야 했다. 내가 사업을 하다 망한 것도 아니고 평범한 직장인에 불과했는데 왜 돈관리에 실패했을까? 그것은 내가 돈에 대해 너무 무지했기 때문이다. 나 같은 베이비붐 세대의 어린 시절은 대부분 큰 차이가 없었다. 그 당시는 우리나라의 국민소득이 낮았고 농업이 차지하는 비중이 워낙 높았기에 특수한 사람 외에는 삶의 차이가 크지 않았다. 따라서 기본적인 의식주 문제가 고민이었을 뿐 삶의 비용 자체가 오늘날과는 달랐다.

　농사짓는 부모님과 살았던 어린 시절에는 돈문제가 뭔지도 몰랐다. 그러나 초등학교 6학년 여름방학 때부터 독립하여 자취생활을 시작하면서 돈문제에 직면하게 되었다. 난 동년배보다 빠른 나이에 생활인이 되어 또래와는 다른 경험을 일찍 하게 되었다. 시골에서 보내주는 최소한의 생활비가 전부였기에 돈이 항상 부족했다. 그 나이 또래에 먹고 싶은 것과 갖고 싶은 것들을 쉽게 가질 수 없었지만 포기하는 삶이 당연했다. 돈은 늘 부족했고 누구에게 원조를 받을 수도 없었다. '아버님 전상서'로 올리는 장문의 편지 후에 오랜 시간 기다려서 받게 되는 향토 장학금으로 돈 가뭄을 해갈하기에는 늘 역부족이었다. 농사짓는 시골에 현금이 있을 턱이 없으니 그냥 버티는 것 외에는 방법이 없었다. 부모님이 돈을 마련할 방법은 집에서 거두는 곡식을 파는 것 외에는 없었으니 그런 편지를 받은 부모님의 심정이야 오죽하셨겠는가? 그때의 현실이 그랬다.

　누구나 때에 따라 단돈 천 원도 융통할 수 없는 상황을 경험한 적이 있을 것이다. 학창 시절 한 번쯤 공교롭게도 땡전 한 푼 없는데 낯선 곳에 떨어진 경험과 같은 것 말이다. 이런 경우 정말 난감하지 않은가? 어디에 연락할 수도 없는 상황 말이다. 나는 교통비가 떨어져 두 시간 거리를 걸어야 하는 그런 경험도 여러 번 했다.

이런 기간이 꽤 오래 갔다. 그렇다고 나아질 기미도 없는 시절이었다. 대학 시절에는 다른 학우들도 시골에서 올라와 나와 같은 어려움을 겪는 경우가 비일비재했다. 나보다 더 어려운 환경에서 학업을 포기하고 직업 전선에 가야 했던 사람도 부지기수였다.

이처럼 절대빈곤의 상태는 누구나 빠질 수 있다. 나 역시 고3 때 아버지가 갑자기 돌아가시자 집안이 풍비박산 났다. 가까스로 대학에 들어간 후에도 내 삶은 궁핍했다. 등록금이야 어떻게 학자금대출로 해결할 수 있었지만, 문제는 일상의 생활비였다. 취업할 때까지 근 7~8년간 혼자 힘으로 삶을 책임져야 했다.

그런데 정작 돈에 대한 문제는 내가 직업을 갖게 되고 비교적 안정적인 수입을 얻기 시작하면서 발생하기 시작했다. 학창 시절에는 삶을 최소한의 경비로 해결했기에 돈을 많이 쓰지 않았다. 아르바이트로 번 적은 돈도 나를 행복하게 해주었다. 그러나 직장생활이 시작되면서 나의 재정상태는 나아진 것이 아니라 오히려 나빠졌다. 매월 나오는 월급이 전부였는데 주변 분위기에 편승해 생활수준을 수직 상승시키고 말았다. 무리한 대출을 일으켜 지방 도시에 넓은 집을 장만했다. 그리고 100% 할부로 자동차를 샀다. 필요한 것들은 카드를 활용해서 샀다. 몇 년에 걸쳐 형편에 맞게 하나하나 해결해야 할 문제들을 일거에 평균적인 사람의 수준으로 높였던 것이다. 빚 위에 삶의 터전이 마련된 것이었다. 불과 1년 전까지도 의식하지 않았던 주변 사람들의 눈과 나의 직책에 맞을 것 같은 생활수준을 무리하게 맞추려 한 것이다. 그것이 빚이라고 생각하지도 않았고 쉽게 해결하리라 생각했다. 그러나 높은 대출이자와 소득에 비해 많은 빚은 두고두고 나를 괴롭혔다. 그것을 해결하는 데 긴 시간이 소요됐음은 자명한 일이었다.

요즘 2030세대의 '영끌' 빚 투자는 큰 문제다. 나의 젊은 시절이 생각나 안쓰럽다. 빚을 내는 사람은 지렛대 효과(차입투자 효과)를 생각한다. 나 역시 그랬다. 그러나 지렛대 효과만 있는 것이 아니라 반대도 있는 법이다.

더 나쁜 것은 내 형편보다 삶의 수준을 급격하게 높이다 보니 돈을 안 쓰는 생활방식에서 점점 돈을 많이 쓰는 구조로 바뀐 것이다. 자금의 압박도 심해졌다. 그런데도 매달 급여가 나오니 그런대로 굴러는 갔지만, 자산에서 부채를 빼고 나면 빈털터리였다. 회사에서 직급이 자꾸 올라가니 나의 일상사는 점점 나의 실상으로부터 멀어져갔다. 더 큰 문제는 속이 빈 상태에서 이루어진 생활양식에 어느덧 내가 익숙해져갔다는 사실이다. 회사에서 차를 주고 법인카드가 나오고 골프 회원권이 나오니 나의 실상은 더 가려지게 되었다. 그나마 회사를 오래 다녀서 직장생활 마지막에 가서는 어느 정도 해결하는 행운을 얻었지만, 전체적으로 볼 때 나의 재정 관리는 실패였다. 인생 전체를 내다보고, 생애설계란 관점에서 자금의 우선순위를 정하고 형편에 맞는 삶의 수준을 지켜나가야 했는데 다분히 그 때그때 시류에 편승하여 낭비해버린 것이다. 무엇보다 미래에 대한 막연한 기대로 현실을 보지 못했다. 빚에 시달렸기에 정작 중요한 기회가 왔을 때는 투자는 엄두도 내지 못했다. 돌이켜보면 나는 돈에 대해 훈련받지 못했고 돈에 대해 솔직하지 못했고 돈에 대해 용기를 내지 못했다.

돈으로부터 고통받던 사람이 돈으로부터 조금이라도 해방되면 여러 가지 유형의 재정습관을 보여준다. 오랜 무명을 보내고 갑자기 스타가 되어 돈을 많이 번 연예인이나 스포츠 스타 중 그 많은 수입을 탕진해버리고 빈털터리가 된 사람도 있고 오히려 지긋지긋한 가난이 싫어 돈이 있음에도 쓰지 못하는 구두쇠도 있다. 반면 가난도 알고 어려운 사람도 알기에 경제적으로 성공한 사람 중에 균형 있게 소비하고 어려운 사람을 위해서 기부도 하는 훌륭한 사람도 있다. 재정에 대한 올바른 지식은 그래서 우리 삶에서 중요하다.

정도의 차이가 있지만, 인간에게는 태어나서 죽을 때까지 돈이 꼭 필요하다. 대한민국에서는 대부분 취업하기까지는 부모의 도움으로 해결하지만, 부모들이 책임져주는 기간도 사람마다 다르다. 태어나자마자 부모의 역할을 포기하는 사람도 있다. 학창 시절까지 책임을 져주는 부모도 있고 독립할 때까지 책임을 다하는 부모도 있다. 때에 따라서는 평생 보호해주는 부모도 있다. 내 경우는 고등학교까지는 크든 작든 부모님의 도움이 있었다.

내가 아는 한 분은 40대에 퇴직했다. 그리고 그 후로는 평생 돈을 벌지 않는다. 그러나 지금도 강남의 고급아파트에서 윤택한 삶을 산다. 부모가 돌아가실 때 거액의 상속자금을 남겼기 때문이다. 한 친구는 부모가 수백억 원 자산가셨다. 물론 본인도 노력했지만, 부모에게 많은 자산을 물려받았고 그 역시 자산가가 되어 있다.

반면 한 후배 부부는 둘 다 우리나라 최고의 직장을 다니고 있다. 둘 연봉이 평균적인 또래보다 월등히 많다. 그러나 시부모가 가진 빚을 갚느라 오랜 시간 고생 중이다. 이런 사람만 있는 것도 아니다. 부모에게 물려받은 것도 없고 본인도 특별한 경쟁력이 없다. 그뿐만 아니라 미래를 위한 준비는커녕 하루하루도 겨우겨우 살아가는 사람도 있다. 게다가 자녀들의 미래는 더 불확실하다. 참으로 답이 나오지 않는 상황이다.

평생 빚에 시달리며 이자를 내는 사람과 자산의 이익을 누리는 사람의 경제상황이 다름은 말할 것도 없다. 내 경우 대학 시절부터는 경제적 도움이 전혀 없는 상태에서 나를 책임지고 내가 이룬 가정의 경제를 책임져야 했다. 게다가 아직 학업을 마치지 못한 동생들이 있었고 경제적으로 자립할 수 없는 어머님이 계셨다. 평범한 월급쟁이로는 감당이 어려운 상황이었다. 가장 잘못한 것은 나의 상황을 솔직히 인정하고, 있는 상황에 맞게 살지 못한 것이다. 학창 시절에는 아직 배우자도 없고 자식도 없고 주변을 의식할 직장이 없기에 가능했다. 그러나 직장을 갖고 가정을 일구고 사회생활을 하게 되니 나의 형편에 비해 훨씬 많은 자금이 소요되었고, 나는 버겁게 그것들에 맞추며 살았다. 힘겹지만, 이제까지 가정을 이루고 자식을 양육했고 동생들과 부모님에게 내가 할 도리를 꾸역꾸역 해왔다.

이제 내 문제가 남아 있다. 꽤 긴 시간이 남아 있다. 어쩌면 지금처럼 건강하지 못할 수도 있다. 문제는 내가 젊은이가 아니라는 것이다. 한 살이라도 젊다는 것은 엄청난 경쟁력이다. 단순히 나이가 많다는 이유로

이 사회에서 역할이 없어진다. 역할이 없으니 앞으로는 매달 들어오는 수입이 줄어든다. 그러나 내 삶을 예전과 같이 유지하려면 상당한 자금이 필요하다. 당연히 저비용구조로 바꾸어야 한다고 말한다. 맞는 말이다. 아파트 평수를 줄이고 자동차의 등급을 낮추고 좋아하는 취미 생활을 포기하거나 줄이라 말한다. 그런데 그것이 말처럼 쉬운 일도 아니다. 열심히 살아온 이유가 행복하기 위해 살아왔는데 갑자기 삶의 패턴을 바꾸거나 군살을 빼는 것이 유쾌한 일은 아니다. 학창 시절 궁핍했지만 비참하거나 불행감을 느끼지 않았다. 그러나 나이가 들면 달라진다. 사라진 젊음을 뭔가로 대체해야 한다.

이렇게 나의 이야기를 장황하게 쓰는 이유는 재정에 대한 우리들의 접근을 좀 더 솔직하고, 현실적이며 용기 있게 전하기 위해서이다. 앞에서도 말했듯이 인간은 태어나서부터 죽을 때까지 필요한 돈을 마련해야 한다. 스스로 마련하든 부모님에게 물려받든 아니면 부부가 함께 마련하든 준비해야 한다. 그리고 급여를 통해 마련하든 사업을 통해 마련하든 아니면 투자를 통해 마련하든 필요한 자금을 준비해야 한다. 또한 얼마 정도를 마련해야 하는지에 대한 정확한 예측이 있어야 한다. 물론 돈이 충분히 많아서 인생의 필요자금에 전혀 구애받지 않는 사람들과는 무관한 이야기이다. 이런 사람들 말고 대부분 보통 사람에게 해당하는 이야기다.

기업에서도 요즈음은 더욱 현금흐름을 중요하게 생각한다. 비록 이익이 발생하고 좋은 펀더멘탈을 가진 기업이라 해도 매달 기업활동에 필요한 현금흐름에 문제가 생기면 기업은 심각한 상태에 빠질 수밖에 없다. 그래서 흑자도산이란 말도 있다.

인생자금을 설계할 때 가장 중요한 것이 용도별 현금흐름이다. 예를 들어 서울에 20억 원짜리 아파트가 있지만, 용도별 자금이 준비되어 있지 않고 현금흐름이 막힌 사람과 10억 원짜리 아파트에 살지만, 노후 연금과 자녀 독립자금 등과 같이 필요한 자금들이 용도별로 준비되어 있으면서 현금흐름이 원활한 사람 중 누구의 삶이 더 안정적이겠는가? 갑자기 자동차를 사야 하거나 긴히 3천만 원이 필요했을 때 20억 부동산에서 1평만 현금화하기는 가능하지 않다.

재정에 대해 생각할 때 두 가지 측면에서 생각해야 한다. 첫째는 현금흐름에 관한 것이고 둘째는 순자산에 관한 것이다. 현금흐름이란 평생 필요로 하는 용도별 자금이 준비되어 있는가이다. 내가 만난 대부분 사람은 당장의 소득으로 현금흐름이 해결되면 미래에 대해 막연하게 생각하는 것 같다. 즉 미래 상황에 대해 구체적이고 현실적으로 대비하지 못한다는 것이다.

둘째는 소득이 중단되면 이를 대체할 순자산이 확보되어야 하는데 순자산에 대해 명확한 분석을 하지 않는다는 것이다. 보통 사람들의 재정에 대한 기본적인 자세는 평생 이어질 현금흐름을 확보하는 것이고 일이 없어도 현금흐름을 이어나갈 순자산의 규모를 늘리는 것이다.

2021년 7월 25일 중앙일보에 이런 기사가 나왔다. 최근 부동산 가격 폭등으로 지난해 3억 6천만 원 정도였던 한국 가정의 평균 순자산이 5억 원을 돌파했다는 것이다. 비영리 단체를 통계에서 차감하면 실제 순자산은 작년 수준에서 약간 상승한 것이 더 합리적인 접근이라 한다. 그런데도 순자산 3억 원 미만이 62.3%이고 순자산 10억 원 이상의 가구는 7.2%에 불과하다. 평균에 가려진 양극화의 단면을 보여주면서 순자산이 부족한 가구를 여실히 보여주는 자료이다. 순자산이 부족한 가구는 만일 매달의 소득이 중단되면 삶을 유지할 안전장치가 없게 된다.

보통 사람이 세상을 살아가자면 필수적으로 필요한 자금이 있어야 한다. 이러한 자금들을 **인생의 5대 자금**이라고 한다. 요약하자면 **첫째, 사람들이 생존을 위해 기본적으로 필요로 하는 의식주를 위한 일상 생활비용이다.** 사람들은 최우선으로 이 자금을 마련한다. 이 자금은 대부분 경제활동을 하는 사람들이 획득하는 소득으로 해결한다. 이 자금이 없으면 삶 자체가 해결되지 않는다. 문제는 이 자금이 본인의 소득과 상관없이 죽는 날까지 필요하다는 것이 이 자금은 가장의 수입이 있는 은퇴 전이나 수입이 줄어드는 은퇴 후의 기간이나 궁극적으로 가장의 유고 시에도 필요하다.

둘째, 주택 관련 자금이다. 대한민국은 특별히 이 자금이 많이 소요되고 실제로 필요 이상으로 왜곡되어 있다. 자신의 집을 소유하든 전세를 살든 월세를 살든 주택 관련 자금이 필요하다.

셋째, 자녀교육 독립자금이다. 자녀를 양육하고 스스로 독립하여 홀로서기까지 점점 더 많은 자금이 소요된다. 물론 부모의 지원이 어느 정도가 합리적인지는 모르겠다. 각자가 판단할 문제이다. 분명한 것은 이 자금이 무시할 수 없는 상황이 되어가고 있다는 것이다. 400m 계주를 할 때 미리 달려나가면서 바통을 이어받아 달리는 선수가 있고 뒤처진 선수를 위해 뒤로 달려가서 바통을 받아야 하는 선수도 있다. 부모가진 빚을 갚아야 하는 사람도 있고 부모 찬스^{chance}를 누리는 사람도 있다. 이처럼 경우가 다양하다.

넷째, 소득이 줄어든 은퇴 후 노후자금이 있다. 누누이 강조하지만, 은퇴 후의 기간이 과거보다 너무나 길다. 기간이 긴 만큼 소요되는 자금은 기하급수적으로 늘어난다.

마지막으로 병원비나 병간호비 또는 자동차구매나 여행경비와 같이 예상하지 않았던 목돈이 드는 자금 등이다.

한편 자금에도 등급이 있다. 최소한의 자금인가 아니면 보통 수준의 삶을 위한 정도의 자금인가 아니면 여유로운 삶을 위한 정도의 자금인가에 관한 문제이다. 이는 물론 자신의 능력과 형편과 지향점에 따라 다를 것이다. 삶의 비용을 최소화해서 저비용구조의 삶을 추구할 수도 있고, 반면 돈이 좀 들더라도 높은 수준의 삶을 추구할 수도 있다.

결론적으로 말하면 **자신이 추구하는 삶과 자신의 형편과 능력을 검토하여 그에 따른 필요자금을 구하고, 현재 준비자금과 미래에 예상되는 수입을 고려해서 구체적으로 자금계획을 세우고 준비해야 한다.** 전문가에게 도움을 받아볼 수도 있으나 그보다 자신의 속사정을 가장 잘 아는 본인 스스로 해보는 것이 가장 좋다. 이것을 하지 않는 이유는 실력이 없어서가 아니라 실상을 직면하기 두렵기 때문일 것이다.

이제부터는 좀 더 구체적으로 인생 5대 자금과 생애설계에 관해 설명하고자 한다. 이를 통해 누구나 자신의 생애설계를 스스로 해보길 바라는 마음이다.

5. 인생 5대 필요자금 마련하기

현명한 사람이라면 자금을 집행할 때 항목별로 사용할 것이다. 주머니에 자신이 가진 돈을 모두 넣고 다니면서 자금의 수요가 생길 때마다 집행하는 사람은 없을 것이다.

몇 년 전 돈문제로 부부싸움을 한 지인이 갑자기 돈을 좀 빌려달라고 했다. 이유는 이렇다. 돈 때문에 말다툼하다가 부인이 '그럼 당신이 생활비 관리하라'고 통장을 남편에게 맡겨버렸다. 월급쟁이였던 그가 월급을 관리하면서 아이들이 사달라는 것은 호기롭게 사주면서 쓰다 보니 보름 만에 바닥이 나버린 것이다. 그렇다. 현명한 주부들은 아무리 월급이 적어도 우선순위를 정해서 항목별로 집행한다. 그래서 늘 쪼들려도 꾸려나간다. 대부분 주부가 자신에게는 인색할 수밖에 없는 이유이다. **한동안 유행했던 '통장 쪼개기'나 '통장에 이름표 붙이기'는 참으로 현실적이고 실제로도 유용하다.** 기업에서 사용하는 재무제표가 가정의 돈관리에 간단하게 응용된 경우라 할 수 있다. 가진 돈 전체를 통장에 넣고 자금을 집행하는 것은 있을 수 없는 일이다. 이를테면 생활비 통장과 해외여행 자금, 그리고 아파트 구매자금을 구별하지 않고 집행할 수는 없다.

생활비 자금, 주택과 관련된 자금, 자녀독립을 지원하기 위한 자금, 병원비, 해외 여행자금, 자동차구매 자금 등을 용도별로 예상하고 장기간에 걸쳐 준비하지 않으면 안 된다. 준비되지 않은 자금의 수요가 발생했을 때 돈이 하늘에서 떨어지지 않는다. 자동차를 구매하기 위해 노후 자금을 없앨 수는 없다. 해외여행을 위해 주택청약예금을 해약할 수 없다. 용도별로 준비하지 않으면 갑작스러운 자금 수요가 발생했을 때 자금의 우선순위가 무너질 수 있다. 실제로 내가 회사를 퇴직하니 예상하지 않던 자금의 수요가 갑자기 생겼다. 회사 차를 반납하니 자동차를 구매해야 했고 월급이 중단되니 당장 생활비가 필요했고 법인카드를 반납하니 내 용돈이 증가하였다. 그래도 10여 년 전부터 용도별로 자금의 수요를 예측하고 통장 쪼개기를 통해 장기간 현금흐름을 준비한 것이 큰 도움이 되었다.

생애설계의 어려움은 사람마다 처지가 다르고 추구하는 삶의 수준이 다르다는 점에 있다. 앞서 살펴본 것처럼 부채를 안고 시작하는 사람이 있고 자산을 물려받은 사람도 있다. 월수입이 많은 사람도 있고 수입이 적은 사람도 있다. 홑벌이도 있고 맞벌이도 있다. 수입이 안정적인 사람도 있고 수입이 들쑥날쑥한 사람도 있다. 직업에 따른 수입의 형태도 사람마다 다르므로 매스컴에 소개되는 표준적인 생애설계는 모두에게 적용할 수 없다. 그래서 본인의 사정을 가장 잘 아는 자신이 스스로 하는 것이 가장 좋다. 그래야 본인에게 맞는 적합한 생애설계를 할 수 있다.

자금을 관리하는 방법도 사람마다 취향이 다를 수밖에 없다. 은행처럼 안전한 금융상품을 선호할 수도 있고 갑작스러운 위험에 대비하여 보험으로 할 수도 있다. 주식이나 펀드처럼 다소 위험이 있지만, 수익성이 높은 상품을 선호할 수도 있다. 무엇보다 금융상품보다 오로지 부동산에 높은 관심을 가진 사람도 있을 수 있다. 따라서 여기서 개별적인 상품에 대해 구체적으로 논하는 것은 적절치 않다고 생각한다. 자신의 역량이나 취향을 고려해서 포트폴리오를 구성하는 것이 좋다. 여기서는 우리가 살아가면서 필수적으로 갖추어야 할 인생 자금을 좀 더 구체적으로 소개하고, 이를 우선순위를 정해서 준비해야 함을 설명하고자 한다.

▍생활비

생활비란 주거비 및 식비와 외식비, 교통통신비, 의류 문화비, 자녀교육비, 의료비, 경조비, 용돈 및 기타 자금처럼 **우리가 살아가면서 필요한 자금을 말한다.** 사람마다 삶의 수준에 따라 필요한 생활비의 수준은 다르겠지만 생존을 위해서는 누구에게나 필수적으로 소요되는 자금이다.

이 자금은 삶을 유지하려면 무조건 필요한 자금이다. 그리고 이 자금은 우리의 생명이 다하는 날까지 필요하다. 젊을 때보다는 나이가 들어가면서 늘어나게 되고 아이들이 학령기에 접어들면 큰 폭으로 증가하게 된다. 물론 아이들이 학업을 마치게 되면 줄어든다. 가장이 은퇴한 후 수입이 없어졌을 때부터를 노후자금이라 말하지만 **결국 노후자금도 생활비의 연장선이라 할 수 있다.** 그래서 가장 먼저 해결해야 하는 것이 바로 생활비이다. 일단 생활비가 해결되면 한시름 놓게 된다.

따라서 경제활동을 하는 동안 수입에서 당장 필요한 생활비를 지출하고 남은 돈을 아껴서 다른 자금을 준비할 만큼 수입이 확보되어야 한다. 만약 수입에서 생활비를 지출하고 남는 자금이 없다면 생애설계에 문제가 발생할 수밖에 없다. 왜냐면 수입이 언젠가는 줄어들거나 없어지는 때가 오기 때문이다. 생활비는 사람마다 다르다. 한 달에 200만 원을 지출하는 사람도 있고 한 달에 1,000만 원을 지출하는 사람도 있다. 그래서 각자가 자신의 생활비를 계산해봐야 한다. 예를 들어 자녀를 2명 둔 40세, 37세 부부가 한 달에 300만 원을 생활비로 지출하고 60세에 퇴직한다고 가정하면 퇴직 전까지 소요되는 월 생활비 300만 원(개인별 적정수준의 생활비 정함) × 12개월 × 20년(퇴직 시기까지) = 7.2억이란 계산이 나온다. 즉 이 부부에게는 20년간 7.2억이라는 생활비가 필요한 것이다. 이 가정은 향후 20년간 총수입에서 7.2억을 생활비로 지출하고 남은 돈으로 다른 자금을 마련해야 한다. 여기서 월 생활비의 수준이나 부부의 나이는 사람마다 다르기에 경우에 맞게 조정하고 인플레이션도 고려해서 조정하면 된다.

주택자금(구매·확장의 경우)

두 번째는 주택 관련 자금이다. 주택의 형태는 천차만별이다. 주거의 종류에는 아파트도 있고 단독주택도 있고 빌라도 있다. 소유의 형태로 볼 때 자가도 있고, 전세도 있고, 월세도 있다. 자가라 하더라도 대출이 있는 경우도 있고 대출이 없는 예도 있다. 따라서 일률적으로 정의할 수 없어서 자신의 형편에 맞게 주택자금에 대해 준비를 해야 한다.

주택형태와 소유형태에 대한 계획을 세우고 자금계획을 세워야 한 다. 나이에 따라 우선 주거문제를 해결하는 것이 더 중요할 수도 있고 주 거형태보다 노후준비가 더 중요한 나이도 있다. 주택자금은 규모가 크기 때문에 치밀하게 계획을 세우지 않으면 안 된다. 주택자금에 더 많이 투 자할지 아니면 현 상태를 유지할 것인지를 결정할 때 과도한 빚을 내기 보다 형편에 맞게 준비해야 한다. 우리나라는 높은 부동산 가격 때문에 일생 내내 부동산에 집중하는 경향이 있고, 부동산을 마련하느라 과도한 대출을 받아서 원금과 이자를 갚으며 오랜 시간을 보내면서 현금을 보유 하는 가정이 적다. 비록 집이 중요하지만 다른 모든 자금을 포기하고 매 달릴 문제인지는 생각해봐야 한다.

노후자금

노후자금이란 가장이 퇴직하여 수입이 줄어든 후의 생활비이다. 물론 노후의 생활비는 자녀의 교육비가 들지 않아서 젊은 시절보다는 줄 어들게 된다. 그러나 이 또한 사람마다 편차가 심하다. 최소한의 삶을 살 것인가 아니면 소비 수준이 높은 삶을 살 것인가에 따라 다르다.

이 자금은 국민연금, 퇴직금과 그간 준비한 개인연금으로 충당할 수 있고 주택연금을 통해서도 해결할 수 있다. 예상되는 노후자금을 계산해 본 후 장기간에 걸쳐 구체적으로 준비하는 것이 바람직하다. 만일 이 노 후자금이 제대로 준비되지 않으면 심각한 노후문제에 직면할 수밖에 없다. 노후에는 돈을 벌기가 쉽지 않기에 곧바로 빈곤의 상태로 전락할 수도 있다.

노후자금 산정에는 통상 현재 월 생활비의 70~80%를 적정 생활비로 책정하지만, 그보다는 자신이 필요로 하는 생활비를 구한 후 평균여명까지 필요한 자금을 구해보면 대략 알 수 있다.

예를 들자면 300만 원(본인이 추구하는 삶의 수준이 결정) × 12개월 × 30년(통계청 기대수명 참고) = 10.8억이 나온다. 큰돈이지만 자신의 인생에 절대로 필요한 자금이다. 누누이 강조하지만, 더는 소득을 얻기가 어려워진 인생의 후반부에 필요한 자금이다. 이 많은 자금을 짧은 시간에 마련하는 것은 쉬운 일이 아니라서 젊은 시절부터 차근차근 준비하는 것이 가장 합리적인 방법이다. 30대부터 시작하되 수입이 올라갈수록 준비하는 자금의 규모를 키워나가면 은퇴 시에는 어느 정도 마련할 수 있다.

요즘 인기 있는 공무원이나 교사들을 생각해보자. 그 사람들이 일반 회사의 샐러리맨보다 급여가 높지는 않다. 그러나 그들은 자신들의 급여에 맞게 살아가고 퇴직 후에는 일반 직장인보다는 노후가 안정되어 있다. 그것은 그들이 근무하는 동안 반강제적으로 노후준비를 하므로 가능한 일이다. 그들에게 선택권을 준다면 아마 대부분 당장 더 많은 급여를 원할 것이다.

몇 년 전 일이다. 독일에 유학 가서 생활하다가 한국에 복귀한 친구의 말이 한국은 급여에서 공제하는 것이 얼마 되지 않아서 급여를 받으면 쓸 수 있는 돈이 많다고 했다. 그러나 몇 달을 살아보니 급여에서 공제하는 것이 적은 만큼 생애설계를 본인이 모두 해야 한다는 것이 당혹스럽다고 했다. 독일에 있을 때보다 급여를 많이 받아도 따져보면 돈을 쓸 수가 없더라는 것이다. 이처럼 대한민국 사람들은 생애설계를 스스로 해야 한다는 것을 명심해야 한다.

자녀 독립자금

중고등학교까지는 교육비가 상대적으로 크지 않아서 사교육비를 제외하고는 생활비에 포함시켜서 관리해도 대부분 큰 문제는 되지 않는다. 그러나 대학부터는 학비가 비싸서 수입을 초과하는 경우가 발생한다. 자녀를 가르치는 것도 부모로서 쉬운 일이 아니다. 대학 학비를 별도로 마련하지 못해서 학자금대출에 의존하는 학생도 많다.

한편 자녀의 입장에서는 학업을 마치고 취업을 하게 되면 부모에게서 독립할 때가 온다. 부모 세대에는 사글셋방부터 시작하여 겨우 집을 장만했지만, 작금의 대한민국에서는 학업을 마치고 스스로 독립하기가 만만치 않은 것이 현실이다. 높은 주거비는 젊은이의 독립을 어렵게 만들고 있다. 부모가 공부시켜줬으면 스스로 살아야지 어떻게 독립까지 책임지느냐고 걱정을 하는 경우를 많이 보았다. 그래서 자녀의 독립에 대한 지원 문제는 부모들의 형편과 인생관에 따라 스스로 선택할 문제라고 생각한다. 그러나 **만약 부모가 자녀의 독립을 돕고 싶다면 이 또한 별도로 준비해야 할 자금에 속한다.**

긴급자금

긴급자금이란 매달 일정하게 들어가는 생활비나 주택자금처럼 계획된 자금이 아니지만, **간헐적으로 발생하는 자금을 말한다.** 이를테면 갑자기 병원에 입원하게 되어 큰돈이 필요하거나 자동차를 구매하거나 해외여행비 같은 목돈이 소요되는 경우를 말한다. 이 긴급자금을 별도로 준비하면 삶의 질이 높아진다. 해외여행을 가기 위해 노후자금을 해약할 수는 없는 일이다. 자동차를 사자고 집을 팔 수는 없다. 갑자기 병원비 몇백만 원이 나오면 빚을 내야 할지 모른다. 따라서 소액이라도 일정액을 긴급자금으로 쪼개서 장기간에 걸쳐 모아놓는 것이 필요하다.

지금까지 설명한 5대 필요자금은 우리가 살아가면서 있어도 되고 없어도 되는 자금이 아니라 무조건 필요한 자금이다. 그래서 꼼꼼하게 준비하지 않으면 삶을 제대로 영위하기 어려워진다. 필수자금의 준비 정도에 따라 우리 삶의 질이 달라진다.

이 외에도 인생에서 중요한 기회가 왔을 때 그 기회를 잡기 위한 목돈(종잣돈)이 있다. 젊은 세대들은 이 자금을 가장 먼저 마련하는 것도 좋은 방법이다. 생애설계를 할 때 본인이 처한 연령대가 중요한 기준이 됨은 말할 것도 없다. 따라서 용도별 자금을 구해본 후 자신의 인생계획과 연령대와 현실에 맞춰서 준비하기를 제안한다.

총자산과 순자산 구하기(자산 – 부채)

　지금까지 필요한 자금을 구해봤다. 이제 자신의 실상에 직면해야 한다. 그런데 많은 사람이 이 부분을 회피한다. 직면하기가 두렵기 때문이다. 그러나 회피한다고 문제가 없어지는 것은 아니다.

　먼저 자신이 현재 외형적으로 가지고 있는 총자산에서 부채를 공제하고 나면 자신의 순자산을 쉽게 구할 수 있다. 사람들은 부채를 안고 구매한 물건이라도 자신의 자산인 양 착각하는 경우가 많다. 나 역시 생애첫 자동차를 100% 할부로 구매했는데 마치 자동차가 나의 자산인 양 착각했다. 그것은 내 차가 아니라 엄청난 비용을 은행에 지급하면서 사용하는 빚이었는데도 말이다.

　외형적으로 대한민국은 부자 나라이다. 그러나 통계에 의하면 우리나라 가구 중 순자산 3억 미만인 가구가 60% 이상이고 순자산 10억 이상이 7.2%에 불과한 나라이다. 따라서 특정 계층이 부를 독식하여 평균을 높였을 뿐 대부분은 부자가 아니라는 것이 사실이다. 나 역시 50대가 되어서야 이 문제를 진지하게 생각해보았다. 순자산 구하는 것을 예로 들면 다음과 같다.

　예) 현재 순자산 구하기

　　1) 부동산 10억, 은행 대출 3억, 기타 저축 1억인 가정의 경우

　　　10억 – 3억 + 1억 = 순자산 8억

　　2) 전세 5억, 전세 대출 2억인 가정의 경우

　　　5억 – 2억 = 순자산 3억

미래수입 구하기(퇴직이나 은퇴 시 예상자산 구해보기)

이제 자신이 향후 얻게 될 미래수입을 예상해보는 것도 큰 도움이 된다. 왜냐면 미래수입은 자신이 어떤 선택을 하느냐에 따라 크게 영향을 받기 때문이다. 저축 가능액이나 퇴직금은 근로기간이 길어질수록 상당히 영향을 받는다. 그리고 미래수입을 예상하는 사람은 퇴직 후에도 소득의 기간을 늘릴 방안을 적극적으로 도모하게 된다. 소득을 늘릴 방법을 몰라서 넋 놓고 있을 것이 아니라 해결책을 알고 뭔가 대안을 찾아서 수입을 늘리도록 다방면에 걸쳐 탐색해야 한다.

예) 40세와 37세 맞벌이 부부의 60세 시점 예상자산 구해보기

현재 순자산 3억(자산 - 부채) + 향후 예상 저축액 + 예상 퇴직금 +

상속자산 + 국민연금 = 총 X원

이상의 예처럼 누구나 본인의 사정과 상황을 고려하면 어느 정도의 미래자산 예상 금액을 구해볼 수 있다.

부족자본 구하기(은퇴 전 생활비 빼고 계산하기가 쉽다)

미래 예상수입에서 필요자금을 빼면 부족자금이 발생할 수도 있고 아니면 충분할 수도 있다. 여기서 알게 된 재정상황에 따라 여러 가지 대책을 수립할 수 있다. 미래에 필요한 자금이 부족하다면 지출을 줄이거나 소득을 늘릴 방안을 찾아야 한다.

예) 미래 예상자산 – 용도별 생애 필요자금 합 = 부족 자본(± X원)

이와 같은 과정을 통해 생애설계를 어느 정도 예측해볼 수도 있고 수시로 수정을 하면서 보완해갈 수 있다. 이러한 생애설계는 전문가의 도움이 없어도 스스로 얼마든지 가능하다. 일단 생애설계를 마치고 나면 대부분은 본인이 원하는 삶의 수준에 비해 자금이 부족한 경우가 많다. 이 점을 인식함으로써 장기간에 걸쳐 체계적으로 생애설계를 해야 한다. 그러나 사람들은 이러한 현실을 당장에 직면하기 싫어서 준비를 체계적으로 하지 못하거나 회피하는 경향이 있다. 그래서 나이 든 어르신 중에는 재정설계 대처에 부족했던 자신들의 모습을 후회하는 사람들이 많다.

대안 마련하기

일생에 걸친 용도별 5대 필요자금을 구하고 본인이 얻게 될 소득을 비교해보면 충분한 사람보다는 부족한 사람들이 더 많을 것이다. 문제는 이 부족자금을 어떻게 채울 것인가이다. 많은 자금이 하늘에서 뚝 떨어지지도 않고 로또복권으로 해결할 수도 없다. 무엇보다 짧은 시간에 해결할 수도 없다. 그러나 방법이 전혀 없는 것이 아니다.

재정의 안정을 위한 최선의 방책은 수입은 늘리고 지출을 줄이는 것이다. 수입을 늘리는 방법으로 첫 번째는 송해 선생님이나 이순재 선생님처럼 **경쟁력을 유지해서 최대한 오래 일하는 것이고, 그럴 수 있다면 그보다 좋은 일은 없을 것이다.** 사업가로서 정년에 상관없이 일할 수도 있다. 나의 지인 중에는 눈높이를 낮춰서 퇴직 후 건물관리인을 하는 사람도 있고, 개인택시 기사도 있고, 현업 때 했던 업무를 시간제로 하는 분도 있다. 자신의 경험을 바탕으로 현업에서 했던 일과 연관된 사업을 한다면 위험을 줄일 수 있다. 어떻든 본인의 경쟁력을 활용해서 오래 일하는 것이 최고의 재테크이다.

두 번째는 시간당 소득을 올려 미래를 위한 저축을 하는 것이다. 직장인이라면 능력을 인정받아 더 많은 소득을 얻거나 기혼자라면 맞벌이를 통해서도 가능하다. 자기사업을 하는 사람이라면 사업에서 성공하는 것이다. 젊음의 이점을 활용해야 한다. 짬짬이 재테크에 대한 지식을 쌓아가는 것도 지혜로운 일이라 생각한다.

세 번째는 돈이 돈을 버는 구조를 만드는 것이다. 이를테면 은행의 이자를 발생시키든지 부동산에서 임대수입을 얻든지 아니면 주식의 배당을 받는 방법이 있다.

네 번째로는 지출을 줄이는 구체적인 방법도 있다. 카드 사용을 줄인다든지 자동차에 들어가는 돈을 줄이든지 관혼상제 비용을 줄이거나 하는 여러 가지 방법이 있다. 사람마다 다르지만 한 가지 분명한 것은 각자의 상황을 정확하게 인지하고 그 상황에 용기 있게 대면하고 자신의 능력에 맞게 구체적으로 장기 계획을 세워서 실천해야 한다.

이러한 자금을 준비하기 위한 다양한 수단이 있다. 은행과 보험과 증권회사와 같은 금융기관이 있고 실물자산을 선호하는 사람을 위한 부동산 등이 있다. 각각 특장점이 분명히 있기에 무턱대고 남들을 따라 하지 말고 먼저 충분히 공부해서 자신의 형편에 맞는 방안을 선택해야 한다.

안정적이고 보수적인 자금관리를 선호하는 사람이라면 은행의 상품들을 활용하는 것이 좋다. 주거래 은행을 선정해서 장기간에 걸쳐 본인의 신용을 쌓아가면 은행이 부여하는 다양한 혜택을 누릴 수 있다. 은행 상품에도 주택청약예금처럼 주택 관련 상품이나 세금 우대를 받을 수 있는 상품이 있고, 직업이나 연봉에 따른 각종 혜택도 있어서 어렵지 않게 상담을 받아보거나 스스로 공부해도 적절하게 선택할 수 있다.

삶의 여정에서 발생하는 여러 유형의 위험성을 고려해서 실손보험이나 건강 관련 보험에 가입하는 것도 추천한다. 가장의 유고 시 가정의 안정을 위한 종신보험과 노후연금을 드는 것은 미래를 준비하는 데 있어 합리적인 방안이다. 자산의 여유가 있고 금융자산보다 실물자산에 관심이 많다면 부동산을 더 공부하는 것도 좋다. 상가나 빌딩에 투자하여 현금흐름과 투자이익을 얻는 사람도 있지만 이 또한 충분히 공부해서 선택해야 한다. 관련된 책을 읽거나 균형 있는 전문가의 조언을 참조하거나 현장을 직접 답사해서 신중히 결정하는 것이 좋다. 금융에 대해 충분한 지식이 있다면 펀드나 주식이나 해외주식도 관심을 가져볼 수 있다.

어떤 재테크를 선호하든 충분히 공부한 후에 포트폴리오를 잘 짜서 장기에 걸쳐 준비하는 것이 좋겠다. 여기서 구체적인 상품까지는 언급하는 것이 적절치 않아 보이지만 먼저 생애설계에 대한 큰 틀을 이해하고 자신이 선호하는 방법으로 준비하면 될 것이다.

빛나는 인생을 위해서는 인생 4막에 걸친 재정 안정이 필수적이다. 부자가 되자는 것이 아니라 자신의 능력에 따라 자기 삶의 수준을 정하고 안정적인 재정을 준비하여 빛나는 삶을 살자는 것이다.

6. 변화와 미래 바로 알기

지피지기면 100전 100승이란 말이 있다. 과거를 참고하여 오늘을 이해하고 미래를 정확하게 예측한다면 실수를 줄일 수 있을 것이다. 과학에서 우주는 137억 년 전에 소위 빅뱅이라는 대폭발과 더불어 탄생했다고 한다. 실로 가늠하기 어려운 긴 시간이다. 그다음은 46억 년 전에 지구가 생기고 37억 년 전에 생명체가 탄생했다 한다(유발 하라리*의 『사피엔스』** 참고)

오늘날 지구 여러 곳에서 인간과 유사한 포유류의 화석이 발견된다. 과학적 견해에 의하면 250만 년 전에 생존했던 인간의 화석이 남아 있다고 하니, 우리가 살다 가는 삶이 얼마나 찰나인가를 알게 된다. 이 긴 시간 동안 지구 곳곳에서 인류의 조상과 관련된 증거들이 발견되고 있다.

인류의 발달과정은 여러 가지 기준으로 설명할 수 있다. 사용한 도구의 재료를 기준으로 설명하기도 하고 사용한 문자를 가지고 설명하기도 한다. 지역마다 다르긴 하지만 인류 역사의 발달과정을 사용한 도구의 재료를 기준으로 구분하여 석기를 사용한 석기시대, 구리와 비소와 아연과 주석의 합금인 청동을 사용한 청동기시대, 철을 본격적으로 사용한 철기시대로 나눌 수 있다. 지역마다 시작되는 시기가 다르긴 하지만 대부분의 인류문명은 이러한 발달과정을 1만 년에 걸쳐 지나온 셈이다.

---

* 유발 하라리(1976~): 이스라엘의 역사학자, 대학교수.
** 『사피엔스』: 유발 하라리, 김영사, 2015.

과거 알기

인류문명이 비약적으로 바뀌고 빨라지는 시기는 아무래도 1800년대의 산업혁명이 아닐까 싶다. 산업혁명 이후부터 인류문명의 변화는 이전의 변화속도와는 비교할 수 없을 만큼 빨라지게 된다. 앞에서 설명한 것처럼 인간이 지구상 여러 곳에서 수렵과 채집으로 살았던 시기를 우리는 흔히 구석기시대라 한다. 어쩌면 다른 동물들과 크게 다르지 않은 삶이었을 것이다. 그 시기는 더디고 느렸고 긴 시간이었다.

그 이후 대략 1만 년 전 농사를 짓고 가축을 기르고 도구를 만드는 큰 변화가 생기기 시작했다. 이것을 우리는 신석기 혁명(농업혁명)이라 한다. 지금 생각해보면 이 작은 변화를 시작하는 데 그렇게 오랜 시간이 필요했나 싶기도 하다. 대충 생각해도 250만 년부터 계산하면 구석기가 249만 년이고 신석기 이후는 1만 년밖에 안 되는 셈이다.

그래도 농업혁명에서 산업혁명 시기까지는 상당한 시간이 소요됐다. 그러나 컴퓨터 기반의 3차 산업혁명은 불과 몇십 년 만에 바로 4차 산업혁명으로 진입하게 된다. 이처럼 인간은 긴 역사의 변화 속에서 살아왔지만, 우리가 배우고 교육받은 기간은 불과 1만 년간의 변화 속에서 인류의 역사를 기억할 뿐이다.

우리는 과거를 배울 때 역사책이나 과학을 통해 배운다. 그것으로는 과거를 정확하게 알 수 없다. 과거를 정확하게 모르기에 과거에 대해 잘못된 인식을 하게 된다. 과거에 대한 잘못된 인식을 가지면 미래에 대해 잘못된 예측을 할 위험성이 커진다. 하나만 예를 들어보자. 가까운 조선

시대만 하더라도 우리는 역사 교과서나 『조선왕조실록』이나 당시를 다룬 드라마 등을 통해 배운다. 실제 조선의 모습을 알기는 쉽지 않다. 실상을 자세히 모르기에 판단의 오류가 발생한다. 나는 임진왜란을 배우고 일본에 분개했다. 병자호란을 보고 청나라에 분개했다. 그러나 조선 말을 배경으로 발표된 여러 소설을 읽고 나서 생각이 좀 바뀌었다. 외세에 대한 분노보다 그 당시 조선의 권력층과 지배계급들의 무책임에 더 분개했다. 부패하고 이기적이고 무능한 당시 양반 지주 지배계급에 더 큰 분노를 느꼈다. 비굴하게 자식을 팔고 부인을 책임지지 않는 가장들의 무책임에 더 분노했다. 그리고 그런 사회질서에 무력하게 반응하는 일반 백성에 대해서도 분노가 일어났다. 왜 외세를 막기 위한 대비를 하지 않았는지에 분노했다. 우리가 역사를 미화하거나 합리화하지 않고 제대로 알아야 하는 이유가 바로 올바른 판단을 하기 위함이다.

인간은 수백만 년 전의 과거도 과학적으로 규명할 수 있지만, 미래에 대해서는 단 몇 년도 정확하게 알 수 없는 존재이다. 그래서 대부분의 인간은 과거의 패러다임에 기반해서 현재를 살고 미래를 생각한다. 그러나 현재를 살지만 과거의 패러다임 속에서 살 수도 있고, 현재를 살지만 미래의 패러다임 속에 살 수도 있다.

50여 년 전 나는 농사를 짓는 시골에 살았다. 모두가 농사를 짓는 커다란 마을들이 주변에 다닥다닥 붙어 있었다. 내가 다니던 시골 학교는 1,500명이나 다니는 큰 학교였다. 그런 세상이 영원할 것으로 알았다. 초등학교 때 서울로 전학을 왔다. 그런데 나중에 내 친구들도 대다수가 시차를 두고 시골을 떠났다. 그 학교는 오래전에 없어졌다. 왜냐면 더는 학생이 없기 때문이다. 불과 50년 만에 학교는 사라지고 마을은 거의 없어진 것이나 마찬가지로 작아졌다.

누누이 강조하지만, 우리가 현재를 살면서 과거를 돌아보고 변화의 속도를 가늠해보는 것은 과거로 가기 위함이 아니다. 과거와 현재를 통해 우리가 살아가야 할 미래를 지혜롭게 준비하기 위한 것이다. 단 한 번뿐인 인생을 잘 살아내기 위함임은 말할 것도 없다. 지금도 세상은 여러모로 빠르게 변하고 있지만, 우리가 그러한 변화를 모두 인지하지는 못한다. 지구가 엄청나게 빠른 속도로 자전과 공전을 하고 있지만 우리는 잘 느끼지 못한다. 비행기나 KTX로 움직일 때 우리가 빠르게 움직이는 것을 못 느끼지만, 우리가 있는 위치는 어느덧 바뀌어 있다.

변화가 우리에게 왜 중요한가? 오늘날 우리는 산속에서 수렵 채집을 하거나 사냥을 하는 시대에 살지 않고 전 세계가 거미줄처럼 연결된 지구촌에 살고 있다. 과거 우리 삶에 영향을 미친 것이 자연현상이나 지배 권력 정도였다면 지금은 강대국 간의 패권경쟁이나 국제유가, 금리, 경제정책 등에 과거보다 훨씬 더 큰 영향을 받게 된다. 그래서 과거처럼 근면 성실만 가지고는 삶의 모든 문제가 해결되지 않는다. 변화를 인지하고, 그 변화를 수용하고 적응하지 않으면 도태되는 것이다.

변화 중에는 우리에게 직접 영향을 미치는 것도 있고 간접적으로 영향을 미치는 것도 있다. 인간은 독불장군처럼 그러한 변화를 무시하고 홀로 살 수 없는 존재이다. 지혜로운 사람이라면 이런 변화를 정확하게 예측하여 그 시대에 맞게 준비해나가야 한다. 우리에게 지대한 영향을 미치게 될 미래 세상을 좀 더 현실적으로 받아들이기 위해서는 가장 선명하게 우리의 기억 속에 남아 있는 최근의 변화를 기억해보는 것이 좋은 방법이다. 마치 "A는 B이다. B는 C이다. 그러므로 A는 C이다."라는 삼단논법처럼 얼마 전의 세상과 지금의 변화된 세상을 살펴봄으로써 변화의 속도를 통해 미래의 모습을 좀 더 구체적이고 현실적으로 받아들일 수 있다.

지금으로부터 불과 80년이 채 안 되는 시기만 해도 우리는 나라가 없는 민족이었다. 그 시절 대부분 지식인과 사회지도층은 우리가 이른 시일 내에 해방이 될 것으로 생각하지 않았다 한다. 그래서 그들은 당시 사회의 패러다임에 충실했다. 극히 일부의 애국지사들이 조선 독립을 위해 투쟁했으나 그 숫자나 힘은 미약했다. 그것은 역사적으로 당시의 문학작품을 통해서도 입증되고 있다. 이광수의 『무정』, 채만식의 『탁류』, 염상섭의 『삼대』, 강경애의 『인간 문제』 등에서 실상을 역사 교과서보다 훨씬 구체적으로 증언하고 있다. 영화 《암살》에서 배우 이정재 씨가 한 대사가 인상적이다. 그는 "몰랐으니까. 해방될 줄 몰랐으니까…. 알았으면 그랬겠나?"라고 본인의 행동을 변명했다.

해방되고 6·25 전쟁이 발발하자 한반도는 초토화되었다. 일제의 수탈과 3년여의 전쟁을 치른 나라의 모습이 얼마나 처참했을지 쉽게 상상할 수 있다. 1953년 1인당 국민소득이 67달러로 세계에서 가장 가난한 나라였으니 먼 훗날 우리나라가 국민소득 3만 불을 달성하고 GDP가 세계 10위권에 진입하여 선진국에 진입할 것으로 예상하기는 어려웠다. 1940년대에 태어난 우리 선배들은 해방과 전쟁과 산업화와 민주화와 금융위기와 선진국 진입까지 모두 경험한 세대이다.

선배들 이야기할 것도 없다. 1960년생인 내가 직접 경험한 것들만 가지고도 다음 세대에게는 소설 같은 이야기라 할 만한 것들이 차고도 넘친다. 초등학교 2~3학년 때로 기억되는데 우리 집에서 10리 정도 떨어진 곳에 TV 있는 집이 있었다. 그 당시 레슬링 하는 김일 선수가 나오면 그 집의 할아버지가 돈을 받고 TV를 볼 수 있게 했던 기억이 난다. 이게 수백 년 전의 일이 아니고 불과 50여 년 전 이야기이다. 그다음 내가 중고등학교 다니던 1970년대는 산업화와 도시화가 급속도로 진행되던 시절이었다. 그리고 내가 대학을 다니던 1980년대는 산업화의 성공과 올림픽의 개최와 민주화 투쟁의 에너지가 뜨겁던 시절이었다.

1980년대에 대학을 다닌 나도 지금과 같은 세상이 이렇게 빨리 올지 몰랐다. 내가 자동차를 소유하고 컴퓨터를 쓰고 있을 거라고는 상상도 못 했기에 대학 시절 운전면허도 따지 않았다. 1990년대 국가 부도로 기억되는 IMF 외환 위기는 우리의 가치관과 직업관 등 모든 것을 바꿔놓았다.

이렇게 숨 가쁘게 달려왔던 최근의 변화를 이야기하는 것은 우리의 미래를 가능하면 정확하게 예측하고 현실적으로 준비할 에너지를 축적해야 한다는 이야기를 전하기 위해서이다.

현실 바로 알기

우리나라는 강대국의 틈바구니에서 수많은 전쟁을 치르고도 민족의 정체성을 유지하면서 살아남았다. 무엇보다 국민의 역량과 높은 교육열과 열정적인 국민성 등이 어울려서 개발도상국에서 선진국으로 고도성장했고 산업화와 민주화를 동시에 이루기도 했다. 그러나 **최근 우리 사회의 이면을 살펴보면 이런 점들이 두드러진다.**

첫째, OECD 국가 중 가장 높은 자살률과 이혼율 등의 후유증을 앓고 있다.

둘째, 취업난이 심화하고 있다. 우리는 급격하게 달라진 경쟁력의 시대 속에 살고 있다. 과거에는 중요한 경쟁력이었던 것들이 이미 경쟁력을 잃은 지 오래다. 유치원부터 시작하여 온갖 사교육에 어린 시절을 저당 잡히고 학업을 마쳐도 주어지는 일자리가 많지 않다. 그리고 박봉의 대명사였던 공무원이 되기 위해 수십만 명이 준비한다는 사실을 어떻게 받아들여야 할지 모르겠다. 반면 야구선수 류현진의 연봉은 200억 원이 넘고 축구선수 손흥민의 연봉 역시 100억 원이 넘는다. 방탄소년단의 몸값은 2조 원이 넘는다고 한다. 프로게이머 페이커의 연봉도 50억 원이 넘는다고 하니 어안이 벙벙하다. 얼마 전 카카오의 시가총액이 엄청난 공장과 수많은 노동자를 보유하고 있는 한국 대표 대기업 현대자동차를 넘는다는 기사를 봤다. 참으로 변화무쌍하다.

셋째, 출산과 결혼과 가족형태의 변화이다. 우리나라는 이미 전 세계에서 가장 아이를 적게 낳는 나라가 되었다. 결혼연령은 늦어지고 비혼자도 늘어간다. 가구형태의 변화는 더 놀랍다. 1인 가구 비율이 2020년 40%에 육박하고 있다.

넷째, 부의 불평등과 양극화의 시대에 살고 있다. 국민소득은 3만 달러를 돌파했는데 소득의 양극화는 심화하고 있다. 1990년 이후로 고

소득자는 늘어나고 중산층은 줄어들고 저소득은 늘어나는 등 양극화가 심화하고 있다. 모두 우리가 예측한 것 이상의 변화다.

다섯째, 최근의 현상 중 빼놓을 수 없는 현상이 돈과 노동의 가치 변화이다. 1998년 IMF 경제위기 때 나는 현장에서 영업관리자를 하고 있었다. 당시 은행에 1억 원을 맡기면 한 달 이자가 120만 원이 넘었다. 지금은 1억 원을 은행에 예치하면 한 달에 받는 이자는 10만 원 정도이다. 반면 노동가치는 비교할 수 없을 만큼 올라갔다. 2020년 시간당 최저임금은 8,590원이다. 하루 12시간 아르바이트한다고 가정하면 10만 원이 되는 셈이다. 즉 돈의 가치는 떨어지고 노동의 가치는 올라간 것이다. 결국, 최상의 재테크는 오래 일하는 것이다.

마지막으로 국민소득 3만 달러에 인구 5천만 명이 넘는 나라는 전 세계 일곱 군데밖에 없을 만큼 고도성장을 이루었다. 그러나 국민이 느끼는 **행복지수는 어떤 조사에 의하면 전 세계 54위밖에 되지 않는다고 한다.**

이상이 최근의 우리 사회 특징을 간략하게 요약한 것이다. 30~40여 년 전 누구나 예측할 수 있는 내용이었으나 당시에는 대부분 현실적으로 받아들이지 않았던 것들이다.

미래 예측하기

그렇다면 우리가 살아야 할 미래는 어떤 모습일까? 30년 전 예측했던 대부분의 예측은 거의 일치했다. 지금은 빅데이터와 같은 4차산업의 기술들로 미래에 대한 예측이 100%는 아니지만 점점 더 정밀해진다. 문제는 사람들이 예측에 반응하지 않는다는 것이다. 우리의 예상을 뛰어넘는 것까지 우리가 맞출 필요는 없다. 우리가 쉽게 예측할 수 있는 것 정도면 충분하다. 문제는 그런 변화된 세상에서 우리가 어떻게 잘 적응하여 인생 4막을 잘 살아낼 수 있도록 구체적으로 준비하고 행동하는가이다. 그러면 누구나 예측할 수 있는 미래 세상을 생각해보자.

첫째, 변화의 속도는 더 빨라질 것이다. 따라서 변화된 세상에서 필요한 것들을 꾸준히 배우고 터득해야 한다. 이를테면 지금은 IT 기반의 세상이다. 젊은 세대들은 능숙하게 다룰 줄 알지만 아무래도 기성 세대는 둔감할 수 있다. 그러나 꾸준히 배우면 어느 정도 보완할 수 있다.

또 미래는 지구촌 사회이다. 세상의 간격은 지금보다 훨씬 줄어들 것이다. 머지않아 지금 8~10시간 걸리는 여행지를 2~3시간 이내에 갈 수 있을지도 모르고, 해외여행을 국내여행 하듯이 할 수도 있을 것이다. 조금만 관심을 가지면 어렵지 않게 대응할 수 있을 것이다.

둘째, 인간의 평균수명은 더 늘어나서 은퇴 이후와 죽음까지의 간격을 더 많이 늘려놓을 것이다. 미래 세대들은 우리가 상상할 수 없을 만큼 오래 살 것이다. 그런데 사는 형태는 하늘과 땅만큼 차이가 날 것이다. 수십 년을 무의미하게 보내는 사람도 있고 죽는 날까지 매 시간을 의미 있고 보람차게 보내는 사람도 있을 것이다.

셋째, 4차 산업혁명이 일자리의 변화를 유발할 것이다. 유망했던 직업이 AI로 대체되고 새로운 직업이 등장할 것이다. 가치관도 바뀌고 직업관도 바뀔 것이다. 없어지는 직업도 있지만, 새로이 생겨나는 직업도 있기 마련이다. 이 역시 준비하고 대비한 사람의 몫이다.

넷째, 생명주기와 신체적 나이의 의미가 변할 것이다. 자동차를 예로 들어보자. 관리를 잘해서 20년을 운행했는데도 멀쩡한 자동차가 있고, 산 지 5년이 지났을 뿐인데 여기저기 망가진 차도 있다. 사람도 마찬가지이다. 물론 타고 난 것도 중요하지만, 자기관리를 잘해서 나이에 비해 건강 나이가 훨씬 젊은 사람도 있기 마련이다.

다섯째, 전통적인 경쟁력의 의미가 바뀔 것이다. 이 점이 중요하다. 바뀐 세상에 요구되는 경쟁력이 무엇일까 공부해야 한다.

이러한 변화는 새로운 패러다임을 만들고 그에 걸맞은 삶의 패턴을 요구할 것이다. 예를 들어 오래 산다는 것은 삶에 필요한 조건이 더 많이 필요하다는 것이다. 앞에서 상세하게 설명했듯이 사람이 생존해 있는 한 인생의 여러 비용이 필요할 수밖에 없다. 기초적인 생계비, 주거비, 병원비, 그리고 품위 있는 삶을 위한 각종 경비는 늘어날 수밖에 없다. 이러한 생애 필요자금들은 항상 제공되어야 한다는 것이다.

인류는 오랫동안 수렵과 채집을 거쳐 농업이나 목축이나 어부로서 삶을 유지해왔다. 즉 죽는 날까지 삶의 현장에서 일하면서 생계에 필요한 것들을 얻기 위해 일하고, 그 과정에서 존재감을 느끼고 꿈을 이루면서 살아왔다.

앞에서도 언급했지만, 최초로 퇴직하면 일이 없어지는 산업사회가 되면서 **인간은 삶과 일터가 부조화되는 상황을 접하게 되었다.** 즉 지금 우리가 마주하는 것처럼 생계와 직업의 수명이 일치하지 않은 상황이 되었고, 그 기간이 점점 더 길어진다는 것이다. 그래서 누구나 일할 수 없는 시기에 필요한 것들을 미리 준비하거나, 아니면 일하는 시간을 최대한 늘려야 한다.

미래를 위한 준비

그렇다면 이러한 미래를 위해 우리는 어떤 준비를 하면 될까?

첫째, 오래 일할 수 있는 직업을 가져야 하고 그에 걸맞은 경쟁력을 가져야 한다. 이전 세대처럼 학업을 마치고 한 회사에 입사해서 안정적인 수입을 받다가 은퇴하던 패러다임이 유효하지 않을 수 있다. 요즈음 젊은 세대들이 공무원에 목을 매고 의사나 변호사 같은 자격증을 선호하는 이유가 바로 안정적으로 일할 수 있는 직업을 원하기 때문이다. 산업사회 형태의 안정적인 직업보다 오래 일할 수 있는 본인만의 경쟁력이 무엇인지 시간을 두고 개발해야 한다.

둘째, 급한 것보다 중요한 것을 보는 눈이 필요하다. 우리의 준비와 상관없이 우리가 예측한 미래는 무조건 오게 되어 있고, 다가올 미래에 필요한 것을 보는 눈이 필요하다. 무엇보다 현실을 용기 있게 직면하고 구체적으로 행동하는 것이 필요하다.

셋째, 100년 삶을 유지할 수 있는 인생 메커니즘을 만들어야 한다. 그 메커니즘이란 인생의 에너지 편에서 설명할 인생의 에너지를 만드는 것이다. 그다음으로는 자신의 인생 목적을 이룰 수 있는 프로세스를 만들고 실행하는 것이다. 이런 삶이 바로 진정한 의미의 은퇴 없이, 우리 삶을 보람 있게 만들어가는 것이라 믿는다.

마지막으로 경쟁력을 유지해야 한다. 경쟁력이란 건강을 관리하는 것, 신체를 단련하는 일, 꾸준히 공부하는 일, 건전한 인간관계를 유지하는 것들이 있을 것이다.

송해 선생님은 아흔이 넘는 연세지만 아직도 왕성히 활동하신다. 김형석 교수님은 100세가 되셨는데 아직도 현업에서 열정적으로 강의하신다. 얼마 전까지 이동국 선수는 마흔이 넘는 나이로 축구선수로는 황혼기라 할 수 있는 나이인데도 불구하고 엄격한 자기관리로 왕성하게 현역 선수 생활을 했다. 이처럼 세상이 변하지만, 그 변화에 적극적으로 대응하는 사람은 시간과 상황을 떠나 자신의 몸값을 유지할 수 있다.

7. 인생의 목적과 일의 중요성

인생의 목적이 분명하면 행동도 명확해진다. 인생의 목적을 바로 알고 무엇이 그 목적을 가져다주는지 아는 것은 인생 4막을 빛나게 살기 위해 우리가 가장 먼저 정리해야 할 부분이다. 사람은 누구나 행복하기를 원하고 성공이 행복을 가져다준다고 생각한다. 나에게 없는 것이 남에게 있으면 부러워하고 남과의 경쟁에서 승리하여 남이 가지지 않은 것을 갖기를 원한다.

인생의 목적에 관한 생각이 모두가 같을 수는 없을 것이다. 누구나 진지하게 자기 삶의 목적에 대해 생각해보는 것은 각자의 삶을 더 의미 있게 살아가는 계기가 될 수 있다. 일찍이 아리스토텔레스는 『니코마코스 윤리학』이란 책에서 **"인생의 목적은 행복추구에 있다."**라고 했다. 여기서 말하는 행복이란 단어의 사전적 정의는 '만족·즐거움·기분 좋음'을 의미한다.

얼마 전 가족과 함께 식사하다가 가볍게 최근에 행복한 순간에 관해 이야기한 적이 있었다. 나는 골프를 하면서 즐거움을 느낀다 했고, 내 아내는 진리를 깨달아가는 영성 훈련과정에 깊은 즐거움을 느낀다 했고, 내 아들은 먹고 싶은 음식을 혼자 먹을 때 행복하다고 하고, 내 딸은 급여날 제일 행복하다고 했다. 물론 기분 좋음이나 즐거움을 느끼는 것은 사람마다 다르며 일시적인 것도 있고, 근원적인 것도 있다. 사람들은 보편적인 행복의 조건에서 행복감을 느끼지만 한편 개별성이 강하게 작용하기도 한다. 내가 주목하고자 하는 것은 **행복을 추구하는 인간의 본성이 우리 삶에서 가장 근원적이고 강력한 에너지라는 것이다.**

행복 추구 에너지

어쨌든 사람들은 각자 나름의 행복을 추구하면서 인생의 어려움과 고난을 극복해나간다. 나의 지난 시절을 돌아봐도 어떤 순간에도 그때 그때 내 나름의 즐거움과 만족감을 위해 부단히도 애썼던 것으로 기억된다. 어린 시절부터 지금까지를 돌이켜보면 나 역시 행복 찾아 3만 리 길을 가고 있는 사람 같다.

우리 세대들의 어린 시절은 대부분 가난했다. 기본적인 의식주 문제가 해결되지 않았다. 당시에는 몰랐지만 돌이켜보면 베이비붐 세대가 보낸 어린 시절은 해방되고 6.25가 끝난 지 얼마 지나지 않은 시기인지라 식민지 시대의 잔재와 전쟁의 후유증이 생활 곳곳에서 사람들을 짓누르고 있었다. 나 역시 이 모든 변화를 생생하게 기억하고 있다.

학교에서는 정기적으로 때 검사를 했고 회충약을 나누어주었고 이 잡는 약을 옷에 바르기도 했다. 물론 전기도 보급되지 않았으니 TV 같은 기본적인 전자제품도 없던 시절이었다. 그런 암울한 시대였지만 어린이들은 오징어 게임이나 구슬치기나 종이 딱지놀이 등을 하면서 즐거워했다. 나는 당시에 구슬 1,000개만 있다면 더 바랄 것이 없겠다고 생각했다. 종이 딱지를 좀 더 갖는 것이 나를 행복하게 해주는 것들이었다.

어린 시절 농촌 마을은 늘 일손이 부족했기에 온 가족이 집안일에 동원되어야 했다. 나는 천성적으로 그런 육체노동을 싫어했던 것 같다. 서울로 유학 간 형을 보고 시골 탈출의 꿈을 꾸게 되었고 3년 반의 투쟁을 통해 초등학교 6학년 여름방학 때 서울로 전학을 왔다. 나를 행복하게 하는 것은 오직 서울 유학이었다. 그 후로 상당 기간 행복했고 만족스러웠다. 왜냐하면 노동으로부터 탈출하는 것이 가장 큰 목적이었기 때문이다.

1970년대 초만 해도 서울의 아침을 깨운 것은 화장실을 청소하는 아저씨들의 풍경 소리와 "똥 퍼~" 소리였다. 대부분 사람은 연탄불을 꺼뜨리면 안 되었고 연탄불에 밥을 짓고 찬물로 빨래했다. 모두 그렇게 살았고 비교 대상도 없었다. 고단한 삶이었지만 사람들이 불행하다고 느끼지는 않았던 것으로 기억한다. 학창 시절에는 시험을 잘 치르면 행복했고 여학생들이 버스에서 가방을 받아주는 작은 호의에 가슴이 설레었다.

그렇게 학업을 마치고 회사에 입사해서는 사회 분위기에 맞추어 결혼을 하고 집을 사고 회사에서 인정받기 위해 쉼 없이 달려왔다. 돌아보면 많은 일이 있었고 어떤 경우는 별로 중요하지 않은 일에 목숨을 걸기도 했다. 정말 중요한 일들을 소홀히 하면서 지나친 시간도 많았다는 생각이 든다.

다만 한 가지, 나를 그렇게 열심히 살게 하고 쉼 없이 달리게 했던 에너지가 무엇이었지 생각해보면, **어떤 경우에도 행복하고 싶은 마음이 내 인생의 첫 번째 에너지였음을 확인하게 된다.** 만약 어떤 순간도 행복을 추구하는 마음이 없다면 나는 결코 열정적인 삶을 살아갈 수 없을 것 같다. 나를 행복하게 했던 것들은 나이에 따라, 환경에 따라, 내 마음에 따라 달라졌지만 늘 그것이 나의 첫 번째 에너지임을 고백하게 된다.

나는 강의를 할 때면 "지금 행복하다고 생각하십니까? 지금 불행하다고 생각하십니까? 그냥 그렇습니까?"라는 세 가지 질문을 꼭 해본다. 많은 사람이 첫 번째와 세 번째에는 손을 들지만 두 번째에는 손을 들지 않았다. 인간은 어떤 경우도 불행감을 느끼고 싶지 않도록 만들어졌는지도 모른다. 예를 들면 자식이 사고로 손발이 골절되면 그 순간 당황하다가도 금세 이 정도여서 다행이라고 생각한다. 불행감보다는 행복감으로 마음을 돌리려는 경향을 볼 수 있다. 자식이 원하는 학교에 못 가고 재수나 삼수를 하게 되면 '인생에서 1~2년이 뭐 그리 대단한가?' 하고 성품 착한 것이 더 중요하다며 애써 위안을 한다. 남편이 회사를 실직하게 되면 처음에는 엄청나게 당황하지만 이내 '산 입에 풀칠이야 하겠는가' 하고 마음을 다잡기도 한다. 나 역시 늘 그랬다. 자기 합리화일 수도 있지만, 불행보다는 행복을 향하려는 인간의 본능에서 더 원인을 찾고 싶다.

행복의 조건

그렇다면 우리의 인생에 중요한 에너지가 되는 행복의 조건들에 대해 좀 더 생각해볼 필요가 있을 것이다. 즉 행복의 근원이 어디에 있는지 안다면 우리는 좀 더 의미 있는 인생을 만들어 갈 수 있을 것이다.

우리는 다양한 경우를 통해 행복을 느낀다.

첫째로는 자신에게 주어진 것들을 감사하면서 소소한 것에서 만족감을 느끼기도 한다.

둘째로는 외적인 성공이 아니라 정신적인 성숙함에서 행복감을 느낀다. 나는 이런 것들은 다분히 의지적인 부분이 작용된 경우라고 생각하고 절대적 행복이라고 말하고 싶다.

세 번째는 재정적으로 안정되어갈 때, 직장에서 지위가 올라갈 때, 아파트 평수가 넓어질 때, 삶의 질이 좋아질 때, 인간관계가 원활하게 돌아갈 때, 자녀가 잘 자라 자리를 잡아갈 때, 좋아하는 취미 생활을 누릴 때처럼 상황이나 환경이 좋아질 때 사람들은 존재감과 성취감을 느낀다. 이것을 난 상대적 행복감이라 말하고 싶다.

내 경우는 늘 첫 번째보다는 세 번째 행복을 좇으면서 젊은 날을 보내왔고 일정 부분 성공적이었다. 그런데 회사를 나온 후 일이 없어지면서 많은 부분 혼란을 겪어야 했다. 나를 늘 만족스럽게 해주었던 많은 요소가 회사를 나온 후 일거에 흔들리는 경험을 하게 되었다.

늘 나의 것으로 생각했고, 늘 익숙했던 것 중의 많은 것들이 잠시 내게 머무르는 것뿐이었다는 사실이 당혹스러웠다. 일이 없어지니 회사에서 지급하던 급여가 사라지고 자동차가 사라졌다. 나를 늘 가까이서 도와주던 직원이 사라지고 나의 호칭도 사라졌다. 그렇게 되자 인간관계도 영향을 받고 좋아하는 취미 생활도 영향을 받았다. 한마디로 나에게 행복감을 주는 행복의 조건들이 일거에 사라진 것이다. 이러한 외적인 것들 말고도 늘 일에 대한 열정으로 내 가슴을 뛰게 했던 성취감과 존재감이 사라져버린 것이 너무나 당황스러웠다. 처음 경험하는 감정이었다.

회사를 나온 후 강하게 드는 생각이 있다. 지난 시절을 미화하는지는 모르겠으나 지금까지 살아오면서 행복하지 않거나 가슴이 뛰지 않은 시절이 없었던 것 같다. 가난했던 어린 시절에도, 혼자 지냈던 길고 긴 학창 시절의 고단한 시절에도, 상대적으로 가진 것이 별로 없었던 젊은 시절에도 행복하지 않은 적이 없었다. 과거와 비교하면 지금은 그런대로 가진 것이 많아졌다. 차이가 있다면 좀 더 나이가 많아졌고 다니던 직장을 나온 것뿐이다. 그런데 과거처럼 흥분되거나 만족스럽지 않다. 이유가 뭘까? 여러 이유를 생각해볼 수 있겠으나 첫 번째 이유는 막연하더라도 가슴 뛰는 꿈이 없어졌다는 것과 그로 인한 존재감의 저하가 아닐까 생각해본다. 치열하게 일하면서 몰랐던 내 삶의 본질적인 부분에 대한 실체를 직면하게 된 것이 아닐까 생각한다.

어린 시절, 학창 시절, 직장생활을 이어오면서 퇴직 후의 시기에 필요한 것들과 나에게 감동을 주고 가슴을 뛰게 하는 것에 대한 준비가 없었다. 어린 시절에는 단순한 놀이와 원하는 옷들과 맛있는 음식들로 충분히 행복했다. 학창 시절에는 성적이 좀 나오고 어느 정도 친구들과 교제만 이루어져도 행복했다. 직장 생활에서는 직장에서의 성과와 성취가 행복을 가져다주었다. 그러나 지금 시기에 나를 행복하고 보람 있고 가슴 뛰게 하는 것은 무엇인가? 그것이 명확하게 떠오르지 않는다. 행복은 백화점에서 돈을 주고 사거나 은행에서 대출을 받아 살 수 있는 것이 아니다.

일 터, 밥 터, 꿈 터

나의 삶에서 바뀐 거라고는 그간 열정적으로 해왔던 일이 바뀌었다는 것뿐이다. 일이란 생계수단 이상의 의미가 있다. 일을 통해 일차적으로 수입을 얻고 지위를 갖게 되고, 사람들과 관계를 갖게 되며 또한 성취감을 느낄 수 있다. 그러나 무엇보다도 내가 무엇을 한다는 존재의미를 느끼게 된다. 이렇게 우리는 일을 통해 우리를 행복하게 하는 것들을 채우고 우리의 행복을 가로막는 저해요소들을 의지적으로 제거해 나간다.

사람마다 추구하는 가치가 다르고 행복감을 느끼는 요인도 다를 것이다. 봉사의 삶에서 깊은 보람을 느끼는 사람도 있다. 자연인의 삶에서 만족감을 느끼는 사람도 있다. 끊임없는 재정적 성공에서 만족하는 사람도 있다. 사람들에게 행복감을 주는 돈, 인간관계, 성취감, 존재감 등이 대부분 일과 관련이 있다. **직장이란 사실 우리에게 일 터이자 밥 터이자 꿈 터인 셈이다.**

인생 3막의 시대에 접어들었다. 그간 소홀히 생각했던 것들이 중요해진다. 가족과 보내는 시간이 많아졌고 아내에게 의존하는 마음이 훨씬 커졌다. 회사에서 건성으로 만났던 동료나 후배들과 만남이 훨씬 소중해졌다. 소소한 일상의 작은 일들의 가치가 크게 느껴진다. 좋은 책에서 느껴지는 감동이 배가됨을 느낀다.

앞에서 언급했듯이 지구상에서 수만 년 전부터 살아왔을 인간에게 은퇴란 없었을 것이다. 인구 대부분이 농사나 어업 등에 종사했던 인간들은 늘 일터에서 일하다가 그곳에서 생을 마감했을 것이다. 우리 할아버지도 그랬고 우리 아버지도 그랬다. 즉 삶의 현장에서 의식주를 해결하고 나름의 꿈을 꾸고 존재감과 성취감을 느끼면서 생을 마감하였을 것이다.

그러나 산업 구조가 변하고 인간의 수명이 늘어나면서 일할 수 없는 시간이 처음으로 많아진 것이다. 평균수명이 기하급수적으로 늘어나는 이 시대에 인생에 대한 전반적인 재조정이 필요하다. 과거 패러다임으로는 달라진 우리들의 삶을 행복하게 채울 수 없다. 인생설계에 대한 전면적인 재검토가 필요하다.

대부분 인생 2막에서 삶을 마감했던 할아버지 이전 세대와 인생 4막까지 인생 여정을 가야 하는 지금 세대들의 삶에 대한 접근법은 완전히 달라야 한다. 그리고 1막에서 해야 할 일과 2막에서 해야 할 일, 그리고 3막에서 해야 할 일을 지혜롭게 해낼 때 마지막 4막을 아름답고 품위 있게 마무리할 수 있을 것이다.

지난 시절이 행복했다 해도 오늘 하루가 고통스러우면 그 고통은 인생 전체를 무너뜨리는 법이다. 어떻게 하면 우리 인생의 목적을 잘 이루어나갈 것인지는 이미 언급하였다.

8. 인생 에너지 만들기

　내가 어렸을 때의 기억이다. 어머니는 명절이면 떡이나 엿기름을 만드시곤 했다. 그때마다 장작불에 불을 피웠던 기억이 생생하게 남아 있다. 석유나 가스나 전기가 아직 보급되지 않은 시절이어서 장작불을 피우는 절차는 번거로운 일이었다. 먼저 성냥으로 불을 지펴서 불씨를 만든 다음 마른 풀 등을 이용해서 입으로 호호 불어가며 불을 지펴야 한다. 그다음 어느 정도 화력이 세지면 마른 나뭇가지 등을 넣어서 화력을 키워야 한다. 이 과정에서 눈물 콧물을 흘려야 했다. 막상 화력이 세지면 연기도 나지 않고 맵지도 않고 입으로 호호 불어줄 필요가 없다. 다음에는 무엇을 넣어도 잘 탔다. 불길이 뜨거울 때는 푸른 소나무 가지를 넣으면 화력은 더 세진다. 그런데 그렇게 강한 장작불도 쇠꼬챙이로 저어주지 않으면 이내 화력은 사그라진다.

　어렸을 때는 영문도 모르고 어른들이 시키니까 쭈그리고 앉아서 눈물 콧물 흘리면서 불을 지폈다. 불을 피우려면 발화점이 필요하고 화력이 세어져야 장작같이 큰 나무도 태울 수 있다. 화력을 지속하려면 산소가 계속 공급되어야 한다는 것을 나중에 알았다.

　우리가 뒷동산에 오를 때 준비하는 준비물과 에베레스트 산에 오를 때 준비하는 준비물은 다르다. 하루짜리 여행준비물과 10여 일 해외여행의 준비물이 다르다. 우리 삶도 마찬가지다. 큰 목표를 가진 사람과 작은 목표를 가진 사람의 인생 에너지는 다르다. 우리가 뭔가를 이루고자 한다면 원하는 갈망이 있어야 한다. 그 갈망이 행동을 유발하기 때문이다. 그러나 그러한 일시적인 행동보다 더 중요한 것은 그것을 지속하기 위한 무엇이다. 장작불이 꺼지지 않게 하려면 산소가 필요하듯이 우리의 행동이 지속하기 위해서는 산소 역할을 하는 그 무엇이 필요하다. 그 무엇이 바로 인생의 에너지라 생각한다.

나는 현장의 경험에서 높은 성과를 만들기 위해서는 지식이나 환경이나 기술도 중요하지만, 행위자의 자세가 가장 큰 영향을 미친다는 것을 확인했다. 여기서 말하는 **자세란 비전, 꿈, 열정, 책임감, 사명감, 공동체 의식과 간절함 등과 같은 정신적 부분이다.** 이를 정신력이란 말로도 표현하지만 나는 이런 것을 총칭하여 **인생의 에너지라고 정의하고 싶다.** 아무리 개인적 잠재력이 탁월해도 그 잠재력을 끌어내고자 하는 이 에너지가 없다면 그는 아무것도 할 수 없다. 반면 물리적인 조건이나 환경적 또는 신체적 조건이 부족해도 이를 극복할 만큼의 에너지가 있다면 그는 위대한 성과를 이룰 수 있다. 이러한 사례는 차고도 넘친다. 이 장에서는 인생의 다양한 에너지를 살펴보고 또 어떻게 에너지를 지속해서 충전하고 유지할 것인가에 관해 이야기하고자 한다.

수많은 앱이 깔려 있어서 우리의 삶을 혁명적으로 편리하게 해주는 스마트폰을 생각해보자. 기계치인 내가 볼 때 내 손안의 스마트폰은 아무리 봐도 신기하고 놀랍다. 그 안에 온갖 것들이 다 들어 있다. 은행업무, 전화, 메일, 실시간 뉴스, 내비게이션, 카메라, 계산기 등 세상에 없는 것이 없다. 옛날에 시집 장가가는 사람들이 오늘날의 스마트폰에 있는 기능을 모두 혼수로 장만한다면 그 양이 얼마나 됐을까? 놀라울 뿐이다.

요즈음 자동차는 전자제품이라 할 만큼 최첨단 사양들이 탑재되어 있다. 자동차와 스마트폰에 탑재된 기능만 가지고도 할 수 있는 것들이 너무나 많다. 그러나 난 이것들을 볼 때마다 늘 어린 시절 장작불 지피는 생각이 난다. 스마트폰이나 자동차에 에너지가 없다면 이것들은 무용지물에 불과하다. 방전된 스마트폰은 아무리 최신식이라 해도 어떠한 기능도 못한다. 만약에 사막에서 길을 잃었는데 기름이 꽉 찬 중고 자동차와 수억이 호가하지만 기름이 없는 자동차 중에서 한 대만 선택해서 가질 수 있다고 하면 어떤 차를 선택하겠는가? 말할 것도 없이 유치한 질문일 것이다. 이처럼 에너지의 의미를 깊게 생각해보지 않을 수 없다.

에너지의 의미

에너지의 사전적인 의미는 '물체가 일할 힘이나 능력'이다. 에너지가 없으면 생명체도 기계도 움직일 수 없다. 좀 더 넓게 보면 빅뱅으로 시작되는 우주도 에너지로 시작되고 인류의 문명도 에너지의 발전과 함께했다 할 수 있다. 사람도 마찬가지이다. 생존을 위해서는 신체를 움직일 만큼의 기초 대사량과 활동 대사량에 쓰일 에너지가 필요하다. 지나치면 비만이고 부족하면 생명유지가 안 된다. 정신도 마찬가지다. 아이큐가 좋고 타고난 잠재력이 아무리 크다고 해도 삶에 대한 의지가 없다면 소용없다.

우리나라는 수년째 OECD 국가 중 가장 높은 자살률을 기록하고 있다. 사연은 모두가 다를 것이다. 어떠한 이유라 해도 그들은 그 상황에서 삶을 유지할 수 있는 에너지가 0이 되어버린 것이다. 삶을 유지할 수 있는 많은 이유, 말하자면 목표나 꿈이나 사람들과의 관계나 책임감들이 더는 에너지가 되어주지 못하는 것이다.

생을 스스로 마감하는 사람들의 가장 큰 이유가 우울증이라 한다. 그들 중에는 보통 사람보다 더 좋은 재능과 외모를 타고났을 뿐 아니라 사회적으로 성공하고 유명한 사람도 많다. 그래서 우울증이 정말 무서운 병이란 생각이 든다.

반대로 과도하고 비정상적인 정신 에너지를 가진 독재자나 정복자들의 에너지는 많은 사람의 생명을 앗아갔다. 칭기즈칸, 알렉산더, 중국의 진시황, 히틀러 시절의 병사들은 의미 없는 죽음을 맞이했을 것이다. 톨스토이*는 작품 『전쟁과 평화』에서 러시아와 나폴레옹의 프랑스와의 전쟁을 그리면서 권력자나 그 참모들이 일으킨 전쟁으로 말미암아 아무런 목적도 이유도 없이 죽어가는 수많은 병사의 허망한 죽음을 보고 느끼는 무의미성과 무가치를 개탄한다. 에리히 마리아 레마르크**는 『서부 전선 이상 없다』에서 전쟁 광기가 부른 전쟁의 무의미성과 전쟁이 평범한 인간들을 어떻게 파괴하는지를 그리고 있다. 그래서 인간의 삶에서 신체적으로나 정신적으로 균형 잡힌 에너지는 필수 불가결의 요소인 것이다.

기계는 한 가지 에너지만 공급되면 계속 약속된 기능을 한다. 그러나

---

* 톨스토이(1828~1910): 러시아의 소설가, 철학자. 대표작으로 『전쟁과 평화』, 『안나 카레니나』 등이 있다.
** 에리히 마리아 레마르크(1898~1970): 독일 태생의 소설가. 1차 세계대전에 참전한 경험을 바탕으로 전쟁의 참상을 고발했다.

사람은 공통으로 영향을 받는 요인도 있으나 각자에게 특별히 강하게 적용되는 에너지가 따로 있다. 그래서 사람들은 자기를 움직이는 에너지들을 공급받아야 삶을 역동적으로 유지할 수 있다. 이 점이 바로 사람에게 동기부여를 하기가 어려운 이유이기도 하다.

에너지의 종류

땡볕에서 힘들게 일하는 농부나 추운 시장에서 물건을 파는 아주머니, 열심히 공부하는 학생과 이른 새벽 만원 지하철에 힘겹게 출근하는 직장인, 그리고 숨이 끊어질 정도로 훈련하는 사람들도 모두 그들을 움직이는 에너지가 있을 것이다.

과거에는 '잘살아 보세. 공산당은 싫어요. 민주화'와 같이 시대를 관통하는 획일적이고 보편적인 개념들이 큰 에너지가 되기도 했다. 지금은 인권이 신장되고 다양성이 확장되고 세대 차가 커지면서 사람에게 미치는 에너지가 더 다양해졌다.

특히 베이비붐 세대들은 가난한 어린 시절을 보내고 고도성장 시대를 살아왔기에 표준적이고 비슷한 동기들이 열심히 살아가는 에너지가 됐다. 가난했기에 좀 더 좋은 것들이 주어질 것이라는 이유로 열심히 공부해서 좋은 학교, 좋은 직장을 가려고 일사불란하게 공부에 매진했다. 회사에서는 열심히 일하면 승진은 물론 원하는 것이 주어진다는 확신으로 모든 것을 희생하고 일에 매진했다. 덕분에 일부는 승진하고 어느 정도 보상을 받아 집도 넓히고 차도 사고 좀 더 편리한 삶을 보상받기도 했다. 그러나 이 시대에도 사람에 따라 전혀 다른 에너지로 살아가는 사람도 있었다.

우리 세대는 민주화가 진행되던 시절에 학창 시절을 보냈다. 나같이 내 앞가림도 제대로 못하는 평범한 사람도 있지만, 장래가 촉망되는 우수한 학생들이 민주화를 위한 활동을 하다가 개인의 안락한 삶을 포기하는 경우도 많았다. 그들을 움직이는 에너지가 불의에 항거하는 강한 정의감이었기에 가능했을 것이다. 얼마 전 세상을 떠난 이태석 신부 역시 의사로서의 안락한 삶을 포기하고 아프리카의 불쌍한 사람들을 위해 삶을 오롯이 던지셨다. 그 외에도 독립운동, 노동운동, 환경운동처럼 자신의 삶을 희생할 만큼의 다른 에너지로 살아간 사람도 많다. 나는 그런 분들에게 부채의식이 있다.

내 동료 임원 한 분은 두 자녀를 조기 유학을 보냈는데 아이들이 아주 재능이 많아 보였다. 그러나 월급쟁이 혼자 힘으로 두 명의 자녀를 미국에 보내는 것은 만만치 않은 일이다. 그래서 그는 급여로 해결이 안 되니까 집을 전세, 월세로 바꿔가면서 자식을 뒷바라지하고 있었다. 그래서 어느 날 내가 그렇게까지 하는 이유가 뭐냐고 물은 적이 있었다. 시골 출신인 그는 부모님께서 고생해서 본인을 서울 유학을 보내주셨다고 했다. 그런데 자신은 부모님에 비교하면 상황이 훨씬 낫기에 자식을 외국으로 유학시키는 것이 당연하다는 것이었다. 나는 그 정도의 교육열이 없지만, 그가 참 대단하다고 생각했다. 자녀에게 더 좋은 교육의 기회를 제공하는 것이 그 임원에게는 큰 인생 에너지였다.

요즈음은 유명해진 김명민, 손현주, 김상호, 조성한, 곽도원, 진선규 씨 등은 긴 무명배우 시절을 보냈다. 그들은 오직 연기에 대한 한결같은 열정으로 버틴, 탄탄한 연기력이 돋보이는 배우들이다. 앞날에 대한 확실한 무엇이 없었던 그들에게는 연기에 대한 열망이 유일한 에너지였다.

조용필 씨는 가수에 대한 열망으로 명문 고등학교에 다니다가 가출하여 허름한 미 8군 무대에서 기타를 치며 무명의 시절을 보냈다고 한다. 수년 전 조용필 씨는 수원 공연에서 관객으로 오신 아버지 앞에서 이 이야기를 했다. 당시 집 나간 아들을 찾아오신 아버지께서 허름한 지하 술집에서 밴드 생활하는 모습을 보게 되었고, 나중에 아버지의 심정을 생각하면서 죄송했다고 고백했다. 그를 움직인 에너지는 그 무엇도 아니고 음악에 대한 열망이었다. 내가 만난 설계사 한 분은 상당히 급여를 많이 받는 분이었는데 여러 명의 독거노인을 봉양하시는 분이셨다. 그분은 한 명이라도 더 많은 노인을 돕는 것이 본인의 꿈이라 하셨다.

사람을 움직이는 에너지를 좀 더 체계적으로 알아보기 위해 우리에게 익숙한 매슬로*가 말한 인간 욕구 이론을 살펴보자.

다음 페이지 그림에서처럼 사람에게는 가장 먼저 생리적 욕구가 있고 그다음은 안전에 대한 욕구, 소속감과 애정 욕구, 존중의 욕구, 자아실현의 욕구가 있다. 일차적인 욕구에 머물러 있는 사람도 있고 한 차원 높은 수준의 에너지로 움직이는 사람도 있다. 사람을 움직이는 에너지가 다르기에 자신에게 강한 동기부여가 되는 에너지를 알아내야 한다. 이러

---

*매슬로(Abraham H. Maslow, 1908~1970): 미국의 인본주의 심리학자. 동기화 이론과 욕구 위계 이론으로 유명하다.

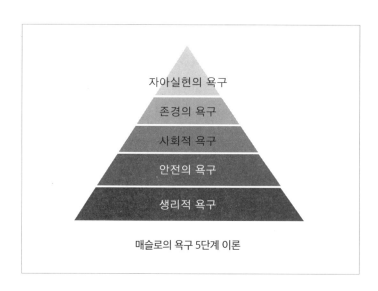

자아실현의 욕구

존경의 욕구

사회적 욕구

안전의 욕구

생리적 욕구

매슬로의 욕구 5단계 이론

한 에너지는 불변도 아니고 한두 가지도 아니다. 어린 시절부터 인생의 비전과 꿈에 걸맞은 에너지가 정리된다면 훨씬 더 성공적인 삶을 만들어 갈 수 있다.

우리를 움직이는 에너지를 분류해보면 첫째로 행복을 추구하는 본능적인 에너지와 비전과 꿈을 이루려는 에너지, 남에게 인정받고 싶어 하는 에너지와 같은 보편적인 에너지가 있다. 이런 에너지는 정도의 차이는 있을지언정 누구에게나 공통되는 에너지이다.

둘째로는 자신의 경쟁력을 끌어올리려는 에너지, 자신이 가진 잠재력을 개발하고자 하는 에너지, 최고가 되고자 하는 자기계발의 에너지가 있다.

셋째로는 누군가에게 부채의식을 가지고 사람답게 살고자 하며, 품격 있는 삶을 살고자 애쓰는 에너지가 있다.

마지막으로 더 나은 세상을 갈망하는 에너지, 공생의 길을 함께하려는 에너지 등이 있다. 이처럼 사람들은 다양한 에너지를 바탕으로 각자의 삶을 영위해간다.

나를 움직이는 에너지

이 글을 읽고 있는 독자들에게 질문해보고 싶다. "당신을 움직이는 에너지는 무엇입니까?" 이 질문에 선뜻 명쾌하게 답하기는 쉽지 않을 수 있다. 어쩌면 별로 생각해보지 않았을 수도 있다. 그러나 이런 문제를 고민하고 정리해보는 것이 인생 4막이란 긴 여정을 훨씬 더 알차고, 성숙하게 해준다.

나의 경우를 되돌아보면 젊은 시절 아무 생각 없이 살았던 것 같다. 인생의 비전도 꿈도 생각해보지 않았다. 고단한 학창 시절에는 그저 하루하루 살아가기가 힘들어서 머릿속에 이런저런 생각도 못 해본 것 같다. 그저 아르바이트하고 생계를 해결하는 일이 급선무였기에 나에게 대학 시절은 암흑 시절로 남아 있다. 두고두고 아쉬운 시절이다.

졸업 후 회사에 들어와서는 그저 앞만 보고 달렸다. 가족에게도 주변 사람에게도 여유 있게 다가서지 못했던 긴 시간이었다. 회사생활을 하나하나 반추해보면 삶을 훨씬 더 잘 살아낼 수도 있었겠다는 아쉬운 마음이 든다.

그런데 어느덧 퇴직하고 3막의 인생이 내 앞에 기다리고 있다. 다른 사람들도 이런 순간이 오면 나와 비슷한 생각을 하게 될 듯싶다. 그래서 나는 과거처럼 시류에 편승해서 생각 없이 살지 말아야겠다고 마음먹었다. 최소한 생각을 정리하고 의식 있는 시간을 가져야겠다. 생각이 바뀌면 행동이 바뀌고, 행동이 바뀌면 습관이 바뀌고, 습관이 내 인생을 바꾼다고 말하면서 내가 실천하지 못할 이유가 없다. 내가 잘할 수 있는 일을 찾아내고 나에게 보람을 느끼게 하는 일, 그리고 재미있는 일을 찾아야겠다. 무엇보다도 지난 시절 나에게 부여된 과거의 훈장과 마음의 아쉬움을 내려놓는 훈련을 하면서 말이다.

나의 남은 인생은 품격 있는 삶이 되었으면 하는 소망이 있다. 젊은 날 열정과 패기로 달려왔지만, 이제는 성숙해지려 애쓰는 시간으로 채워야겠다는 생각이 든다. 이것이 최근에 나를 움직이는 에너지이다. 문제는 품격 있는 삶이 그리 녹록지 않다는 것이다.

질문하고 싶다. **"당신은 건강한 에너지를 가지고 있는가? 당신 가슴을 뛰게 하는 에너지는 무엇인가? 당신 인생의 에너지양은 충분한가? 당신 인생의 에너지의 근원은?"** 스스로 답을 찾다 보면 생각나는 것들이 있기 마련이다.

지구는 태양 주위를 돌고 있다. 우리는 태양이 발산하는 에너지를 사용하고 있다. 우리 주변에도 남에 대해 따뜻한 관심이 있고 겸손하고 남 칭찬을 잘하고 남을 인정하고 자신의 이야기보다 남을 돋보이게 해주는 사람이 있다. 이런 사람은 YES형의 인간, 즉 긍정의 에너지를 가진 사람이고 남의 인생 에너지를 높이는 사람이라고 생각한다. 훌륭한 리더 역시 누군가의 에너지를 일으키는 사람이다. 이런 사람은 태양 같은 사람이다.

반면 만날 때마다 남에 관해서는 관심이 없고 자식 자랑, 돈 이야기를 하면서 세상 탓에 열 내는 사람도 있다. 난 이런 사람을 NO형 인간이라 분류하고 남의 에너지를 다운시키는 부정의 에너지를 가진 사람이라 생각한다.

성공적인 성과를 만들어가기 위한 첫 번째 도전은 바로 인생 에너지를 만드는 것이다. 사람의 가장 큰 능력이 바로 에너지를 자체 생산하는 능력이다. 에너지가 없으면 나이와 상관없이 무력한 존재가 된다. 우리의 에너지는 발전되는 성질이 있다. 전자제품들이 매일 충전을 통해 그 기능을 하듯이, 우리 역시 일상사에서 방전될 수밖에 없는 에너지를 스스로 충전하는 자세가 중요하다. 이 활력이 넘칠 때 인생의 완성을 향한 도전도 가능해지는 것이다. 변함없는 에너지를 가진 사람을 나이 들었다고 은퇴자라 할 수 있겠는가? 고 정주영 씨가 노구의 몸으로 소 떼를 몰고 방북했던 모습이 생각난다. 그때 그분은 그 나이에 그런 에너지를 스스로 만들어낸 것이니, 누구보다 행복했을 것이다.

9. 자기창조 에너지

땅속에 묻혀 있는 석탄이나 석유나 불어오는 바람이나 변함없이 흐르는 강물이나 대낮을 밝혀주는 태양은 늘 존재하는 자연현상이다. 그러나 이러한 자연현상이 일정한 과정을 거치면 우리가 사용하는 에너지가 된다. 석탄이나 석유가 화력발전소를 거쳐 전기가 되고, 바람이 풍력발전소를 거치면 풍력전기가 되고 강물이 수력발전소를 거치면 수력전기가 된다. 태양열이 태양광 발전을 통해 태양 전기가 된다. 이와 같은 이치로 누구나의 마음속에 막연하게 존재하는 공상이나 바램이나 불안감 등도 에너지원이라 할 수 있다. 이들이 일정한 프로세스를 거치면 인생 에너지가 되는 것이다.

나는 이것을 **자기창조 에너지**self creating energy**라고 말하고 싶다.** 즉 막연한 바램이 구체화하면 비전이 되고 이루고 싶은 막연한 공상이 구체화하면 꿈이 되고 미래에 대한 두려움과 불안감이 목표와 대책을 세우면 해결의 에너지가 된다.

비전을 세우는 것과 꿈을 꾸는 것, 그리고 불안을 희망으로 바꾸는 능력은 인생 여정에서 우리가 어떤 순간에도 가져야 할 인생 자세이다. 왜냐면 이것이 우리 삶을 움직이는 가장 강력한 에너지 중의 하나이기 때문이다. 만약 우리에게 이 부분이 없다면 우리는 움직이지 않는 기계와 다를 것이 없다. 인간이 다른 동물이나 기계와 다른 점은 우리 스스로 에너지를 만들어내고 그 에너지를 가지고 인생의 수많은 프로세스를 작동시킨다는 것이다. 사람을 움직이는 여러 가지 에너지 중 강력하면서도 보편적인 이 에너지에 대해 생각해보고자 한다. 비전과 꿈을 위한 에너지, 불안을 희망으로 전환하는 이러한 에너지가 없다면 빛나는 인생 4막을 완성하려는 어떤 도전도 가능하지 않을 것이다. 위대한 성과를 이룬 사람 대부분은 남들이 막연하게 지나쳐버린 것들을 구체적인 에너지로 바꾼 사람들이다.

비전의 에너지

비전은 미래에 자신이 원하는 모습이다. 내가 회사생활을 하면서 후배들이나 갓 입사한 신입사원들에게 가장 많이 들었던 질문이 "우리 회사에 어떤 비전이 있느냐?" 는 것이었다. 나는 학창 시절에 오직 생계 걱정을 해야 했던 터라 미래까지 생각하지 못하고 안정된 직장을 가진 것만으로도 감지덕지했었기에 그런 반복되는 질문이 왜 나오는지 생각해보았다. 막 입사를 한 신입사원들은 자신이 회사 선택을 잘한 건지 궁금했고, 회사생활을 좀 한 후배들 역시 적응하면서 이 회사가 그들의 인생을 걸 만한 회사인지가 자못 궁금했던 것 같다.

아무튼, 이런 질문이 오면 어느 쪽이든 답변을 해야만 했다. 물론 회사 차원의 공식적인 답변을 해주었지만 정작 그들은 그보다는 나의 진정성 있는 경험을 더 기대하는 것 같았다. 어차피 이 부분은 정답이 있는 질문이 아니고 다분히 심정적인 부분이기에 나는 나의 인생관과 경험을 말할 수밖에 없었다. 내 답변이 그들에게 도움이 됐는지는 알 수 없지만, 당시에는 어느 정도 수긍을 하는 반응을 보이곤 했다.

나는 그들에게 우리에게는 두 개의 눈이 필요하다고 말했다. 하나는 멀리 보는 눈이고 또 다른 하나는 바로 앞을 보는 눈이라고 말했다. 이를테면 높은 산을 등정하는 경우를 생각해보자. 등산하기 전 먼저 정상을 그려보고 정상을 오르는 목표를 정하지 않은가? 그러나 정작 등산이 시작되면 가끔 머리를 쳐들고 산꼭대기를 보기는 하지만 우리의 시선은 바로 몇 미터 앞을 보고, 위험을 피해 가면서 한발 한발 디뎌야만 등산에 성공할 수 있다. 인생 비전도 마찬가지이다.

내가 그들에게 줄 수 있는 답변은 나의 경험밖에 없었다. 내가 언급한 첫 번째 경험은 나의 아르바이트 이야기다. 1980년 3월, 대학교 1학년이 되었다. 고3 때 아버지가 갑자기 돌아가셔서 대학을 진학할 형편이 안 되었던 나로서는 스스로 대학등록금과 생활비를 해결해야 했다. 당시는 아르바이트가 지금처럼 다양하지 않았다. 기껏해야 신문 배달이나 건설현장의 노동이나 과외선생 정도가 학생들이 할 수 있는 아르바이트였던 시절이었다.

내 사정을 딱하게 여긴 친구 어머니가 과외를 소개해주셨다. 당시 서울 영등포구 대림동에서 중학교 2학년 5명을 가르쳐 달라는 제안이었다. 과외비는 1인당 15,000원이었고 집을 제공하는 학생은 과외비를 면제하는 조건으로 총 6만 원에 중학교 2학년 남학생 3명과 여학생 2명에게 국·영·수를 주 2~3회 가르치기로 했다. 사실 당시의 과외 시세로 봤을 때도 굉장히 저렴한 가격이었지만, 찬밥 더운밥 가릴 여유가 없었던 나는 흔쾌히 그 제안을 받아들였다. 때는 전두환 신군부가 들어서는 어수선한 상태에서 대학교에는 휴교령이 내려져 있었다. 1학년생인 나는 어차피 갈 곳도 없고 할 일도 없던 터라 아이들을 가르치고 함께하는 것이 즐거웠다. 마침 5월에 중간고사도 있고 해서 원래 하기로 했던 횟수보다 많은 시간을 가르치고 과목도 국·영·수뿐 아니라 다른 과목까지 가르쳐주었다. 주말이면 아이들과 운동장에 모여 공놀이도 함께 했다. 과외를 시작한 지 3개월 만에 중간고사를 치렀는데 모두가 기대 이상의 성적을 받았다. 사실 그리 대단한 일도 아니었다. 중2 정도의 예상 시험문제는 얼마든지 만들어 가르칠 수 있는 일 아니겠는가?

그렇게 나름 즐겁게 과외선생을 하던 중 과외 금지 발표가 났다. 졸지에 3개월 만에 실업자가 되고 만 것이었다. 그런데 그 와중에 나의 과외수업을 특이하게 보셨던 한 학생의 아버님께서 나에게 면담을 요청하셨다. 말썽꾸러기 아들이 나를 좋아하니 본인 아들 한 명만이라도 과외를 계속하자는 것이었다. 한 명이지만 과외비 6만 원에 계속하자는 것이었다. 나로서는 선택의 여지가 없었다. 안전을 위해 통행 금지가 풀리는 새벽 5시에 하자고 했다. 이때부터 나의 새벽 기상 습관이 시작된 셈이다.

한 달 후 기왕 가르칠 바에는 그 학생의 초등학교 6학년 동생까지 가르쳐달라는 학생 어머님의 제안을 받았다. 그때는 얼떨결에 이루어진 일이라 별생각 없이 받아들였고 나중에 이 사건이 내 인생에서 얼마나 중요한 사건이 될지 몰랐다.

인당 15,000원에 시작했던 과외가 불과 4달 만에 12만 원에 아침까지 해결하는 수준으로 바뀌었다. 이 학생을 내가 군대 가기 전까지 가르치다 제대 후 그 학생이 대학에 진학할 때까지 관계를 이어갔다. 더 중요한 것은 이 첫 번째 과외에서 시작된 나의 과외 아르바이트가 대학 내내 계속되어 나중에 내가 회사에 입사할 때까지 이어졌다는 점이다. 무엇보다도 이 사건은 지금 주어진 작은 일이 미래를 위한 디딤돌이거나 시험대일 수 있다는 귀중한 깨달음을 주었다. 즉 작은 일에 최선을 다하는 것이 큰일을 도모하는 디딤돌이 된다는 것이다.

나의 두 번째 이야기는 신입사원 시절 때 이야기이다. 회사에 입사해서 나에게 주어진 첫 번째 임무는 물걸레질 청소였다. 회사에 입사하여 처음 한 달간 물걸레질 외에는 일이 없었다. 출근하여 20분이면 충분한 일이었다. 신입사원에게 잡무 외에는 딱히 맡길 만한 업무가 없기는 예나 지금이나 마찬가지 아닌가 싶다. 군대를 제대한 후 복학하기 전 4달간 한 달에 35만 원을 받고 낮에는 건설현장 잡부로, 밤에는 건축자재를 지키는 경비로 일한 경험이 있었기에 당시의 나는 고작 마대질 잠깐 하고 월급을 40여만 원이나 받으니 얼마나 감사한지 몰랐다. 그래서 사소한 일이라도 애써서 했다. 이를 눈여겨본 상사가 입사한 지 8개월 만에 나를 지점장으로 발탁하셨다. 아무것도 몰랐지만 참 열심히 했다.

그 후로 30년 동안 이런 원칙은 단 한 번도 틀리지 않았다. 지금 주어진 일이 비록 작은 일이라도 나의 디딤돌이 된다. 그래서 작은 일이라도 정성을 다해 최선을 다해야 한다고 믿고 있다.

우리는 경제이론에서 최소 비용에 최대 효과를 내야 한다고 배웠다. 그러나 살아오면서 내가 느낀 것은 인간관계에서는 이 원칙이 다르게 작용한다는 것이다. 예를 들어보자.

비즈니스에서 10,000원을 받고 그 대가로 15,000원의 가치를 줄 수도 있고 8,000원의 가치를 줄 수도 있을 것이다. 10,000원을 지급한 사람은 자신이 지급한 돈의 가격을 잘 알고 있을 것이다. 8,000원의 가치를 받으면 어떤 생각이 들까? 분명 표현은 하지 않아도 속았다는 느낌을 받거나 아니면 최소한 서운한 마음을 갖지 않겠는가?

반대로 10,000원을 지급했는데 15,000원의 가치를 받으면 어떨까? 고마운 마음이 들거나 빚진 마음이 들지 않을까? 내가 그런 의도로 일에 임한 것은 아니지만 사회생활을 하면서 이러한 자세는 자연스럽게 나의 가치관이 되었다. 비전을 묻는 후배들에게도 이 경험 외에는 딱히 해줄 말이 없었다.

사람들은 일반적으로 자신이 받은 것 이상의 일은 하지 않으려 했다. 누구도 사소한 일에는 정성을 다하지 않는다. 그러나 사람들은 모두 안다. 그가 최선을 다하는지 잔머리 굴리는지를. 알았지만 모르는 척할 뿐이다. 그리고 그런 평가가 사람들과 관계에서 밑받침이 된다.

난 지금도 모든 일에 이 원칙을 가지고 임한다. 회사를 나온 후로도 이 원칙은 그대로 유효하다. 즉 지금 주어진 작은 일이 나의 미래를 위한 디딤돌이라는 것이다. 그리고 내가 받은 것보다는 더 큰 반대급부를 상대에게 주도록 애쓴다.

비전에 대한 두 번째 답변은 다음과 같다. 본인이 원하는 무언가를 구체적으로 상상하고 그때를 준비해보라는 것이다.

상사 중에는 닮고 싶은 사람도 있고 반면교사로 삼고 싶은 사람도 있을 것이다. 그래서 내가 팀장이 된다면, 내가 본부장이 된다면, 내가 사장이라면, 나는 어떻게 할 것인지를 생각해보는 것이다. 또 다른 경우는 나의 나이가 10년 후, 20년 후 또는 30년 후가 됐을 때 내 모습이 어떨지에 대해 생각해보는 것이다.

미래를 구체적으로 준비하면서 나는 두 가지 측면에서 유용함을 느꼈다. 첫째로는 현재 나의 일에 임하는 자세가 진지해진다는 것이다. 둘째, 정말 내가 그 자리에 임했을 때 준비된 사람이 될 수 있다는 것이다. 지금까지 말한 비전 성취 메커니즘을 확신하는 사람과 그렇지 못한 사람의 성과는 확연히 다르다. 전자는 미래를 확신하기에 의심 없이 행동을 하게 되고 높은 성과를 낸다. 반면 비전에 대해 아무런 생각이 없는 사람들은 의심이 많아져 갈팡질팡하게 되고 당연히 성과를 낼 수 없게 된다. 모르는 길을 가는 데 내비게이션을 장착한 사람과 그냥 감으로 가는 사람의 운전이 같을 수는 없지 않겠는가?

이처럼 확고한 이상을 가지고 미래를 의심하지 않는 사람에게는 비전이 인생의 강력한 에너지가 아닐 수 없다.

꿈 에너지

꿈과 비전과 목표를 혼동하여 사용할 수도 있을 것이다. 내 나름으로 정리하여 써보면 비전이란 미래에 대한 포괄적인 개념으로 사용하고, 꿈은 그보다는 좀 더 구체적인 상태를 말하고, 목표는 꿈보다 더 세밀한 개

넘으로 정의하고 싶다. 예를 들면 우리의 비전은 축구 강국이 되는 것이고 우리의 꿈은 월드컵 4강이며 목표는 월드컵 본선에 진출하는 것이다. 나의 비전은 새처럼 날고 싶고 나의 꿈은 비행기를 만드는 것이다. 나의 비전은 낮처럼 밤도 밝게 하는 것이고 나의 꿈은 전기를 만드는 것이다. 나의 비전은 백성의 억울함을 없애는 것이고 나의 꿈은 문자를 창제하는 것이다. 나의 비전은 품격 있는 삶이고 나의 꿈은 영원한 현역이 되는 것이고 나의 목표는 성공적인 회사 운영이다. 이런 정의가 적절한지는 모르겠으나 나는 비전과 꿈과 목표를 단계별로 정의하여 사용해왔다.

꿈은 신이 인간에게 준 여러 가지 선물 중 최고의 축복이라고 말하곤 한다. 인간은 미래를 그리며 구체적으로 원하는 꿈을 상상하며 문명을 발전시켜왔다. 이러한 비전과 꿈에 대한 상상력이 없었다면 인간의 역사가 지금처럼 발전하지 않았을 것이다. 사람이 비전과 꿈을 상상하는 것은 인간에게 내재한 본능인지도 모른다. 만약 인간이 비전도 꿈도 없다면 그런 사람에게서 성장과 성숙을 기대할 수는 없을 것이다. 어떤 형태든 간에 인간이 살아 있는 한 비전과 꿈을 상상하고, 구체적인 목표를 정해서 도전하는 것은 본성에도 가깝고 우리가 지향해야 할 자세일 것이다.

젊은 시절 나보다 나이가 많은 사람들에 대해 무식한 오해를 했었던 것 같다. 예를 들면 내가 30대일 때는 40~50대가 되면 부부간의 사랑도 열정도 시들해질 것으로 생각했으나 정작 내가 40~50대가 된 후에는 젊은 날 내 생각이 얼마나 어리석었는지 알게 되었다. 마찬가지로 젊은이들은 60~70대가 되면 인생 끝난 사람 취급을 하는 경향이 있다. 그런데 정작 내가 60대가 되니 마음은 청춘이란 옛 어른들의 말씀이 실감 난다.

우리 어머니는 90이 다 되어가시는데 지금도 머리를 염색하시고 화장기 없는 얼굴을 뵌 적이 없다. 또 장모님도 돌아가시기 몇 년 전 대소변도 도움을 받아야 하는 상황에서 아내가 예쁜 잠옷을 사다 드렸더니 색깔이 맘에 안 든다고 바꿔오라 하셨다. 난 정말 놀랐지만, 지금은 충분히 이해되고, 나 역시 당연히 그럴 수 있을 것 같다.

회사를 나온 후 구청에서 운영하는 컴퓨터 강좌에 참석한 적이 있다. 70~80세가 훌쩍 넘으신 어르신들이 열심히 컴퓨터를 배우시는 것에 놀랐다. 그리고 그분들의 열정에 탄복했고 나에게도 새로운 도전이 되었다. 그뿐만 아니라 이른 새벽 헬스클럽에 나가면 70~80세가 되어 보이는 어르신들이 젊은이보다 더 열심히 운동하고 다이어트와 머리숱 줄어든 것을 고민하시는 것을 보면서 사람에게 꿈의 의미를 다시 한번 생각해보게 된다.

그렇다면 꿈은 어떻게 구체화되고 현실화하여 우리의 인생을 변화시키는지 생각해보자.

첫 번째 단계는 자극과 상상을 통해 꿈이 생기는 단계이다. 생성단계에서 끝나면 공상이나 망상이고 구체적인 단계로 진입하면 꿈이다.

두 번째 단계는 점검단계이다. 우리는 이렇게 생각한 꿈이란 씨앗에 대해 자동으로 점검하는 과정을 거친다. 즉 윤리적, 기술적, 법적 가능성 등의 검토단계를 거친다.

셋째 단계에서는 꿈을 이룰 수 있는 구체적인 목표를 설정하고 현재와의 격차를 확인한다. 격차의 크기에서 도전과 포기가 발생한다.

넷째 단계는 꿈과 목표를 이룰 수 있는 구체적인 프로세스를 정한 후 실행에 옮긴다. 여기까지는 누구나 어느 정도 도전해볼 수 있는 단계이다.

이러한 과정에서 원하는 꿈과 목표가 쉽게 얻어지지 않기에, 포기와 갈등과 재도전의 선택이 일어난다. 이때 필요한 것이 바로 인생 에너지이다. **꼭 원하는 꿈이 있고 그 꿈을 간절히 이루고 싶을 때 그러한 열망이 바로 인생의 에너지가 되는 것이다. 놀라운 것은 꿈이나 목표가 간절한 사람에게는 주어지는 선물이 있다는 것이다. 그것이 바로 열정이 아닐까 한다.** 지칠 줄 모르는 열정의 소유자들이 있다. 그들 대부분은 강력한 꿈과 목표를 가진 사람들이다. 이 **열정이란 에너지가 인간이 가진 잠재력을 끌어내고, 무에서 유를 창조하고, 고난을 극복하게 해주며 그 과정에 발생하는 갈등을 극복하게 해준다.**

두려움과 희망의 에너지

사람들은 자신이 처한 환경이나 경험 또는 자신이 겪은 트라우마 등에서 벗어나기가 어렵다. 전쟁과 가난을 경험한 우리 부모님 세대에게는 희망과 비전과 꿈과 같은 에너지보다 삶에 대한 절박함이 훨씬 큰 삶의 동력이 되었을 것이다.

다분히 개인적인 경험의 소산이라 할 수 있지만, 나 역시 비전과 꿈과 같은 에너지보다 미래에 대한 불안감이나 나에게 맡겨진 책임감들이 훨씬 강한 인생의 에너지가 되었다. 이처럼 사람들에게 비전이나 꿈과 같은 긍정의 에너지만 있는 것은 아니다.

　사람은 여러 가지의 두려움을 가지고 살아가며 이를 극복하기 위해 애쓰면서 한평생을 살아간다. 죽음에 대해, 실직에 대해, 재정에 대해, 건강에 대해, 소외에 대해 두려움을 갖는 것은 보편적 정서이다. 이러한 두려움 앞에서 사람들은 다양한 태도를 보인다.

　어떤 사람들은 일부러 그러한 두려움을 외면한다. 어떤 사람들은 누군가 ― 국가, 부모, 자식 ― 에게 막연히 의존한다. 어떤 사람들은 적극적으로 직면하여 이것들을 극복하려고 애쓴다. 이를테면 건강검진을 받거나, 운동하거나, 사람들과 교제를 하거나, 저축하는 것과 같이 열심히 살아감으로써 이러한 두려움을 극복하려 애쓴다. 나는 이러한 두려움을 극복하고자 하는 사람들의 애씀이나 대책들이 우리 삶에서 대단히 중요한 에너지가 된다고 믿는다. 그리고 그러한 두려움 극복에 대한 나름의 솔루션이 될 수 있다고 믿는 여러 조치를 만들어가면서 얻게 되는 희망이야말로 우리를 움직이는 또 하나의 에너지이다. 인생의 다양한 필요자금을 마련하려는 솔루션이나 건강을 지키려는 노력이나 자녀의 미래를 위한 교육투자나 예견되는 노후를 위한 대책들이 우리 삶의 구체적인 에너지가 된다.

　가장 최근에 나에게 발생한 이야기를 하나 소개해보고자 한다. 얼마 전 강의 준비를 하면서 문득 이런 생각이 들었다. 내 주변의 많은 선배와 후배 중 살아계신 부모문제로 고민이 많은 사람이 많다. 대부분 80이 훌쩍 넘으신 분들이다. 경제적 어려움, 관계의 문제, 건강상의 문제와 무엇보다 누군가의 돌봄이 필요한 상태이지만 상황이 녹록지 않은 경우가 많다. 단순히 자식의 효로 해결될 상황이 아니다. 게다가 이런 상황이 짧은 시간에 해결될 수도 없는 경우가 대부분이다. 겁이 났다. 지금도 이 정도인데 우리 세대가 그 상황이 되면 어찌할까 생각해보니 정신이 번쩍 들었다. 단순히 노후만 생각했지 이 부분까지는 구체적으로 생각해오지 않았다. 나에게 새로운 목표가 생기는 순간이었다.

그렇다. 인간다운 삶을 마무리할 준비를 해야겠다고 생각하니 에너지가 확장되는 느낌이었다. 이처럼 **두려움은 경우에 따라 구체적인 에너지가 되어준다.**

10. 인간관계

얼마 전 일본에서 연구한 기사를 인터넷으로 읽은 적이 있다. 사람들은 퇴직하면 많은 것을 상실해서 대인관계를 피하게 되는 경향이 있다고 한다. 그래서 퇴직한 중년의 남성을 나누어 추적 조사를 했다. 활기차게 대인관계를 이어가는 사람, 칩거형의 인간, 그리고 칩거는 아니지만 SNS나 전화나 메일 등으로 관계를 이어가는 유형의 건강상태를 조사했다. 그랬더니 칩거형 인간의 건강이 가장 나빠졌고 관계를 이어간 사람의 건강이 가장 좋았다는 내용이었다.

인간은 관계 속에서 살아간다. 관계는 우리에게 활기를 주기도 하고 긴장을 주기도 하고 갈등을 유발하기도 한다. 우리가 살아가면서 맺는 인간관계에는 가족 간의 관계, 직장동료와의 관계, 부부 간의 관계 등 다양하다. 나에게 힘이 되어주는 사람도 있고 나의 에너지를 고갈시키는 사람도 있다. 그리고 이러한 관계 속에서 위로를 느끼기도 하고 상처를 받기도 한다. 만나고 싶은 사람도 있고 만나기 싫은 사람도 있다.

문제는 우리가 이러한 인간관계를 등지고 살기가 쉽지 않다는 것이다. 좋아하는 사람만 만나기도 어렵고 혼자 살기도 쉽지 않다. 과거에는 약한 사람의 희생 속에서 관계가 유지되는 경우가 많았지만, 지금은 그러한 관계를 유지할 수 없다. 대표적인 것이 부부관계와 상하 간의 관계일 것이다. 불과 30~40년 전만 해도 남성이 아이를 업거나 음식을 만들거나 집에서 설거지하는 것은 일반적인 행동이 아니었다. 지금은 그 당시와는 정반대의 현상이 일상화되었다. 과거에는 있을 수 없는 것들이 지금은 당연하게 받아들여지고 있다. 일차적으로는 가족관계의 변화이고 그다음은 사회에서 관계의 변화이다. 권위적이고 폐쇄적인 관계가 유연해지고 개방적으로 변해가는 중이다.

20년 만에 만나도 매일 보는 사람보다 더 친밀감이 느껴지는 사람이 있지만 자주 만나도 어색한 사람도 있다. 그래서 주변에 좋은 사람이 많으면 그만큼 우리의 삶이 따뜻해지고 편안해질 수 있다. 그러나 관계는 일방적이지 않고 상대적이다. 누구나 주변에 좋은 사람이 있기를 바랄 것이다. 그러나 내가 남에게 위로가 되고 에너지가 되어주지 못하는데 어떻게 나에게 일방적으로 베풀어주는 사람이 있겠는가?

어린 시절에는 서로 간의 이해타산이 적어서 다양한 만남이 가능하지만, 나이가 들어가면 이해타산도 생겨나고 아집도 생기고 마음의 여유도 적어지면서 진정한 인간관계는 줄어들고 소외감이 커진다. 누구나 주변에 좋은 사람들과 인생을 보내고 싶겠지만 내가 좋은 사람이 못 되는데 주변에 좋은 사람이 있을 수 없는 노릇이다.

인간은 이타적인 부분도 있지만, 이기적이고 자기중심적인 부분이 더 많은 것 같다. 왜냐하면 누구나 남에게 호의를 베풀고 남을 배려하고 남의 관점에서 생각하고 행동하기보다는 내 기분, 내 입장, 내 이익에 먼저 관심이 있기 때문이다. 그래서 본능대로 행동하면 자기중심적인 행동이 더 강화된다. 따라서 천성적으로 이타성을 타고난 사람을 제외하고는 이타적인 행동을 실천하는 데는 의지적 노력이 필요하다. 사람 중에는 남보다는 자신의 기분이 중요한 사람이 있고 반면 남이 즐거우면 자신도 즐거운 사람도 있다. 나는 후자에 가깝다. 아내가 행복해하면 나도 행복하고 아이들이 힘들어하면 나도 힘들다. 동료가 힘들면 나도 힘들다.

한때 난 '경제적으로 부유한 사람들이 평범한 사람보다 왜 더 인색할까?'에 대해 의문을 품은 적이 있었다. 그런데 남에게 인색한 사람이 자신에게는 인색하지 않았다. 자신을 위해서는 더 좋은 차를 구매하고 고급스러운 시계를 사고 비싼 옷을 구매하는 반면 남에게는 그만큼 후하지 않았다. 반면 다른 사람의 어려움을 도우려 하고 남을 잘 챙기는 사람이 정작 자신을 위해서는 인색한 사람이 많았다. 그래서 난 생각했다. 남에게 인색한 사람이 돈을 아껴 모을 것이고 돈이 있으니 자신을 위해 큰돈을 쓸 수 있다. 적은 돈에 후한 사람은 돈이 없으니 자신을 위해서 큰돈은 쓸 여력이 없다. 100% 맞는지는 모르지만 내가 사회생활을 하면서 느낀 것이다.

그러면 좋은 인간관계를 만들고 유지할 방법에는 어떤 것들이 있을까?

첫째, 모든 사람의 인생이 다 같이 존귀함을 인정하는 것이다. 사람은 각자의 인생이 중요하고 자신의 문제에 집중하고 있다. 그렇다 보니 남을 배려하기보다 자기중심적인 생각 속에 살아간다. 남을 먼저 생각하기는 어렵다. 이타성을 타고나지 않는 한 의식적으로 훈련하지 않으면 결국 자기중심적으로 살아간다. 그러므로 내 관심의 초점을 남에게 두면 인간관계의 실마리를 의외로 쉽게 찾을 수 있다.

둘째, 관계는 상호 호혜적이어야 한다. 불교 경전인 『금강경』*에 '무

---

*『금강경』: 인도에서 2세기에 성립된 공(空)사상의 기초가 되는 반야 경전.

주상보시'란 말이 있다. 여기서는 '진정한 베풂은 보상을 바라지 않는 것'이라 했지만 보통 사람들이 이러한 베풂을 실천하기는 결코 쉬운 일이 아니다. 현실 세계에서 일방적인 관계는 어렵다. 부부 간이든 부모와 자식 간이든 친구 간이든 누구는 일방적으로 베풀고 누구는 받기만 하는 관계는 결코 오래 갈 수 없다. 일방적인 사랑은 지치게 마련이다. 남을 잘 챙기는 사람이 있고 못 챙기는 사람이 있다. 남을 못 챙기는 사람이 숫기가 없어서 그럴 수도 있고 바빠서 그럴 수도 있고 겸연쩍어서 못 챙길 수 있다. 그러나 그것은 중요하지 않다. 부모와 자식 간에도 친구 간에도 동료 간에도 상하 간에도 따뜻한 전화 한 통, 진지한 관심, 식사 한 끼가 열 번 속으로 생각만 하는 것보다 낫다. 영어에 give and take란 말은 있어도 take and give란 말은 없다. 그러나 현실 세계에서 진정한 관계는 give and take and give 정신이 아닐까 생각해본다.

셋째, 지피지기가 중요하다. 알아야 대책이 나온다. 상대의 형편을 알고 처지를 이해하면 배려하는 행동이 가능하다.

넷째, 누구나 내 돈이 아깝다. 그러나 내 경험상 사람은 준 것은 기억하지 못하지만 받은 것은 기억한다. 평생 주기만 한 사람은 평생 남에게 좋은 기억을 쌓아두는 사람이지만 평생 받기만 한 사람은 누구의 마음에도 감사의 마음을 쌓아두지 못한 셈이다.

다섯째, 희생과 헌신과 베풂 없이는 좋은 인간관계는 불가능하다. 부모와 자식과 친구 간에도 부부 간에도 결국 좋은 관계란 양보와 헌신과 배려가 기본임은 말할 것도 없다.

11. 소통과 공감 능력

1912년 대서양에서 신도 침몰시킬 수 없다던 타이태닉호가 침몰하여 1,500명이 수장되었다. 이 배는 당시로써는 최첨단 기술이 반영된 가장 큰 배였다. 이 거대한 배가 맥없이 좌초된 이유에 대해 의견이 분분할 수밖에 없지만, 커뮤니케이션의 실패를 들지 않을 수 없다. 사고의 개연성을 사전에 알았더라면, 사고 후 긴급하게 구조 활동을 했다면, 사고 당시 모두가 일사불란하게 구조에 임했더라면 피해를 줄일 수 있었을 것이다. 그러나 사고 와중에 효율적인 소통이 부재했다고 봐야 한다.

소통은 단순한 커뮤니케이션만을 일컫지 않는다. 넓게 이해하면 여러 유형의 인간관계, 바람직한 리더십, 통치자와 백성과의 신뢰, 시대의 변화를 읽는 통찰력 등이 소통의 범주에 들 수 있다.

최근에 사회적으로 성공한 사람들이 세상의 변화를 인지하지 못하고 각종 갑질과 도덕적 문제들을 일으키고 있는 것 역시 세상의 변화와 소통하지 못한 예라 할 수 있다. 비행기 안에서 라면을 가지고 승무원에게 갑질을 한 대기업 임원과 자신의 기사에게 갑질을 일삼은 대기업 사주가 있다. 골프장에서 캐디에게 지나치게 성적 농담을 일삼은 유력 정치인은 사람이 갖춰야 할 품성을 갖추지 못했고 그 역시 세상과 소통하지 못한 것이다. 그들은 모두 평생 쌓아온 명성을 잃어버렸다. 그들이 일을 못 한 것도 아니고 갑자기 실력이 줄어든 것도 아니다. 그들에게 요구되는 지극히 당연한 인격을 갖추지 못해서이다.

시대를 관통하는 단어

시대를 관통하는 키워드가 있다. 내가 초등학교 다닐 때는 곳곳에 근면과 성실이란 문구가 넘쳐났다. 가훈도 근면 성실이고 학급이나 학교의 교훈 역시 성실과 근면이 많았다. 가난을 극복하고 좀 더 잘살아보기 위해 당시 우리 사회에 가장 필요한 화두는 아마 근면과 성실이었나 보다.

초등학교 1학년 때 홍역을 앓았다. 어머니는 학교를 보내지 않으셨다. 그러나 외출하셨다 들어오신 아버지는 홍역 중인 나를 지게에 태워 학교에 내려주시면서 "학생은 죽어도 학교에서 죽어야 한다."라고 말씀하셨다. 또 "우등상은 머리 좋은 놈이 타지만 개근상은 성실하면 된다."라고 하셨다. 이처럼 전쟁 후의 대한민국의 키워드는 근면 성실이었다.

나의 고등학교 시절과 대학생 시절은 민주화란 단어가 매스컴을 장악하던 시절이었다. 1980년대 후반에 접어들자 변화와 개방이란 단어가 우리 사회의 키워드로 부상했다. 1990년대에 들어서자 어느덧 세계화란 말이 주목받았고 우리나라는 OECD에 가입하기에 이르렀다. 그 후로는 글로벌과 지구촌이란 말이 주목받고 디지털, 융합, 하이브리드란 말도 유행어가 되었다. 가장 최근에는 소통이란 단어가 여기저기서 강조되고 있다. 이처럼 시대마다 그 시대를 관통하는 키워드들이 있다. 그렇다면 왜 최근에 소통이란 단어가 주목받고 강조되는 것일까?

앞에서 언급했지만 우리나라는 6.25 전쟁이 끝난 1953년 1인당 국민소득이 67달러로 전 세계에서 가장 가난한 나라였다. 그러나 최근에는 국민소득이 3만 달러를 넘고 교역량이나 국가의 GDP는 선진국 대열에 들어선 대단한 나라가 되었다. 우리나라는 짧은 시간에 산업화와 민주화를 동시에 이룬 나라로 수십 년간 전 세계에서 그 유래를 찾아볼 수 없을 만큼 고도로 성장했다.

그러나 현재 우리나라는 OECD 국가 중 가장 높은 이혼율을 보이고 자살률은 수년째 최고 수준을 기록하고 있다. 갈수록 양극화는 심해지고 있고 불공정과 불평등에 대한 분노는 위험 수위에 이르고 있다. 그 외에도 세대 간의 갈등과 노사갈등 등 사회 곳곳의 갈등 앞에 직면해 있다. 소통과 공감을 보류한 채 일사불란하게 앞만 보고 달린 결과이다.

소통이 강조되는 이유

민주화가 진행되고 경제력이 향상되고 교육수준이 올라가면서 우리 사회에 내재해 있던 여러 가지 갈등이 드러났고, 소통이 중요한 화두로 떠올랐다. 사람들의 자기 중심성은 점점 강화되고 다양성은 증대되었기 때문이다. 무엇보다 세대 간의 생각 차이가 벌어지고 있다. 우리가 거둔 성공의 상당 부분은 누군가의 희생 속에서 유지된 경우가 많았다. 지배자와 피지배자의 관계에서는 피지배자의 희생이 요구되었다. 가진 자와 못 가진 자의 관계에서는 힘없는 자의 희생이 당연시되었다. 가정에서는 어머니의 희생이 있었고 남녀 간에는 여성의 희생이 있었다. 갑을 관계에서는 을의 희생이 묵인되었다. 그러나 그런 패러다임은 더는 가능하지 않다. 과거 당연시됐던 사람들의 침묵과 희생이 더는 가능하지 않은 세상이 된 것이다.

소통은 왜 중요할까? 소통이 되지 않으면 가정이 깨지고 기업이 무너지고 직업을 잃게 된다. 이제 소통과 공감은 인격 수양의 문제가 아니라 생존과 성공의 문제인 것이다. 소통이 잘될 때 성과가 창출되고 성공경영이 가능하다. 소통은 성공 인생의 필요조건인 셈이다. 따라서 소통에 성공하는 자는 성공한 지도자가 되고 소통을 실패한 사람은 실패한 지도자가 되는 것이다. 리더가 소통에 실패하면 조직원이 떠나게 되고 조직의 비전과 열정에 최대 장애 요인이 된다.

소통이 이토록 중요한데 왜 **소통이 안 되는 것일까?**

첫째로 대한민국의 문화적 요인을 들 수 있다. 우리는 오랜 세월 유교 문화의 전통 속에 살아왔다. 삼강오륜과 같은 삶의 강령 등에 지나치게 영향을 받았다. 장유유서나 남녀유별 등과 같이 서로 간에 지켜야할 예절을 소통과 유연함보다 더 중시했다. 그러다 보니 자연스럽게 경직되고 엄격한 인간관계가 형성될 수밖에 없었다.

근대에는 일본 제국주의 지배를 받았다. 우리 삶의 곳곳에 배인 일제의 잔재를 무시할 수 없다. 상명하복식의 군사문화도 빼놓을 수 없다. 이상의 요인들로 말미암아 자유로운 질문과 토론과 논쟁보다는 겸양과 상명하복의 인간관계가 일상화된 점도 무시할 수 없다. 또한, 질문과 토론보다 주입식 교육으로 대표되는 한국의 교육 형태도 한몫을 담당했다.

두 번째는 다름에서 오는 소통의 어려움을 무시할 수 없다. 성별의 다름, 환경의 다름, 학력의 다름, 세대 차이에서 오는 다름, 경험의 다름에서 오는 소통의 어려움을 생각해볼 수 있다.

마지막으로 인간이 근본적으로 남의 문제보다는 자기 문제에 집착하고 자기중심적인 존재이기 때문이다. 갈등이 생기면 자기를 돌아보고 성찰하기보다 상대에게서 문제의 원인을 찾으려 한다. 문제의 원인에 직면하고 돌파하기보다는 회피하기에 급급해서 소통은 더 어려워진다.

나 역시 여러 상황에서 소통의 어려움을 피부로 느껴왔다. 먼저 아내와의 소통의 어려움이었다. 군대를 다녀와서 같은 학교 같은 과에서 아내를 만났다. 처음에는 아무런 문제가 없고 연애 감정이 모든 것을 덮었다. 그러나 시간이 지나고 서로를 알아갈수록 심각한 갈등이 생겨났다. 인생관도 다르고 지향하는 가치도 다르고 소소한 삶의 태도 역시 달랐다. 그야말로 '금성에서 온 여자와 화성에서 온 남자'가 만난 것이다. 오랜 시간 견해차를 극복하기 위해 무던히도 많은 갈등을 경험해야 했다. 달라도 너무나 달랐다. 그러나 시간이 지나면서 서로의 다름을 인정하고 양보하고, 조금이라도 상대를 배려하려는 노력이 쌓이면서 갈등을 극복해가고 있다. 이것이 가능했던 것은 어떤 경우에도 대화를 포기하지 않은 것, 다름을 인정한 것이 도움이 됐다. 부부의 연을 맺고 갈등 없이 사는 사람도 있겠으나 대부분 이런 과정을 거치면서 성숙한 관계로 발전하리라 생각한다.

아이들과의 소통도 쉽지 않았다. 나는 어린 시절 부모님 앞에서 의견을 개진하기가 쉽지 않았다. 그러나 지금은 가정 내 민주화가 진행됐기에 우리 아이들은 항상 자신의 의견을 분명하게 제시했고, 집안의 작은 일도 가족회의를 통해 상의해야 했다. 나의 부모님들처럼 일방적인 통보는 이미 불가능해졌다.

회사에 입사해서는 다양한 유형의 소통에 어려움을 겪었다. 무엇보다 권위적이고 가부장적인 상사와의 소통이 어려웠다. 직원들이 몇 시간에 걸쳐 논의한 것도 상사의 한마디에 뒤바뀌기가 다반사였다. 어린 나이에 관리자가 되다 보니 수년간 현장영업에서 잔뼈가 굵은 사원들을 이해하기 어려웠다. 무엇보다 아직 미혼의 젊은이가 연령대가 높은 주부사원들을 이해하기 어려웠다.

그렇다면 **구체적으로 누구랑 소통해야 하는가? 먼저 사람과 소통을 잘해야 한다. 그리고 세상과 소통을 잘해야 한다. 세상과 소통한다는 것은 변화하는 세상의 패러다임에 잘 적응하는 것이다. 마지막으로는 미래와 소통하는 것이다.** 다가올 미래를 준비하고 대비하는 것도 소통이라 할 수 있다.

소통의 대상

조직생활을 하는 사람이라면 먼저 **상사와 소통을 잘해야 한다.** 상사는 나보다 여러모로 많은 것을 가지고 있고 힘 있는 사람이라 생각하기에 불편한 존재이다. 상사가 출장을 가거나 자리를 비우면 직원들은 방학 같은 기분을 느낀다. 그만큼 상사라는 이유 하나만으로도 무게감과 중압감을 주는 존재이다. 그래서 직원들은 상사와 가깝게 지내는 것을 어려워한다. 이것은 상사가 좋고 나쁨의 문제가 아니라 근본적인 속성이다. 그러나 상사 역시 외롭고 고독한 존재이고 악역을 맡아야 하고 결과에 책임을 져야 하는 중압감이 큰 사람이다. 그래서 위로와 동행에 목말라 하는 존재이다.

나 역시 현업에 있을 때 후배가 편하게 찾아와서 차를 마시거나 식사라도 요청하면 그렇게 고맙고 기특하게 느껴졌었다. 오래전 내가 부장승진 교육을 받을 때 강사의 이야기가 아직도 기억에 남는다. 상사의 심정을 관리하는 것도 중요한 역할이라 했는데, 틀린 말은 아니라는 생각이 든다.

둘째 부하와의 소통이다. 개구리 올챙이 시절 모른다 했다. 본인도 분명 신입 시절을 거치고 주니어 시절을 거쳐서 중간관리자에 온 것이다. 그런데 부하의 부족함을 도저히 이해하지 못하겠다고 푸념하는 사람이 많다. 리더는 부하의 잠재력을 개발하고 비전을 심어주고 교육하고 가르치는 사람이다. 그냥 부하의 역량을 활용만 하는 사람이 아니라는 것을 명심해야 한다. 무엇보다 공은 부하에게 돌리고 책임은 리더가 지는 지도자가 되는 것이 소통의 정도이다.

셋째는 동료와의 소통이다. 옛말에 '사촌이 논을 사도 배 아프다.'는 말이 있다. 인간은 그런 존재이다. 나의 성공을 마음을 다해 축하해주는 사람은 많지 않다. 경쟁 관계에서는 더욱더 그렇다. 동료는 공유하는 것도 많아서 가장 편안한 사이지만 때로는 경쟁 관계이기도 해서 나의 성공으로 마음의 상처를 받기도 한다. 그래서 늘 배려와 겸손이 중요하다. 내가 의도한 바는 아니지만, 나로 인해 가장 상처를 많이 받는 사람이 가까운 동료임을 잊지 말아야 한다.

네 번째는 사업 동반자와의 소통이다. 사업 동반자는 서로가 원하는 것을 얻기 위해 만난다. 입장이 같은 것이다. 나의 이익만 생각하면 소통은 불가능하다. 역지사지 심정으로 상대를 보고 진정성을 가지고 win win(상호 이익) 전략으로 소통해야 한다. 내가 얻으려고만 하기보다 줄 수 있는 것이 무엇인지를 생각할 때 소통은 시작된다.

마지막으로 가족과의 소통이다. 사람마다 다르겠지만 우리 세대는 아무래도 가족보다는 회사 일에 비중을 더 많이 두고 살아왔다. 가족은 마치 잡아놓은 고기인 양 생각했다. 그러나 그러한 태도가 크게 잘못됐음을 나이가 들어갈수록 절감하게 된다. 가족은 최후의 보루이자 마지막까지 동행하는 유일한 동반자이다. 인간관계에서 우선순위 1번에 배치해야 할 상대이다.

내가 입사했을 때 선배와의 대화 시간이 있었다. 당시 회사에서 가장 유능하다는 선배가 우리 앞에서 직장인의 자세에 관해 자신의 사례를 들어 설명했다. 한번은 집에서 급한 전화가 왔는데 집에 화재가 발생했다는 소식이었단다. 사모님이 얼마나 당황하셨겠는가? 그런데 그 선배는 "불이 났으면 소방서에 전화해야지 나에게 전화하면 무슨 소용 있느냐?"라고 말했다 한다. 지금 상황에서는 도저히 이해하기 어려운 이야기이지만 그런 말이 무용담처럼 들린 시대였다.

나 역시 여러 번 이사했는데 거의 아내 혼자 일을 처리했고, 가정의 대소사도 모두 아내에게 맡겨놓다시피 했다. 지금 젊은 세대들은 상상도 못 하겠지만 불과 얼마 전까지 그런 시대를 살았다. 가족에게 너무 잔인한 일이다. 나 역시 소통의 부분에 부족함이 많기에 데일 카네기*의『인

---

*데일 카네기(1888~1955): 미국의 작가이자 강사. 자기계발서의 고전으로 꼽히는『인간관계론』등의 저서가 있다.

간관계론』에 나오는 '행복한 가정을 만드는 방법'을 덧붙이고자 한다.

첫째, 잔소리 하지 말라.

둘째, 상대를 바꾸려 하지 말라.

셋째, 비난하지 말라.

넷째, 진심으로 칭찬하라.

다섯째, 작은 관심을 표현하라.

여섯째, 예의를 갖추라.

마지막으로 결혼생활의 성적인 측면에 좋은 책들을 읽어라.

다음으로는 세상과 소통해야 한다. 세상은 빠르게 변해간다. 사람들은 익숙한 현재에 머무르려는 습성이 있다. 무엇보다 나이가 많을수록 가진 것이 많거나 힘이 있는 사람일수록 세상의 변화에 둔감해지기 쉽다. 자극과 불편함이 없기 때문이다. 그러나 누군가에게 잔소리를 듣고 견제를 받게 되면 불편하지만, 사람은 긴장하고 변하게 된다. 요즘 젊은 이들 사이에 기성 세대를 조롱하는 여러 은어가 있다. 버릇없는 사람이라고 무시할 것이 아니라 그들의 목소리에 귀를 기울이고 소통하고 공감하려는 자세가 중요하다. 그래야만 젊은이에게 소외되지 않을 것이다.

마지막으로 미래와 소통해야 한다. 우리는 미래를 어렵지 않게 상상해볼 수 있다. 상상한 미래에 맞춰서 우리들의 삶을 변화시켜가야 한다. 레드오션은 있어도 사양산업은 없다. 과거의 빵집은 거대한 프랜차이즈 기업으로 변했다. 과거 다방은 세계적인 커피전문점으로 변했다. 수십 년 전 중국집 배달부는 배달업체로 성장했다. 과거에 머무르면 사라지지만 미래와 소통하고 혁신하면 새로운 세상이 열리는 것이다. 과거에 인기 있던 직업이 없어진 것도 있지만 지금은 주목받지 않았던 직업이 미래에 유망해질 수 있다.

소통의 방법

요즈음 소통의 중요성이 주목받으면서 소통을 위한 여러 가지 방안들이 나오고 있다. 기업들은 천편일률적인 양복 대신 복장을 자율화하거나 호칭을 파괴하거나 승진과 보직으로 주어진 자리 위치나 방 등을 개방적 구조로 바꾸기도 한다. 그러나 이런 하드웨어적인 노력도 중요하지만 진정한 소통을 위해서는 다음과 같은 자세가 더 중요하다고 생각한다.

첫째, 소통은 인격 수양의 문제가 아니라 생존의 문제로 인식하고 소통의 중요성을 인정해야 한다.

둘째, 사람을 높고 낮음으로 보지 않고 역할의 차이로 보고 인간은 누구나 존귀한 존재임을 인정해야 한다.

셋째, 다름을 인정해야 한다. 수십 년 함께 산 부부도 바꾸기가 쉽지 않다. 억지로 바꾸려다가 사달이 난다. 다름을 인정하고 단점을 보기보다 장점을 극대화하여 장점이 단점을 극복하도록 해야 한다. 많은 부하를 바꾸는 것보다 리더 한 명이 변하는 것이 빠르다.

그렇다면 어떻게 조직의 질서를 잡아갈 것인가? 그래서 규칙이 중요하다. 윤창호법이 제정되면서 음주운전에 경종을 울리고 있다. 미투 운동이 시작되면서 성범죄 문제를 법제화하고 오랜 남성들의 잘못을 교정해주고 있다.

넷째, 소통의 구체적인 방법인 지피지기, 역지사지, 자기부인 등을 염두에 두고 실천해간다.

다섯 번째, 소통의 기본은 사랑과 애민정신이다. 사람에 대한 사랑이 없이는 소통할 수 없다. 조선에서 가장 소통을 잘한 위인으로 세종대왕과 이순신 장군을 꼽는다. 그분들이 소통의 지도력을 실천할 수 있었던 것은 다름 아니라 애민정신이 있었기 때문이다.

마지막으로 리더가 유연해야 조직이 산다는 말이 있다. 10명의 유연한 부하보다 한 명의 유연한 리더가 중요하다. 중국에서 가장 인정받는 통치자 중에 당 태종이 있다. 그는 형제를 죽이고 황제의 자리에 오른 인물이다. 어쩌면 패륜아로 볼 수 있다. 그러나 그는 황제가 된 후 위징과 같은 뛰어난 신하들의 충언과 고언에 귀를 열고 경청하여 소통과 공감으로 통치하였다. 신하들의 의견에 유연하게 대처했던 그는 그래서 인정받는 황제가 되었다.

제3부

빛나는 인생 4막을
위한 실천 도구

1. 인생 성공 공식

공식

어린 시절 일손이 부족한 시골에서는 늘 해야 할 일거리가 쌓여 있었다. 난 그런 일들을 천성적으로 싫어했다. 그래서 일을 맡으면 어떻게 하면 그 일을 쉽게 할까를 맨 먼저 생각했고, 온갖 궁리를 다했다. 이런 나에게 부모님께서는 늘 수더분하게 일하지 않고 머리부터 쓴다고 핀잔을 주셨다. 그러나 난 항상 좀 더 효과적인 방법이 없을까를 고민했다.

공식에 따라 매뉴얼 대로 일하는 것을 좋아하는 사람이 있고 감이나 그때그때 기분으로 일하는 사람이 있다. 나의 경우는 전자가 편하고 좋은데, 그렇게 하는 것이 답답하다고 말하는 사람도 있다.

운동을 하다 보면 공식을 배운 후 플레이하는 사람이 있고 철저히 경험과 감에 의존하는 플레이어가 있다. 공식대로 배우지 않고 경험이나 자기만의 감으로 하는 사람 중에도 뛰어난 사람들이 많다. 그러나 대부분 프로급 선수는 공식을 배운 후 자기만의 독창성을 만들어간다. 반면 아마추어들은 공식대로 차근차근 배우기보다는 남을 흉내 내면서 감으로 대충 하는 경우가 많다. 공식을 터득한 플레이어들은 일관된 성과를 내지만 철저히 감에 의존하는 플레이어는 그날의 몸 상태와 기분에 따라 결과가 들쑥날쑥한 경우가 많다.

동물들은 태어나자마자 짧은 시간에 생존에 필요한 것들을 터득하는 반면 인간은 누군가의 보살핌이 없다면 결코 생존할 수 없다. 그런 점만 본다면 인간은 다른 동물들과 비교해서 가장 연약한 존재인지도 모른다. 그러나 사람은 태어나자마자 본능적으로 어떤 목적을 이루기 위해 행동하고 그것을 효과적으로 성취하기 위해 본인만의 방법을 찾는다. 처음에는 경험치와 교육받은 것이 없기에 거의 본능에 따라 행동하지만, 점점 생존을 위한 공식을 배워가고 거기에 자기만의 비결을 하나씩 쌓아간다. 성장하면서 교육을 받고 본인이 가지고 있던 잠재력을 좀 더 효과적으로 개발해간다. 결국, 인간은 자신이 태어났을 때 타고난 잠재력을 계발공식에 따라 실행함으로써 주어진 시간 속에서 성과를 만들어내는 존재이다.

이렇게 잠재력이 개발되어 성과를 만들어내는 메커니즘의 작동 여부에 따라 인간이 일생에 걸쳐 쌓아가는 성과의 차이는 실로 엄청나다. 따라서 이러한 인생 성공 공식을 습득하고 실행하는 것이 중요하다. 내 경험으로 볼 때 모든 일에는 좀 더 효과적으로 성과를 낼 수 있는 공식과 방법이 있다. 그러한 공식이나 방법이 때로는 평범하고 하잘것없어 보여 무시하다가 손해를 보는 경우가 많다.

공식은 정해진 순서대로 하면 거의 같은 결과가 나온다. 따라서 공식을 배워 그대로 할 때는 결과에 대해 확신할 수 있고 안정감을 느끼게 된다. 그러나 우리가 공식을 모르면 결과를 예측할 수 없어 불안해지고, 행동에 힘이 실리지 않는다.

어린 시절 들었던 동화 중에 토끼와 거북이의 경주 이야기를 이해할 수 없었다. 중간에 게으름 피운 토끼를 꾸준히 달린 거북이가 이겼다는 내용이 너무 작위적이라 느꼈다. 그러나 나이 들어서야 그 이야기의 참

뜻을 이해하게 되었다.

거창하게 인생 성공 공식이라 이름 지었지만 실은 단순하고 평범한 이야기이다. 정말 실력 있는 강사는 어려운 이야기를 쉽게 한다. 이해하지 못한 사람일수록 어렵게 이야기한다. 일전에 TV에서 유시민 작가가 "훌륭한 글은 독자가 쉽게 이해할 수 있도록 쓰는 것이다."라고 말한 것을 보았는데, 지식이 짧은 내게 큰 위로가 되었다. 왜냐하면 경험을 통해 본질과 공식은 알겠는데, 나의 얕은 지식으로는 멋지게 표현하지 못하기 때문이다.

석가모니는 인생을 '고(苦)'라고 하셨다. 예수님께서는 '네 이웃을 네 몸과 같이 사랑하라.' 하셨다. 또한, 성철 스님은 '산은 산이요 물은 물'이라고 하셨고, 소크라테스는 '너 자신을 알라.' 고 하셨다. 이런 말씀들이 평범하고 단순하게 느껴지지만 품고 있는 깊은 의미를 평범하다고 말하는 사람은 없을 것이다.

모든 사람은 행복한 인생을 꿈꾸고 각자가 원하는 성과를 얻고 싶어 하지만 그러한 목표들이 결코 쉽게 얻어지지 않는다는 것도 알고 있다. 누군가에게 너무나 당연한 일들이 누군가에게는 어려운 것들이다. 예를 들자면 새벽에 기상하는 습관, 매일 운동하는 습관, 독서습관 등은 누구에게는 당연한 일이지만 누구에게는 어려운 일이다.

학창 시절 나는 예습복습의 습관을 갖고 있지 못해 효과적으로 공부하지 못했다. 그래서 시험 때마다 벼락치기로 시험준비를 했으나 번번히 실패했다. 그런데 우리 반에서 늘 1등 하는 친구는 나보다 매일 잠도 많이 자고 텔레비전도 볼 것은 보는데 1등을 놓치지 않았다. 물론 그 친구가 나보다 머리가 좋았으리라 생각한다. 그런데 그 친구보다 머리가 더 좋은 다른 친구도 있었는데 그는 머리만큼 성적을 얻지 못했다. 나중에 알게 된 것인데, 1등 하는 친구는 공부하는 법을 알고 있었고 그 방법이 자연스럽게 몸에 배어 있었지만 나는 공부하는 방법을 몰라 그저 닥치는 대로 했던 것이다. 공부의 예처럼 운동이 되었든 사업이 되었든 좋은 성과를 위해서는 분명히 정해진 공식이 있고, 그 공식을 따를 때 일정한 성과를 담보할 수 있다.

우리나라는 반만년의 역사가 있고 고유한 문자도 있을 만큼 뛰어난 민족이다. 그중에서 참 안타까운 것이 고려청자와 조선백자와 같은 뛰어난 기술이 후대에 전달되지 못했다는 것이다. 그 시절 자기를 만드는 기술은 엄청난 경쟁력이었다. 뛰어난 청자나 백자를 제조하는 공식과 비법이 후대에 전달되고 계승되었다면 굉장한 경쟁력이 되었을 것이다. 반면 세종대왕께서 창제하신 한글은 그 공식이 우리에게 전달되어 민족의 미래를 변화시켰다. '만약 훈민정음도 만든 사람끼리만 그 원리를 알고 그냥 구전으로 전해졌다면 지금 어찌 되었을까? 아직도 한자에 의존하고 있지 않았을까?' 하고 생각하면 끔찍하다.

공식과 경험에 의한 감은 다르다. 경험에 의한 감은 당사자만이 실행할 수 있고 그가 사라지면 그 훌륭한 비결도 사라지고 말지만, 공식과 설명서는 누구나 그 원리대로만 실행하면 어느 정도까지는 도달할 수 있다. 그래서 누구나 어느 정도까지 도달하기 위해서는 공식을 제대로 파악하는 것이 중요하다. 그 이상의 경지는 흔히 말하는 고수의 몫이다. 음식 솜씨가 있는 어머니의 비법은 주부의 손맛으로 끝난다. 그러나 그 음식 솜씨를 공식화하면 사업이 되는 것이다.

지금까지 공식의 의미와 중요성에 대해 상세히 설명했다. 내가 생각하는 인생의 성공 공식은 **'생각이 바뀌면 행동이 바뀌고 행동이 반복되면 습관이 되고 좋은 습관이 인생을 바꾼다.'**라는 것이다. 평범해 보이는 이 말이 인간사의 많은 것들을 함축하고 있다고 생각한다.

생각

데카르트는 "나는 생각한다. 고로 존재한다."라고 했다. 나 역시 생각이 중요하다는 점을 늘 명심하고 있다. 인간은 생각하는 존재이다. 세상 모든 질서는 생각에서 시작한다. 변화도 생각에서 출발한다고 봐야 한다. 심지어 '밥을 먹어야겠다. 잠을 자야겠다. 좀 쉬어야겠다. 옷을 입어야겠다.'와 같은 생리적 현상마저도 본능과 함께 바로 생각으로 시작한다. 그뿐 아니라 다이어트나 운동이나 독서나 금연과 같은 자기 극복의 목표와 인간관계, 성과 창출, 목표달성, 비전성취와 같은 모든 것이 생각에서 출발한다. 그만큼 인간의 생각이 중요하다. 생각은 행동을 유발하고 행동과 습관의 변화까지 영향을 미친다. 생각 없이 하는 행동은 조건반사같이 본능적으로 이루어지는 행동이나 무의식적으로 하는 행동 외에는 별로 없다.

그렇다면 생각은 어떻게 생성되고 변화하는가? 생각이 생기거나 바뀌는 과정에는 경험, 교육, 회의, 지시, 여행, 독서 또는 인간관계 등과 같은 외부적 자극이 원인이 되기도 하고 명상이나 자기성찰과 같은 내면의 깨달음 등이 원인이 되기도 한다.

내부적 성찰이든 외부적 자극에 의하든 생각의 생성과 변화가 인생 공식에서 첫 번째 요소임은 분명하다. 그래서 우리가 배우고, 새로운 환경을 접하고, 책을 읽고, 토론하며 자극을 경험하는 것이다. 예로부터 들어온 '말이 태어나면 제주도로 보내고 사람은 서울로 보내라.'라는 이야기도 어찌 보면 건강한 자극을 통한 생각의 생성과 변화를 염두에 둔 것인지 모른다. 맹자의 어머니가 교육을 위해 세 번이나 이사했다는 '맹모삼천지교'야말로 생각에서 차지하는 좋은 자극의 중요성을 이야기하고 있다. 여기서 말하는 생각이란 마음, 정신, 의지, 전략, 목표 등을 아우르는 용어로 행동을 유발하는 첫 번째 요소를 총칭한다.

인생 성공 공식의 출발점이라 할 생각에는 생각의 방향이나 깊이 또는 크기와 강렬함 등이 영향을 미친다. 중요한 점은 생각이 대부분 생각으로 끝나기도 하지만 생명력을 가지고 행동을 유발하기도 한다는 점이다. 또한, 어떤 생각은 강한 힘이 있어서 그 생각이 사람을 바꾸고 결과를 바꾸고 세상을 바꾸기도 한다. 예를 들자면 세종대왕은 글을 모르는 백성을 보고 이를 가엾게 여겨 글을 만들어야겠다고 생각하고 행동으로 옮겨 세상을 바꾸었다. 오늘날 인간을 편리하게 만들어준 전자제품이나 자동차, 비행기, 전화, 의약품과 같은 문명의 이기들도 누군가의 생각과 상상에서 시작되었다.

생각하는 사람은 그다음 단계로 행동에 돌입하게 되어 있다. **행동은 대부분 생각에서 원하는 결과를 얻기 위한 것이다.** 생각 없이 생기는 행동은 거의 없다. 이를테면 좋은 성적을 위해 공부를 한다. 원하는 몸매를 위해 다이어트에 도전한다. 지식을 얻기 위해 책을 읽는다. 외국인과 대화를 위해 외국어를 배운다. 판매를 늘리기 위해 고객을 더 많이 만나는 수고를 한다. 건강을 위해 건강검진을 받고 식사 조절을 한다. 이렇듯 행동은 생각에서 시작된다.

이렇게 중요한 생각을 어떻게 조율할 것인가? 생각의 방향, 생각의 크기, 생각의 깊이, 생각의 옳음과 그름 등은 인생공식에서 가장 중요한 문제이다. 단순히 답할 수 있는 문제가 아니다. 오랜 시간 교육과 경험과 환경과 자신의 성찰에 따라 형성되기 때문이다. 우리가 삶의 현장에서 부딪히는 갈등 대부분은 생각의 차이에서 온다.

한편 생각에도 한계가 있다. 생각이 행동을 유발하는 것은 맞지만 생각이 무조건 행동을 보장하지는 않는다. 생각에서 멈추기도 하고 더 강한 생각으로 발전하기도 하고 깊고 넓게 확장하기도 한다. 생각 주머니를 잘 관리할 필요가 있는 것이다. 나는 여기서 생각의 기능을 인생공식의 출발점으로 한정하고자 한다.

행동

생각이 생기거나 바뀌면 행동이 유발될 수 있지만, 문제는 **행동이란 속성이 오래가지 않는다는 것이다.** 기계는 한 번만 세팅해놓으면 반복해서 작동이 이루어지고 곧바로 결과까지 만들어준다. 그러나 인간은 그 누구도 한 번 먹은 생각대로 멈춤 없이 반복적으로 행동하기가 쉽지 않다. 여기에서 바로 성공과 실패가 결판난다. 오죽했으면 에디슨이 "천재는 1%의 영감과 99%의 노력이다."라고 했겠는가?

누구나 어떤 생각이 생긴 후 한두 번의 행동을 해본 경험이 있을 것이다. 물론 타고난 천부적인 재능도 있겠지만, 우리가 주변에서 볼 수 있는 성공한 사람들은 거의 예외 없이 반복되지 않는 행동의 특징을 극복한 사람들이다. 그들은 어떻게 한두 번의 시도 후에 멈추고 마는 행동의 속성을 극복할 수 있었을까? 난 이것의 비결이 앞에서 언급한 그들이 가진 인생의 에너지 덕이라 생각한다. 즉 **인생 성공 공식에서 행동의 속성은 지속하기 어려운 법인데 그들에게는 그 행동이 지속할 수 있도록 이끄는 에너지가 있었다는 것이다.**

생각은 행동을 유발하지만, 행동은 지속하기 어려운 속성이 있다고 했다. 이 때문에 많은 사람이 실망하고 자신의 연약함과 의지력 부족 등에 대해 자책하곤 한다. 나 역시 어린 시절 많은 결심을 하고 계획을 짠 후 실천하려 했지만 몇 번의 시도 후 실패를 경험했다. 그때마다 포기하면서 의지력 박약과 능력 없음을 한탄하곤 했다. 그러나 언제부터인지 나는 의지력 부족이나 연약함으로 나 자신을 책망하고 자책하지 않는다. 왜냐하면 행동이 반복되지 않는 것은 너무나 당연하다는 것을 알았기 때문이다. 어떻게 하면 행동이 멈추지 않고 지속해서 작동할 수 있게 할 것인가? 이것은 사람의 한계를 인정하고 인생의 성공 공식에 따라 반복하는 것으로 설명할 수 있다.

말하자면 **작심 3일은 당연하다.** 나에게 하루 세 번 양치질이나, 이른 새벽 기상 시간, 아침 운동하기, 저녁 산책하기, 일요일 예배당 가기 등은 사실 처음부터 그리된 것이 아니라 수많은 작심 3일, 작심 4일, 작심 일주일이 반복되다가 습관이 된 것이다.

따라서 누구나 원하는 바가 있어서 인생 성공 공식대로 시도한다 해도 작심 3일로 끝날 때가 많을 것이다. 그러나 다시 시도하기를 반복하다 보면 머지않아 바뀌어 있는 자신의 모습을 보게 될 것이다.

나는 지금도 내가 원하는 결과를 위해 새로운 습관을 만들려고 노력하고 있다. 나는 어렸을 때부터 운동하는 습관은 몸에 익혔지만, 책을 읽는 습관을 가지지 못해서 늘 아쉬움이 컸다. 고작 책을 읽는다고 해도 필요 때문에 억지로 읽었을 뿐이다. 그래서 내 생각과 지식을 깊고 넓게 만드는 데 항상 부족함을 느끼고 있었다. 얼마 전 독서의 필요성을 강하게 느끼고 있을 때 소위 '책을 듣는' 새로운 독서법이 생겼음을 알았다. 귀로 듣는 것은 나도 할 수 있을 것 같아 이 새로운 문명의 도구를 활용하여 나의 독서량을 끌어올려보리라 결심하고 행동에 돌입했다. 어차피 운동하는 습관은 몸에 배어 있는 터라 운동하면서 듣기로 했다. 나에게는 딱 맞는 방법이었다. 예전에는 1년에 10권도 못 읽었는데 이 새로운 방식을 받아들이면서 지금은 한 달에 15권 정도의 책을 읽을 수 있었다. 이 새로운 행동양식의 변화는 나에게 책을 읽는 습관을 만들어주었다.

이처럼 생각을 행동과 습관으로 바꾸려면 많은 실패가 있을 수밖에 없다. 그래서 일차적으로는 실패하는 자신을 지나치게 자책할 필요가 없다. 둘째로는 의지적으로 반복하려는 노력이 필요하다. 마지막으로는 성과를 이루려는 강한 에너지가 필요하다. 내재한 에너지가 클수록 다시 도전할 수 있다는 것을 독자들이 알았으면 좋겠다.

습관

지금까지 행동의 속성에 대해 살펴보았다. 어떤 연유로 생각이 바뀌게 되고 그 생각이 행동을 유발했다 해도 행동이 단숨에 결과까지 담보하지는 않는다고 했다. 따라서 성과를 담보하는 좋은 습관이 중요하다. **좋은 습관이란 행동의 반복을 통해서만 터득된다.** 그러나 행동의 속성에는 얼음이 깨진 크레바스처럼 이어가기가 쉽지 않다는 위험이 도사리고 있다. 결국, **인생 성공 공식의 핵심은 성과를 담보하는 습관을 형성하기 위해 지속하기 힘든 행동의 속성을 극복하는 것이라 할 수 있다.** 행동의 속성을 극복할 수 있는 에너지는 앞에서 살펴본 비전이나 꿈 등과 같은 강렬한 인생 에너지밖에 없다.

좋은 습관이란 수많은 작심 3일의 반복을 통해서 생긴다 했다. 문제는 이러한 메커니즘이 잘 작동되는지 구체적으로 확인하기가 쉽지 않다는 것이다. 우리 뇌는 쉽게 망각하고 익숙해져버리기 때문에 본인의 인생공식을 정확히 확인하지 못한다. 말하자면 실제로 하지 않았는데도 자신이 행동을 매일 하는 것으로 착각하는 경우가 많다. 이를테면 다이어트를 결심했으나 실제 식생활 습관은 전혀 바뀌지 않았으면서 자신이 다이어트를 하는 것으로 착각하는 경우가 그렇다. 그뿐 아니라 우리가 자극받고 생각이 바뀌고 결심하고 행동하면 그 행동이 습관이 되지 않았어도 우리의 뇌는 우리가 그 행동을 반복하는 것으로 오해한다. 따라서 내가 생각에 그쳤는지, 아니면 한두 번 행동에 그쳤는지, 아니면 완전한 습관의 영역까지 왔는지 점검해봐야 한다.

나는 대학 시절 매일 이른 새벽에 도서관에 도착하여 자리를 잡았다. 겉으로는 책가방 들고 매일 도서관에 갔지만 실제로는 공부를 제대로 한 것이 아니었다. 공부하는 학생으로 보였지만 실제 집중해서 공부한 시간이 많지는 않았다. 그래서 구체적으로 실제의 행동상황을 점검해봐야 한다. 즉, 위에서 설명한 생각과 행동과 습관이라는 메커니즘의 작동 상태를 확인해야 한다. 이를 위한 도구가 바로 행동계획과 피드백이다. 성공을 위한 계획을 세우고 그 계획을 이루기 위한 행동이 구체적으로 이루어졌는지 정확하게 분석해야 한다. 그러한 과정을 통해 결과에 대한 정확한 원인을 알게 되고 잘못 해석하지 않게 된다. 이를테면 나의 능력 부족이거나 환경과 같은 외적 요인이 아니라 철저히 프로세스의 오류란 사실을 알게 된다. 이점은 뒤에 설명하는 NDP^{New Daily Plan}부분에서 상세히 설명하기로 한다.

이상에서 설명했듯이 공식대로만 살아간다면 우리는 어떤 영역에서건 원하는 것을 어느 정도는 얻을 수 있다. 문제는 '어떻게 이 공식이 작동되게 할 것인가?' 하는 것이다. "누가 그것을 모르느냐? 그게 쉽지 않기 때문 아니냐?"라고 말할 수 있다. 물론 동의한다. 아무런 노력 없이 결과만 원하는 사람에게는 도움이 되지 않는 처방이다. 그러나 공짜를 바라는 사람이 아니라 방법을 알고 싶어 하는 사람이나, 하고자 하는 마음은 있으나 방법을 모르거나, 결과에 대한 확신이 없어 주저하는 사람이라면 인생 성공 공식대로 행동해보기를 제안한다.

비록 세상만사가 공식대로 되는 것은 아니지만 이 점만은 강조하고 싶다. 공식 없이 감으로만 하는 것보다 다른 사람이 실제로 경험한 것을 벤치마킹하거나 검증된 공식대로 하는 것이 성공확률을 높여준다. 그 과정에서 자신만의 고유한 성공 공식을 터득하게 될 것이다.

2. SLAP Self Leading Action Program

내 아들은 초등학교 때부터 군대에 가는 것을 두려워했다. 가족을 떠난다는 것이 싫었다고 한다. 물론 나도 군대 가기가 싫었다. 그러나 어린 시절 애국과 반공에 대한 교육을 받았고 한때나마 장래 꿈이 장군이나 대통령이었던 우리 세대의 입장에서, 입대에 대한 아들의 두려움이 좀 지나치다 싶었다. 다행스럽게도 아들은 자라면서 마음이 여물어져서 대학 2학년을 마치고 입대해 복무를 마치고 제대했으니 아비로서 대견하다. 대부분의 남자는 국방의 의무가 신성하다고 머리로는 알지만, 마음으로는 군대가 피하고 싶은 대상임에는 분명하다.

나는 젊은 시절 늘 회사일에만 몰두하여 피곤함에 절어 살았다. 가끔 집에서 아내가 집안일을 부탁하면 딱 시키는 일만 억지로 하곤 했다. 그럴 때마다 아내는 어떻게 딱 그것만 하느냐고 하면서 당신 눈에는 그것만 보이느냐고 핀잔했다. 그럴 때마다 나는 왜 더 할 일을 말하지 않았냐고 투덜댔다.

내가 직장생활을 할 때는 함께 근무하는 직원들과 계절마다 야유회를 가는 것이 하나의 관행이었다. 1990년대만 하더라도 스마트폰이 보급되지 않았고 음악을 자유자재로 선곡할 수도 없었다. 기껏해야 노래 테이프나 CD 정도였는데 그것도 우리가 원하는 음악으로 채워진 것도 드물었다. 나는 야유회나 행사 전에 엘피^{LP}판을 구해서 원하는 노래를 선정하여 밤새 녹음하고 편집한 테이프를 만들어 행사장에 가지고 갔다.

사람들이 나의 선곡에 만족했음은 말할 것도 없었다. 지금 생각해보면 어디서 그런 에너지가 나왔는지 모르겠다.

누구나 그렇겠지만 나는 특히 무슨 일을 하든 누군가가 시켜서 하거나 의무적으로 해야 하는 일은 별로 유쾌하지도 않고, 에너지가 생기지도 않는다. 무슨 일을 하려다가도 막상 누가 시키거나 부담을 주면 마음이 확 바뀌는 경우가 빈번하다. 이처럼 사람의 행동을 유발하고 성과를 담보하기 위해서 누군가의 지시나 의무에 바탕을 둔 수동적이고 타율적인 방법으로는 효과가 제한적일 수밖에 없다. 반대로 자기가 좋아하는 일을 하거나, 스스로 주도적으로 했을 때는 에너지도 넘치고 가슴도 뛰게 된다.

내가 어린 시절 시골을 떠나 서울에서 자취 생활을 할 때, 주변 사람들은 어린 학생이 연탄 갈고 빨래하고 살림하면서 학교 다니는 것에 대해 안쓰럽고 가엽게 생각했다. 그러나 정작 나는 한 번도 어렵거나 힘들다고 생각해본 적이 없다. 왜냐하면 내가 원했던 서울 생활이고, 자발적으로 선택했기 때문이다. 어렸을 때만 그런 것이 아니다. 늦깎이 골프에 입문한 후, 잘하고 싶은 마음에 새벽마다 연습했다. 추위와 무더위를 견디면서 라운딩할 때마다 동반자들은 이구동성으로 "돈 주면서 하라 하면 누가 이 짓을 하겠느냐?"면서 웃곤 했다.

아이들은 좋아하는 게임을 위해 부모를 속여가면서도 빠져든다. 그리고 어떤 사람들은 외모를 가꾸기 위해 고통을 무릅쓰고 성형수술을 감행한다. 홍대 앞을 거닐다 보면 정말 특이한 패션과 머리를 뽐내는 젊은이들이 눈에 띈다. '누가 시키면 그런 패션을 할까?'라는 생각이 든다. 그뿐만이 아니다. 어떤 가수들은 음악에 미쳐서 다니던 학교를 그만두기도 한다. 많은 연기자가 가난과 씨름하면서도 연극무대에서 무명의 시간을 견디었다고 털어놓는다. 이들은 한결같이 누가 시켜서 한 것이 아니라 자발적으로 그렇게 한 것이다.

물론 모든 행동이 자발적인 동기로만 이루어지는 것은 아니다. 때에 따라서는 처음에는 비자발적인 동기에서 시작했지만, 일이 진행되는 과정에 자발적인 동기가 생길 수도 있다. 그러나 어떤 경우에도 자발적인 동기를 지향해야 하는 것은 분명하다.

위대한 성과를 이룬 사람들에게서 발견되는 공통점은 계기가 어떻든 결국은 자발적인 동기와 자기주도적인 행동양식이 있다는 것이다. 당연한 것 같지만 이 점이 그들 성공의 핵심요소이다. 비자발적 동기로 행동하는 사람, 즉 누군가의 지시나 명령으로 일하는 사람은 최소한의 에너지만 쓰려 한다. 억지로 하거나, 시켜서 하는 일에 미친 듯이 시간과 돈과 정성을 투입할 수는 없는 노릇이다. 반면 자발적인 동기로 하는 일들은 누가 시키지 않아도 시간도, 돈도, 에너지도 아낌없이 투자하기 마련이다. 이 점에 착안하여 나는 공식을 만들고 SLAP이라고 명명했다.

SLAP이란 Self Leading Action Program으로, 자기주도적 행동 프로그램이라고 해석할 수 있다. SLAP의 의미는 원하는 성과를 얻기 위해 첫째 우리가 하는 일을 자발적으로 하는 것이 중요하다는 것이고, 둘째는 성과를 담보하는 프로세스를 만들어야 하며, 셋째로는 시간 관리를 통해 프로세스가 구체화될 수 있어야 하고, 마지막으로 이 프로세스가 진행될 수 있는 지속적인 에너지가 필요하다는 것이다. SLAP이란 인생 4막의 완성도를 높이기 위해 지금까지 설명해왔던

모든 내용을 구조화하고 습관화하고 체득화하기 위한 구체적인 도구라 할 수 있다.

나 역시 회사에 막 입사해서 열정적으로 일에 매달렸다. 그러나 아침부터 밤늦게까지 일했지만 늘 쫓겼고 부족하다는 생각이 들었다. 개운한 마음으로 퇴근한 적이 별로 없었다. 늘 뭔가 미진하고 아쉬운 마음이 들었다. 우리 세대 직장인들은 일에 쫓겨 휴가를 즐기는 것도 지금처럼 쉽지 않았다. 일과 생활의 균형이 쉽지 않았던 시대였다. 늘 바쁘게 돌아가는 일 속에 파묻혀 지냈지만 마치 공부 요령 없는 학생이 줄기차게 책상에 앉아서 막무가내로 암기하는 것과 진배없었다.

그때 나는 일하는 목적과 목표를 일체화하지 못했다. 이를 이루기 위한 프로세스를 계획적이고 효과적으로 구성하지도 못했다. 그래서 목적과 목표가 따로 놀고 실제 행동이 서로 연관 없이 실행될 수밖에 없었다. 매일매일 급한 일에 매달리느라 일의 우선순위를 정하지 못했고, 닥치는 대로 감과 느낌으로 업무에 임했다. 그렇다 보니 무슨 일이든지 충분히 준비할 수도 없었다. 생각을 많이 하지도 않은 채 그때그때 임시방편으로 일에 매달리게 되었다. 그러나 직장생활 20년이 지나고서야 깨달은 바가 있어 일하는 방법을 바꾸기 시작했다. 다른 사람에게는 별로 특별하지도 않고 새로운 것도 아니지만 나에게는 인생을 바꾼 깨달음이었다.

말하자면 **비전 선언서를 작성하고, 그것을 달성하기 위한 프로세스를 설정하고 그 프로세스를 구현할 일정표를 NDP**^{New Daily Plan}**라 이름 짓고 작성하였다. 그리고 일정표대로 실행하고 실행 여부를 피드백해보는 패턴이었다.**

나는 초등학교 시절부터 시간표는 무수히 짰지만, 시간표대로 실천해보지 못했다. 시간표 역시 단순한 일정의 나열에 불과했다. 민망한 일이지만 40대 후반이 되고서야 자기주도적인 활동이 무엇이고 구체적으로 어떻게 구현할 것인가를 깨달았다. 시간관리에 대해서는 다음 장에서 상세히 설명하기로 한다.

우선 SLAP의 첫 번째 단계는 비전 선언서를 작성하는 것이다. 아래 표는 그 예이다.

▷ 이갑돌 팀장(43세)의 SLAP(근로자 신분)

비전	품격 있는 노후의 삶
꿈	안정적인 연금 생활
장기 목표	63(세)부터 월간 연금 500만 원 수령(국민연금 포함), 오래 일하기(70세)
단기 목표	지금부터 매월 200만 원씩 저축하기. 오래 일할 경쟁력 확보하기. 공부하기. 운동하기. 재테크 공부하기

▷ 김지혜 사장(45세)의 SLAP(자영업)

비전	행복한 인생
꿈	안정적인 연금 생활
장기 목표	건물주
단기 목표	매달 영업매출 3,000만 원 도전 매달 1,000만 원 저축하기

▷ 김슬기(35세)의 SLAP(라이더)

비전	성공한 사업가
꿈	본인 상가 영업
장기 목표	5년 내 종잣돈 3억 원 만들기
단기 목표	매달 200만 원 저축

비전	거룩한 삶
꿈	최고의 영성 전문가
장기 목표	7년 내 박사학위
단기 목표	3년 내 석사학위

누구라도 상황에 맞는 SLAP은 만들어볼 수 있다. 인생 전체에 대한 SLAP을 만들고 이를 구체적으로 실행에 옮기는 단기간의 시간관리는 NDP로 실행하다 보면 좋은 습관이 구조화되리라 생각한다.

사람들은 누구나 좋은 성과를 원한다. 그러나 대부분은 경험과 감에 따라 주먹구구식으로 덤벼들다가 실패하고 자기 무능을 탓한다. 비전 선언과 이를 구체화하는 시간관리 없이 매일 급한 일에 매달리다 보면 인생의 비전과 목표와는 상관없는 일에 시간을 낭비한다. 시간을 효과적으로 사용하지도 못한다. 그러나 인생설계에 따라 인생계획을 수립하고 계획에 따라 시간을 사용하다 보면 전체의 활동이 유기적으로 움직이게 되고 목적이 이끄는 시간이 된다. 그 과정이 불필요한 시간 낭비를 줄여주게 된다.

그렇다면 **SLAP의 성공조건**은 무엇일까?

첫째, 무엇보다 본인의 의지가 중요하다.

둘째, SLAP 시스템이 지속해서 유지될 수 있도록 갈망하는 꿈을 꾸거나 불안을 극복하고자 하는 절박함의 에너지를 스스로 충전하는 노력이 필요하다.

셋째, 실패해도 포기하지 말고 다시 시작하는 것이 중요하다.

마지막은 공식과 시간의 힘을 믿는 것이다.

3. NDP New Daily Plan

학창 시절의 내 기억을 더듬어보면 늘 성실하게 공부에 임했으나 애쓴 만큼의 성적을 얻지 못했다. 게다가 늘 시간에 쫓겨 국어 시간에 수학 공부하고, 수학 시간에 영어 공부하기가 일쑤였다. 게다가 그 이유를 나의 아둔한 머리에서 찾곤 했기에 콤플렉스가 컸다.

입사한 후 주니어 시절에 그야말로 온몸과 온 힘을 다해 일했지만 늘 결과는 아쉬웠다. 내 마음속에는 항상 능력에 대한 회의감이 있었다. 퇴근할 때마다 뭔가 개운치 않은 마음이 반복되었고 집에서도 회사의 업무가 머리를 떠나지 않았다.

난 그때 내가 능력이 부족하거나 선천적으로 그 정도밖에 안 되는 사람이라 생각했다. 원인을 알지 못했고 그런 반복되는 일상 속에서 자존감에도 상처를 받았다. 미처 매듭짓지 못한 일들에 미련스럽게 매달려 있기도 했었다. 마치 실력 없는 축구선수가 요령도 공식도 없이 운동장에서 줄기차게 공만 보고 뛰어다니는 것과 같았다. 그런 업무 스타일로 나이 49세까지 헤맨 셈이다. 직장생활 20여 년이 지나고 나서 지방의 첫 번째 본부장을 마치고 또 다른 지역의 본부장으로 발령받았다. 당시 내가 맡은 본부는 전국 7개의 본부 중 7위를 하는 상태였다. 조직은 약 2,000명쯤 됐던 것으로 기억된다. 부임한 본부는 본부장 밑에 단장이란 관리자가 7명 있었고, 그 단장 밑에 지점장이 10여 명쯤 있고, 지점마다 설계사 20~30명으로 구성된 구조였다. 이 모든 사람의 성과를 가지고 지역본부는 전국의 다른 본부와 함께 경쟁해서 평가를 받는다.

2,000명이 넘는 조직을 관리하는 것은 쉬운 일이 아니다. 관리할 조직의 숫자가 적으면 직접 관리하고 지도할 수도 있다. 그러나 거대한 조직을 본부장이 직접 관리하는 것은 불가능하다. 전통적으로 조직운영은 군대처럼 피라미드 형태로 관리하는 것이 일반적이다. 그러나 지금까지 그러한 방법으로 관리해왔지만 꼴찌를 하고 부진했으니, 뭔가 다른 방법이 필요했다. 하지만 나는 이 부진한 본부를 변화시킬 필살기라 할 만한 방법을 갖고 있지 못했다. 그렇게 깊게 고민하고 숙고하던 중 어린 시절의 일들과 관련해 몇 가지 생각이 전광석화처럼 떠올랐다. 그것들은 너무나 단순해서 누구도 깊이 있게 생각하지 않은 것들이었다. 바로 자발적으로 일하게 하는 것과 시간관리를 효율적으로 해보자는 것이었다. 이 평범한 깨달음이 바로 NDP에 기반을 둔 SLAP이다.

사람은 누가 시켜서 하는 것보다 자발적으로 일할 때 더 성과를 낸다. 그래서 각자의 비전과 꿈 또는 절박함과 같은 것들을 에너지원으로 삼아야 한다. 그런 에너지를 동력 삼아, 모든 사람이 지금보다 일하는 시간을 조금만 늘리고, 업무의 질을 업그레이드할 수 있어야 한다는 생각들이 내 머리에서 맴돌았다. 남들에게는 진부하겠지만 그 당시 나에게는 '유레카'와 같은 것이었다. 이와 같이 일에서의 자발성과 인생 에너지의 중요성과 시간관리에 대한 생각이 정리되어갔다.

당시 나라의 경제성장률 목표는 3% 정도였는데 이것은 쉽지 않은 목표였고, 회사의 사업목표 역시 그 수준을 넘기기가 결코 만만한 것이 아니었다. 물론 개인이나 회사별로는 몇 십%, 몇 백% 성장한 예도 있고 반대로 마이너스 성장한 예도 있지만, 전체를 성장시키기는 것은 쉬운 일이 아니었다. 그렇다고 손을 놓고 있을 수는 없었다. 그래서 당시 보편적인 영업관리 방식인 엘리트 중심의 성과관리와 모든 조직원이 함께 성장할 수 있는 방법에 대해 생각해보았다.

고도성장기에는 한두 명의 엘리트가 성과를 창출하여 전체의 평균을 끌어 올릴 수 있었다. 그러나 이제는 경쟁의 강도가 달라졌기 때문에, 엘리트 중심으로는 역부족인 시대에 진입하지 않았나 하는 생각이 들었다. 그래서 이론적으로는 2,000명 모두가 10%씩만 일을 효율적으로 할 수 있다면 성장이 가능하지 않을까 하고 생각해보았다. 즉 현재 우리조직원 2,000명이 하루에 5시간을 일해 2,000 × 5 = 10,000이란 성과를 얻고 있다. 그런데 만약 2,000명이 1시간씩 일을 더 한다면 2,000 × 6 = 12,000이 될 것이다. 2,000시간의 성과가 더해지는 것이다. 너무나 단순하고 간단한 것이다. 내게는 이것이 콜럼버스의 달걀과 같은 생각이었다.

그러면 어떻게 2,000명 모두가 1시간씩만 일을 더 하게 할 것인가? 문제는 2,000명이 넘는 조직이 일부라면 몰라도 모두가 일하는 시간을 어떻게 끌어 올린다는 말인가? 내가 2,000명을 감시할 수도 따라다닐 수도 없는 노릇 아닌가? 이것은 난제였다.

다시 나 자신을 성찰해봤다. 그렇다면 나는 24시간을 효율적으로 쓰고 있는가? 나의 하루도 고민하는 시간, 잡담하는 시간 등 내 인생의 비전과 꿈과는 전혀 상관없는 시간으로 채워져 있었다. 나 역시 중요한 일부터가 아니라 급한 일과 관행대로 시간을 보내고 있었다. 다른 사람들도 별반 다르지 않을 것이다.

이렇게 생각이 정리되자 나는 곧바로 행동에 착수했다. 결과를 바꾸고자 하면 과정을 바꾸어야 한다는 것이 나의 오랜 믿음이다. 이런 생각 끝에 프로세스의 변경을 통해 자연스럽게 10% 더 일하는 시스템을 만들면 결과는 자연스럽게 바뀔 것이라는 확신이 들었다. 공장에서 노동자가 머리띠를 두르고 구호를 외쳐서 성과가 좋아지는 것이 아니다. 일하는 방법을 바꾸거나, 로봇과 같은 기계를 도입해서 프로세스를 개선해야 생산성이 올라가는 것이다. 전산화하기 전에 조금은 아날로그 방식으로 접근해보기로 했다.

먼저 전 지점과 지역단에 NDP 보드 — 주간, 월간 일정을 기록하고 공람하기 위한 일정표 —를 제작하여 부착해주었다. 그리고 워크숍을 통해 전 간부에게 지금까지 내가 경험한 실패를 진지하게 설명했다. 그리고 NDP 전 단계로 앞에서 설명한 비전 선언서를 진지하게 성찰해보고 자신의 가슴을 뛰게 하는 비전과 꿈과 목표를 적어보도록 했다. 서로서로 발표하면서 의지를 다지는 시간도 가져보았다.

▷ 비전 선언 실습

항목	내용
비전	
꿈	
( )년 목표	
( )년 ( )월 목표	
( )주 목표	

그다음 단계로 자신의 인생 비전 선언을 달성할 수 있는 일상의 행동들을 구체적으로 수립하는 것이 가장 중요하다. 이 과정이 생략되면 비전 선언은 공염불로 끝나기 십상 때문이다. 물론 그들이 SLAP이나 NDP에 대해 나처럼 깊게 생각하고 의미를 느낄 거라고는 생각하지 않았다. 무엇보다 그렇게 성실하게 작성한다 해도 그 작성대로 실천하지 못할 것도 예상했다. 그래서 계획대로 하지 않는다고 질책하지도 않았다.

( )월 월간활동 계획표			
목표	환산 월초	신규 고객	컨설팅 포인트
전월 실적			
당월 목표			

월	화	수	목	금	토	일

어차피 나의 목표는 모든 조직이 환골탈태하여 100% 더 열심히 일하게 하는 것은 아니었다. 나는 확신했다. 이렇게 전 조직이 새로운 시스템 속에 녹아들면 비록 100%는 아니어도 10~20%의 성장은 가능할 것이다. 그것이 공식 아닌가?

역시 결과는 놀라웠다. 모든 조직이 자기도 모르는 사이에 일의 양과 질이 변한 것이다. 물론 본부장인 나는 NDP 실천에 대해 노래를 하고 다니면서 성공사례를 부단히도 전파했다. 얼마 후 당연한 일이었지만, 참으로 신비한 일들이 일어났다.

( )월 ( )주차 주간활동 계획표			
목표	환산 월초	신규 고객	컨설팅 포인트
전월 실적			
당월 목표			
금주 목표			

월	화	수	목	금	토	일
~8시						
~9시						
~10시						
~11시						
~12시						
~1시						
~2시						
~3시						
~4시						
~5시						

기본적인 아날로그 방법으로 이 새로운 운동을 펼쳤지만, 결과는 놀라웠다. 그리고 더 놀라운 것은 전 조직이 자신도 모르게 결과가 달라졌다는 사실에 자신감을 느끼게 된 것이다.

부임한 지 1년 반 만에 나는 본사로 발령이 났다. 내가 떠나는 마지막 분기에 전국 7개 본부에서 2등을 했고 새로운 후임 본부장 부임 첫 분기에는 1등을 했다. 이때부터 나의 회사생활은 완벽하게 변해갔다. 그러나 아무도 그 성과가 NDP 때문이라는 나의 주장에 공감하지 않았다. 왜냐하면 NDP가 너무나 평범해서 그것으로는 설명이 안 된다고 보았기 때문이다. 그러나 그 후로 나는 10여 년간 남성 채널 사업부장, 강북본부장, 본사 고객실장, 법인 본부장, 개인 영업본부장, 영업 총괄 부사장을 맡았는데, NDP에 기반한 SLAP 리더십으로 전임자나 나의 과거와도 비교할 수 없을 만큼의 성과를 냈다. 또 내가 제안한 NDP에 어느 정도 습관화된 사람들은 내가 떠나도 일정한 시간까지는 그 성과를 유지하는 것을 보여주었다.

262~264쪽의 도표들은 서울에서 마지막 지역 본부장을 하던 때와 마지막 영업 총괄 부사장때의 실제 사례이다. 본부장인 나부터 중간 간부들과 사원까지 모두가 함께 참여하여 실천한 것이다. 강북본부는 지방본부의 두 배에 육박하는 3,000명이 훨씬 넘는 조직이었지만 경험과 성과가 축적되어 일사불란하게 실천할 수 있었고 짧은 시간에 성과로 직결될 수 있었다.

시간이 흘러 내가 개인 영업본부장을 맡았을 때부터는 NDP를 전산화하여 20,000명의 영업조직이 함께 참여하도록 했다. 시스템을 만들거

메커니즘 완성 전략 – NDP(영업본부장)

[6월 주요 영업일정]

일	월	화	수	목	금	토
			1 · 영업 부문 주무팀장 Tea-Time(08:00)	2 · 지역본부 화상회의 (09:00, 4층 회의실) · 개인영업 팀장/세트장 정례회의 (10:30, 4층 RMS회의실) · 운영비 변경 신청 마감 · 주무팀장 서식	3 · 영업 부문 주무팀장 Tea-Time(08:00) · 영업 부문 회의(09:00) · FP 3차 위촉	4
5	6 현충일	7 · 오찬 · 영업 부문 주간 오찬 · 본부 회의(08:00)	8 · 영업 부문 주무팀장 Tea-Time(08:00) · 선지급 운영비 지급	9 · FP 2차 위촉	10 · 부문장 Tea-Time(08:00) · 영업 부문 회의(09:00) · 영업 성과 회의(10:30)	11
12	13 · 영업 부문 주무팀장 Tea-Time (08:00, 영업본부장실) · 사무직의 날	14 · 본부장 회의(08:00) · CEO아카데미 Re-Union Day	15 · 영업 부문 주무팀장 Tea-Time(08:00) · 25차월 드림스타과정-17일 (11:00~12:30, 연수원)	16	17 · 부문장 Tea-Time(08:00) · 영업 부문 회의(09:00) · 영업 성과 회의(10:30)	18
19 · 조찬/오찬	20 · 영업 부문 주무팀장 Tea-Time (08:00, 영업본부장실) · 임원조찬모임(07:20~09:00) · 지역부문장회의(09:30) · 13차월 비전과정 특강(16:30~18:00) · FP 4차 위촉	21 · 오찬 · 본부장 회의(08:00) · 13차월 비전과정 오찬 (12:00~13:30) · 사책지원비 지급	22 · 영업 부문 주무팀장 Tea-Time(08:00) · '16.5월 우수지역단장 초대	23 오찬 · '16.5월 TOP Club 영업왕링 지점장 초대(12:00) · FP 3차 위촉	24 · 부문장 Tea-Time(08:00) · 영업 부문 회의(09:00) · 영업 성과 회의(10:30) · 점심 운영비 지급	25
26	27 · 영업 부문 주무팀장 Tea-Time (08:00, 영업본부장실)	28 · 임원팀장 회의(08:00) · 기관영업 후보자 역량향상 W/S	29 · 영업 부문 주무팀장 Tea-Time(08:00)	30 오찬		

메카니즘 완성 전략 – NDP(지역단장)

[NDP 07월 3주차 00단]　　　　07월 12일 ~ 07월 18일

구분		MON (13일)	TUE (14일)	WED (15일)	THU (16일)	FRI (17일)
중점실천사항		• 주간 목표 공유 • 특별관리지점	• VIP 미팅	• J/C 점담 4명 이상 참석	• 주간마감 진도 분석	• 차주대책 수립 • 마감 목표 달성
일상교육 전		• R부진지점 T.T		• R부진지점 T.T	• R부진지점 T.T	• R부진지점 T.T
주간 NDP	I. 오전 9:00~10:00	• 일상교육 점검 & 부진지점 교육 참관	VIP 초청 골프 (08시~16시)	• 일상교육 점검 & 부진지점 교육 참관	• 일상교육 점검 & 부진지점 교육 참관	• 일상교육 점검 & 부진지점 교육 참관
	II. 오전 10:00~12:00	• 신입교육 관리 (육성센터/신입입문/ 인센티 교육 지원 및 관리)		• 신입교육 관리 (육성센터/신입입문/ 인센티 교육 지원 및 관리)	• 신입교육 관리 (육성센터/신입입문/ 인센티 교육 지원 및 관리)	• 신입교육 관리 (육성센터/신입입문/ 인센티 교육 지원 및 관리)
	12:00~13:00	주목 맞이 전 지점장 삼계탕 미팅		J/C & TS 부진지점장 식사	고참지점장 중식	지역내 STAFF & 교육 담당 중식
	I. 오후 13:00~17:00	• 주간 정례 회의		• 리크루팅 진도 분석 • 주간 영적 분석	• 리크루팅 진도 분석 • 주간 영적 분석	• 4주차 영업대책 수립
	II. 오후 17:00~19:00	• 리크루팅 진도 분석		• 리크루팅 일일 보고	• 리크루팅 일일 보고	• 리크루팅 일일 보고
일과 이후			조임지점장 석식	OO지역장 팀장 석식		

메카니즘 완성 전략 – NDP(지점장)

[NDP 07월 2주차 OO단]

07월 05일 ~ 07월 11일

구분		MON (6일)	TUE (7일)	WED (8일)	THU (9일)	FRI (10일)
종점실천사항		리크루팅 전 사원	보장 15만 달성 및 세미나 1명 참석	세미나 참석 독려	업적 1단계 증금	개인별 주간 목표 달성
일상교육 전		모닝 스터디	팀장 회의	모닝 스터디(변액d)	모닝 스터디	모닝 스터디
I. 오전 9:00 ~ 10:00		일상교육(리크루팅 해외 여행자 클럽)	일상교육 (스마트 추가н)	스마트 100배 목표금액 마련	더 중요한 설명 포인트	스마트와 은행 비교
II. 오전 10:00 ~ 12:00		개인별 목표 면담	개인별 목표 면담		리크루팅 활동면담	목표 관리
12:00 ~ 13:00			육성센터 신인	리크루팅 후보자	여행자 클럽 식사	
주간 NDP	I. 오후 13:00 ~ 17:00	주간 회의	리크루팅 동행	CIS	CIS	VIP 방문
	II. 오후 17:00 ~ 19:00	팀장 회의 및 특강	팀장 교육 실시 (팀장 수당 변경)		팀장 면담	
실천사항		리크루팅		업적		활동량
		일본 여행자 클럽 5명 모집		표준인원 증대 및 고액건 판매		보장분석 통한 활동량 증대
지역단장 공지		표준인원 보고 對 10%↑ 상향 달성				
지역본부장 공지		1. 2~13차 실기능 정착율 보고對 10%↑ 표준율 20%↑ 상향달성 2. 보장고액건 점당 3건↑ 팀달로 보장월초 전기간 보고對 10%↑ 달성 3. 조직정예화 8530 보고對 10%↑ 달성, 표준두 극대화 4. 리크루팅 전 기간 CIS 3명↑ 필답				

나 도입한다고 성과가 보장되는 것이 아니라 리더의 철학과 관심과 강조하는 바에 따라 성패가 달라짐은 말할 것도 없다.

NDP 개요

NDP^{New Daily Plan}는 일정관리 또는 시간계획이라고 말할 수 있다. 누구나 학창 시절 시간표를 짜보았고 제대로 지켜본 적도 없는 것이 시간표이다. 지금도 누군가는 시간표를 짜고 있을 테고 나름의 일정관리를 시간표로 하고 있을 것이다. 나 역시 과거에는 시간표에 대해 계획된 미래가 있다는 것에 대해 좀 위안을 받았을 뿐 대단하게 의미 있는 도구로 인식한 적이 없었다. 만약 내가 NDP의 의미를 깨닫기 전에 누군가가 시간표의 중요성을 나에게 설명했다면 적극적으로 경청을 하지도 않았을 것이다.

그러나 내가 시간표의 의미를 다시 생각해보고 그 의미를 다시 인식하는 순간 인생이 완전히 바뀌는 것을 경험했다. 이 책을 쓰게 되는 직접적인 원인도 바로 이 일정관리의 재발견과 밀접하게 연결되어 있다. 그래서 고민하던 중 NEW자를 붙여서 NEW DAILY PLAN이라 명했다.

지금까지는 시간관리에 대한 나의 경험을 설명하였다. 효율적인 시간표 관리라든가, 시간표 양식이라든가, 시간관리에 대한 도구나 책들이 많다. 이제 나의 경험을 바탕으로 시간관리에 대해 설명해보고자 한다. 자세한 설명에 앞서 시간의 의미와 시간 활용에 대해 먼저 살펴보자.

사람은 누구나 한 번의 인생을 살아간다. 누구에게나 주어진 시간은 같다. 그러나 주어진 시간을 쓰는 것은 다른 문제이다. 아침 시간의 예를 들어보자. 한 사람은 아침에 기상하여 출근 준비하는 것이 전부이다. 또 한 사람은 기상하여 매일 아침 운동을 한 후 출근한다. 세 번째 사람은 매일 아침 운동을 하면서 귀에 이어폰을 끼고 책을 듣는다고 하자. 세 사람에게 주어진 아침 시간은 같지만, 그들이 보낸 시간의 생산성은 전혀 다르다. 비단 아침 시간만 그런 것은 아니다. 하루 동안의 모든 순간이 같다. 어떻게 보내느냐에 따라 결과는 달라질 수밖에 없다. 그래서 주어진 삶 속에서 생산되는 사람들의 성과는 하늘과 땅 차이인 경우가 많다.

　　성공한 사람들의 성공요인에는 본인의 노력, 선천적 자질, 환경적 요인, 현명한 선택과 중요한 인생 멘토 등 다양한 이유가 있을 것이다. 그러나 이러한 모든 것을 압도하는 요인이 시간관리이다. 왜냐하면 다른 요인들은 본인이 통제할 수 없는 경우가 대부분이지만 시간만큼은 온전히 본인이 통제할 수 있는 것이기 때문이다.

　　시간관리에 대해 깊이 생각하지 않았던 시절, 나는 일을 많이 하는 것으로 착각하고 있었다. 하지도 않은 일을 한 것으로 오해했다. 나의 시간관리에 대한 잘못을 알고 나니 내가 왜 투입한 시간 대비 낮은 성과를 내는지 모두 이해가 되었다. 나만 그런 것이 아니라 나와 함께 일했던 많은 직원들이 나보다 더 시간관리에 문제가 있었다. 대부분 시간의 가치와 시간을 효과적으로 사용하는 것에 대해 중요하게 생각하지 않은 것 같았다. 리더인 내가 명확하게 정돈된 시간관리를 못 한 채로 일을 지시하니 하부조직은 뒤엉킬 수밖에 없었다.

내가 어릴 때는 농기계가 없던 시절이었기에 모든 농사일을 사람이 직접 해야 했다. 그래서 늘 일손이 부족했다. 가을 추수 때가 되면 온 가족을 총동원해서 볏단을 날라야 했다. 아버지는 가족을 독려하기 위해 금방 끝난다고 말씀하시곤 했다. 그런데 아버지 말씀처럼 일이 금방 끝난 적은 단 한 번도 없었다.

금세 끝난다는 말을 믿었던 나는 일이 더 힘들었다. 그래서 혼자 계산해봤다. 일하는 사람의 숫자와 한 번에 옮길 수 있는 볏단의 숫자, 그리고 한 번 오갈 때의 시간을 따져보니 일이 끝나는 시간이 계산되었다. 난 생각했다. 무조건 이 일은 몇 시가 돼야 끝난다. 그렇게 정리가 된 후부터는 그 시간까지 묵묵히 일했다.

간혹 등산을 하다 보면, 하산하는 사람들은 어디서 만나든 "금방 도착한다. 다 왔다."라는 선의의 거짓말을 한다. 물론 우리를 속이기 위해 그런 것이 아니라 독려하기 위한 것이다. 그러나 도움이 되지 않는다. 나는 그것이 더 힘들었다. 왜냐하면 진짜 다 온 줄 알았는데, 정상에 닿으려면 한참 더 가야 하니 몸의 긴장감이 풀어져 더 힘들었다. 그 후로는 등산하기 전에 매표소 앞의 안내판을 꼭 본다. 시간이 얼마나 걸리고 거리가 얼마인지를 확인한다. 그다음에 대충 도착시각을 예상하는데, 거의 정확했다.

시간 관리에 대해 생각을 다잡은 후 우선 나 자신의 아웃풋과 인풋을 분석하고 과거 일정을 주와 월 단위로 분석해보았다. 일정표는 있었으나 목표와 연계되어 있거나 특별한 의미를 담은 프로세스가 아니라 그저 행사나 회의를 적어놓은 단순한 일정표에 지나지 않았다. 내가 고민해서 시간표를 스스로 짠 것도 아니고 참모들이 적어놓은 일정표에 불과했다.

목표관리란 것도 한 주 또는 한 달, 아니면 1년의 성과를 분석하고 해야 할 목표를 의욕만 가지고 세웠을 뿐이다. 그렇다 보니 번번이 허망한 목표로 끝나는 경우가 대부분이었다. 이것은 일상사에서 반복되는 운동, 다이어트, 외국어 공부처럼 결심만 하고 도로 아미타불인 경우와 비슷했다. 일단 나의 시간관리에 문제가 있음을 파악한 후로는 시간관리를 전면적으로 수정했다. 단순한 의지가 아닌 목표와 프로세스와 성과가 연동된 일정표를 좀 더 체계적으로 수립했다. 그때까지는 시간관리의 의미나 본질을 모른 채 늘 습관적으로 일정을 나열했을 뿐이었다.

이렇게 성찰한 후부터는 평범한 일정표에 불과한 시간표를 다시 짜서 시간을 계획적으로 활용하기 시작했다. 나의 하루는 180도 달라졌으며 결과 또한 그전과는 확연히 달라졌다. 비록 초보적인 수준의 평범한 시간관리에 불과한 NDP지만 결과는 획기적이었다.

NDP란

지금부터는 내가 오랫동안 실천했던 NDP에 대해 좀 더 구체적으로 설명해보고자 한다.

먼저 정확한 분석이 필요하다. 성과와 문제점 및 부족한 것이 무엇인지 분석하는 것이 첫 번째 작업이다. 그다음으로는 적정한 목표를 수립하고 **목표에 부합한 실행계획**action plan**이 설정되어 있어야 한다.** 다시 말하면 목표와 실행계획 간에 정렬이 잘 되어 있어야 한다. 이를테면 외국어를 정복하고 싶으면 외국어를 훈련할 시간을 확보해 실제로 훈련을 해야 한다. 단순히 외국어 도전 목표만 가지고는 안 된다. 모든 것이 그렇다. 목표를 수립했으면 그 목표를 이루기 위한 행동이 설정되어 있어야 한다. 우리가 병원에 가면 먼저 여러 가지 검사를 받은 후 의사와 상담하면서 비로소 약만으로 치료할 수 있는지, 수술해야 하는지를 처방하는 것과 비슷하다. 운동선수들도 무엇인가를 바꾸고자 하면 가장 먼저 하는 것이 정확한 분석이다. 체력이 부족한지, 정신력에 문제가 있는지, 기술에 문제가 있는지 분석한 다음에 대책을 세우게 된다. 이것을 정리하면 아래와 같다.

첫째, 비전 선언에 수립한 것들을 이루기 위해 무엇이 문제인지 전 주, 전 월의 성과를 정확히 분석한 다음 개선하고자 하는 항목의 우선순위를 정한 후 구체적인 목표를 재설정한다.

둘째, 새로 수립한 목표와 연동된 전술적인 방안을 모색한다.

셋째, 목표달성을 위한 구체적인 실행계획을 일정표에 설정한다. 여기서 중요한 것은 목표와 과정의 연계성이다. 업의 본질과 메커니즘을 정확히 파악하는 것이 중요한 이유이다.

넷째, 정해진 일정을 성실히 실천한다. 일정대로 실행하지 못했다고 실망하고 포기할 필요가 없다. 어차피 하지 않는 것보다는 개선되는 것이 확실하다. 실패하면 다시 시작하면 된다.

장표로는 시중에서 판매 중인 장표를 사용하거나 스스로 엑셀이나 워드로 만들어서 사용해도 된다. 아니면 구글이나 네이버의 일정관리를 사용해도 무방하다. 처음에는 스스로 장표를 만들어서 하는 것을 권한다. 좀 익숙해지거나 일정한 루틴이 생기면 본인에게 맞는 방법대로 하는 것이 좋을 듯싶다.

NDP 적용사례

내가 실천했던 NDP를 일상생활에 접목해 설명해보겠다.

어떤 여성이 예쁜 외모와 48kg이라는 체중의 멋진 몸매를 갖고 싶다는 비전과 꿈을 꾸고 있다고 하자. 현재 58kg인 그녀의 목표는 10kg을 감량하는 것이다. 어떻게 하면 가능할까? 강한 결심으로 가능할까? 무턱대고 굶으면 가능할까? 아니면 운동하면 가능할까? 그것도 아니면 다이어트 약을 먹어야 할까? 모든 방법이 어느 정도는 효과가 있을 것이다. 그러나 일상생활을 영위하자면 인간관계란 것도 있고 오랫동안 몸에 밴 습관도 있고 음식에 대한 본능도 있기 마련이어서 누구나 다이어트에 성공하기는 어렵다. 다이어트만 그런 것이 아니라 운동도 그렇고 일도 그렇다. 원하는 성과를 얻기가 여간 힘든 법이 아니다.

내가 실천했던 **NDP 프로젝트는 일정관리에 의한 프로세스의 변화를 통한 성과 창출이다.** 예를 들면 아침, 점심, 저녁에 먹어야 할 음식의 양과 질을 결정하고 내가 실천해야 할 운동을 배치해본다. 무엇보다 불가피한 약속도 기록해본다. 하루의 루틴을 설정한 후로는 매일매일 당일 정해진 일정만 소화한다.

그런데 여기서 중요한 것이 이러한 일정이 지켜지기가 쉽지 않다는 것이다. 그래서 그 일정대로 실천했는지 피드백을 하여 기록을 남겨보자. 습관화될 때까지 피드백하는 것은 좋다. 처음에는 쉽지 않지만, 마음만 먹으면 한 주 또는 한 달 정도는 누구나 가능하다. 혹 실패하면 자책하지 말고 다시 도전해보자. 실패는 당연하다. 우리의 의지박약의 문제가 아니다. 여기서 다이어트나 운동이나 금연이나 외국어 공부가 실패확률이 높은 이유는 상대가 없이 혼자 해야 하기 때문이고, 실패했을 때 누군가에게 피해를 주지 않고 자신만 탓하면 되기에 그렇다.

그래서 이에 대한 보완책으로 파트너를 정하고 함께 도전하면 성공확률을 높일 수 있다. 습관으로 자리 잡기 전 코치의 도움을 받아 운동한다든가 다이어트 지도자의 도움을 받는 것 등이다.

사람들이 흔히 저지르는 목표관리의 실패에 대해 살펴보자. 먼저 목표를 정한다. 예를 들면 매출목표, 외국어 정복, 운동과 같이 원하는 목표, 즉 달성하면 좋을 것 같은 바람을 갖게 된다. 그러한 과정에서 성취감과 자존감도 높아지니 행복감이 커질 것 같다. 가슴이 뛰고 흥분되는 느낌을 지울 수 없다. 그래서 목표를 정하고 마음을 다잡는다. 그다음은 과거의 방법을 답습하고, 결국 실패한다. 점점 더 자신에 대해 회의에 빠지게 되고 자기를 비난하게 된다. 아마도 누구나 한 번쯤은 경험했을 것이다.

NDP는 바로 이점을 극복하고자 고안한 방법이다. 앞에서 말한 목표관리를 NDP 프로젝트로 도전해보자. 매출목표가 됐든 외국어 정복이 됐든 컴퓨터 정복이 됐든 일단 목표를 정하자. 그다음 단계는 그 목표와 연동된 실행계획이 무언지 생각해봐야 한다. 매출이 목표라면 어떤 과정을 거쳐야 달성이 가능한지 설정해야 하고 외국어 정복이라면 어떤 프로세스를 거쳐야 가능한지를 살펴보고 컴퓨터 정복이라면 역시 어떤 훈련 과정이 필요한지 구체적으로 일정 속에 녹아 있어야 한다.

경우의 수가 많아지면 일정한 확률이 나온다는 '대수의 법칙'이 있다. 이를테면 주사위를 한 번 던지면 무슨 숫자가 나올지 모르지만 10,000번쯤 던지면 확률적으로 각 숫자가 비슷하게 나온다는 것이다. 이와 흡사하게 목표를 위한 가능한 프로세스를 설정하고 실천하면 무조건 원하는 결과를 얻을 수 있다는 것이다.

앞에서 소개한 나의 경우는 훨씬 명쾌하게 답을 찾을 수 있었다. 앞의 일정표에서 보듯이 내가 이번 달, 그리고 이번 주의 성과를 내기 위해 꼭 필요한 일을 추려보았다. 그리고 우선순위대로 시간표에 배정했다. 이러한 작업을 간부부터 전 조직이 같은 프로세스대로 작업하고 공유하기로 했다. 모든 사람이 일정을 공유했기에 서로의 일정을 존중하기로 했다.

예를 들어 상사라 해서 불쑥불쑥 직원들의 일정을 무시하면서 회의를 소집하거나 방문하는 행동은 나부터 철저히 자제하고 지켜나가려고 노력했다. 무엇보다 나는 그날그날 정해진 일만 잘하려 애썼다. 매일 이루어지는 일정들은 감이나 급한 일이 아니라 우리가 추구하는 목표에 정확하게 연동되어 있기에 하나하나가 성실하게 실행되어야 하는 것들이다. 무엇보다도 그날 정해진 일만 집중하고 나머지 잡다한 일들은 무시해도 큰 문제가 없는 것들이었다. 이렇게 쓸데없는 일, 급하지 않은 일, 중복되는 일들을 배제하니 머리를 채웠던 일들이 엄청나게 줄어들었다.

그리고 중요한 일에 좀 더 집중할 수 있었다. 또 실천하는 일의 양이나 질이 몰라보게 개선되는 것을 느꼈다.

수만 가지의 부품이 들어가는 자동차부품의 생산과정을 생각해보자. 부품을 만드는 사람들이 한곳에 모여서 만들지도 않을 것이다. 그들을 서로 다른 장소에서 서로 다른 시간에 부품을 만들지만, 각자가 정해진 설계도에 따라 정확하게 생산할 뿐이다. 일정한 시간이 지나면 각 부품이 조립되어 최첨단 자동차가 생산된다. 자동차 생산성을 올리고자 한다면 모든 노동자에게 더 열심히 일하자고 독려할 것이 아니라 자동차가 만들어지는 시스템과 프로세스가 완제품 생산에 맞게 효율적이고 정확하게 연동되어 있는지를 점검해보고 개선해야 한다.

나는 대학 시절 자격증 시험을 본 적이 있다. 아무런 분석도 계획도 없이 그냥 열심히 도서관에서 공부했다. 언제까지 어떤 과목을 몇 번 볼 것인가? 연습문제를 어떻게 풀어보고 기출문제를 언제까지 마무리하고 최종점검은 어떻게 할 것인가 등에 대해 구체적인 계획 없이 그냥 책을 펼쳐 들었다. 마음이 쫓겨 다른 것은 눈도 돌리지 못하고 마냥 도서관에 앉아 있었지만, 시험이 다가올수록 결과에 대한 불안으로 마음이 뒤죽박죽이었다. 참으로 후회 막급이다.

지금이라면 절대 그렇게 안 했을 것 같다. NDP 시스템을 도입한다면 먼저 한 과목을 정독하는 시간, 요점 정리하는 시간, 암기하는 시간을 계산해본다. 이어서 연습문제 풀어보는 시간을 정확하게 계산하고 전체 과목을 마무리하는 데 필요한 총시간을 파악한다. 다음에는 내가 가용할 수 있는 시간을 나의 일정표에 정한 다음 매일매일 일정표만 소화하면 된다. 물론 계획대로 안 되었을 때 보충할 시간과 여러 변수까지 고려한 NDP를 작성한다면 여유 있는 하루를 보낼 수 있을 것이다.

　나는 요즈음 자동차 여행을 하기 전에 먼저 T-맵에 들어가 내가 출발할 시간과 도착할 시간을 사전에 파악한다. 그다음에 여행 중 차 한잔 마실 시간이 필요하면 그 시간까지 고려하여 출발 시각을 정한다. 그러고는 의심 없이 편하게 제공되는 스크린의 지시대로 운전만 하면 자동차는 정확한 시간에 목적지에 데려다준다. 물론 운전 중에 마음을 졸이거나 누구에게 물을 필요도 없다. 초기 내비게이션은 목적지까지 안내는 했지만 정확한 시간까지는 맞추지 못했다. 그러나 최신형은 실시간 교통상황까지 반영해 우리를 안내한다. 왜일까? 우리 눈에는 안 보이지만 목적지를 입력하면 내비게이션이란 프로세스에는 어떤 방향으로 움직여서 가야 하는지가 정확하게 세팅되어 있기 때문이다. 그래서 운전 중에 발생할 수 있는 각종 상황까지 반영해 우리에게 길을 안내한다.

　내가 제안하는 NDP도 이와 같다. 혹자는 이론적일 뿐이라고 말할지 모른다. 그러나 나는 NDP를 실천한 이후 내가 원하는 결과를 얻지 못한 적이 없다. 무엇보다 꼭 해야 할 일을 정리하면 마음과 시간의 여유를 누릴 수 있다. 난 지금도 매일 나의 일정표를 수립하고 점검하고 실행하는 것으로 하루하루를 보낸다.

　내가 소화하는 모든 일상사는 나의 인생 비전과 꿈과 목표에 연동되어 있기에, 나는 일정표에 수립된 일만 편하게 할 뿐이다. 그런데 시간이 지나면 내가 원하는 목표에 어느 정도 도달되어 있음을 확인하곤 한다. NDP란 나의 비전과 꿈과 달성코자 하는 목표와 이를 위한 과정에 발생할 변수까지 고려하여 세팅된 내비게이션과 같다. 앞에서 소개한 SLAP의 엔진인 셈이다.

500m 앞에 있는 홀에 공을 넣어야 하는 파5 골프 운동을 하고 있다고 하자. 유능한 골퍼라면 정확하게 계산된 프로세스에 따라 예상하는 지점에서 볼을 보내고, 그 지점에서 정확하게 샷을 하다 보면 4번이나 5번 만에 공을 홀에 넣을 수 있다. 그러나 되는 대로 급하게 골프채를 막 휘두르다 보면 7번 8번에도 성공하지 못한다. 그러면서 힘은 더 들고 마음만 상하게 된다. NDP는 유능한 골퍼의 전략과 유사하다. 그래서 NDP를 실천하면 내가 해야 할 오늘의 일과 이번 주의 일이 정해져 있으니 마음이 안정되고 여유가 생기며 불안감이 줄어들었다.

NDP를 수립하여 시간을 활용하다 보면 확연히 생산성이 좋아지는 것을 알 수 있다. 이것은 다음의 이치 때문이다. 미래의 일정을 세우는 순간 내 머리와 마음은 계획된 일정에 따라 자동으로 미리미리 일하기 시작한다. 마치 우리가 즐거운 소풍을 앞두고 있거나 중요한 약속이나 회의가 있는 날이면 자명종 없이도 어김없이 일어나는 경험과 같다.

우리의 무의식은 신비로워서 계획된 일의 지시를 내린다. 중요한 사람과 약속이 생기면 그 만남에 대해 생각하게 되고, 중요한 강의를 의뢰받으면 강의 날짜가 잡히는 순간부터 내 머리는 즉시 강의 준비 체제에 돌입한다. 이처럼 목표에 연동된 프로세스의 설정은 일의 양과 질을 크게 개선하게 된다. 한편 프로세스를 설정할 때 함께 할 상대가 없으면 부담이 없어서 실행력이 약해진다. 그래서 혼자 할 수 있는 일정과 상대와 함께하는 일정의 조화가 필요하다.

NDP는 루틴을 만든다

　초기단계에서는 이상에서 설명한 원칙적인 방법에 따라 시간관리를 하는 것이 좋다. 내 경험상 어느 정도 NDP에 따른 시간관리를 하다 보면 자연스럽게 터득되는 습관이 생긴다. 이것은 마치 어머니들이 오랜 세월 김치를 담그다 보면 자연스럽게 루틴이 생기는 것과 유사하다. 개인의 일정관리란 것이 반복되는 경향이 있어서 어느 정도 시간이 지나면 일정한 루틴이 형성되는 것이다. 즉 하루의 루틴, 한 주간의 루틴, 한 달간의 루틴이 형성되는 것을 느꼈다.

　나의 하루는 아침 기상 후 스트레칭과 명상과 운동으로 채워지고, 오전은 하루 중 가장 중요한 일을 처리하게 된다. 점심 시간은 거의 비즈니스를 위한 만남의 시간이고, 오후는 강의를 준비하거나 글을 쓰거나 자기계발의 시간이다. 저녁 시간은 독서와 운동과 재충전의 시간으로 채워지는 루틴이다. 한 주간의 일정이나 한 달간의 일정도 시간이 지나다 보니 어느 정도 일정한 루틴이 형성된다. 외부 강의가 있는 날, 고객과 약속이 잡히는 날, 가족 모임을 하는 날, 어머님을 방문하는 날, 그리고 좋아하는 취미 생활을 하는 날 등의 일정들이 자연스럽게 세팅된다. 이런 루틴이 형성되면 내가 따로 정해야 하는 일정은 많이 줄어들게 된다. 이 상태가 되면 시간을 내가 지배하게 되고 여유 있으나 효율적인 시간 관리를 할 수 있게 된다.

4. 피드백의 힘

학창 시절을 기억해보면 숙제를 내주고 꼭 검사하는 선생님이 있었고 검사하지 않는 선생님이 있었다. 당연히 숙제 검사를 하지 않는 선생님이 가장 인기 있었다. 한편 수업시간에 학생들에게 시키지 않고 본인 강의만 하는 선생님 시간은 부담감이 없어 편하게 느껴졌다. 그런데 지금 와서 생각해보니 숙제를 검사하고 수업시간에 자꾸 우리에게 질문했던 선생님이 참 훌륭한 분이라는 생각이 든다. 선생님 혼자 강의만 하고 숙제도 내주지 않으면 그때에는 편하지만 사실 학생의 실력 향상에는 도움이 덜 된다. 그 자신도 숙제 검사를 안 해 편할 것이고 학생들에게 인기도 좋았을 테지만 선생이라면 당연히 학생의 성적 향상을 위해 숙제를 내고 검사하는 것이 필수이다.

책상에 앉아 있다고 모두 공부하는 것이 아니다. 점검해보지 않으면 본인이 뭘 했는지 모르는 경우가 많다. 우리가 무엇을 배울 경우를 생각해보자. 대부분 먼저 이론을 배우거나 누군가의 시범을 보고 따라 하면서 배워간다. 그런데 배움의 과정에서 누군가가 교정해주고 점검해줄 때 효과는 커진다. 우리가 목표를 세우고 공식에 따라 프로세스를 설정하고 그 프로세스대로 실천하면 일정한 결과를 창출해야 한다. 그런데 대부분 우리는 원하는 성과를 얻는 데 실패한 경험이 있다.

나 역시 업무목표, 외국어 정복, 악기 다루기 등 여러 가지에 무수히 도전했지만, 실패를 경험했다. 분명 목표를 세우고 정교한 계획을 짰고 그 계획대로 한 것 같은데 성공하지 못했다. 그리고 그 이유도 몰랐다가 상당히 오랜 세월이 지나고서야 그 원인을 알았다. 바로 피드백의 문제였다.

앞에서 언급했듯이 **우리 뇌는 착각을 잘하는 것 같다. 이를테면 목표를 세우고 계획을 짜고 한두 번 실행하면 이미 실천하고 있다고 입력된다. 한 달에 몇 번 실천하고 있다고 해도 우리 뇌는 그것을 꽤 열심히 하는 것으로 기억하는 것 같다.** 물론 이것은 과학적인 것이 아니라 순전히 내 경험이다. 예를 들면 목표와 계획만으로도 나의 뇌는 내가 실천하고 있는 것으로 기억하는 것처럼 느꼈다. '나는 운동을 한다. 나는 책을 읽는다. 나는 외국어를 한다. 나는 금주를 하고 있다.'와 같이 내가 매일 실천하지 않고 어쩌다 한 번 해도 마치 꾸준히 하는 것으로 오해하는 것이다.

이런 상황에서 나는 '왜 나는 몸이 안 만들어질까? 왜 나는 외국어 실력이 늘지 않을까?'라고 불평한다. 프로세스를 제대로 실행하지 않으면 성과가 나오지 않는다는 것을 자각하지 못한 것이다. 현업에 있을 때 열심히 활동했는데 성과가 없다는 말을 많이 들었다. 그 역시 착각했을 확률이 높다. 사람은 겨우 몇 번 해보고 마치 계속 실행했다고 착각하는 경우가 많다. 나 역시 많이 경험한 착각인데 실행 여부를 정확히 알 방법은 바로 피드백이다.

최근에 내가 실험해본 사례를 소개하고자 한다. 회사를 퇴직한 후 여러 가지 하고 싶은 일이 있어서 월별로 계획을 세우고 일정표를 짜서 실천했다. 과거에는 해보지 않았던 피드백 도구를 사용해보았는데, 구글

스프레드시트란 도구이다. 이 도구는 PC와 스마트폰이 연결되어 실시간으로 점검할 수 있는 것이 유용했다. 매일 내가 세운 계획을 실천하고 있다고 생각했으나 실제로 피드백을 해보면 실천율이 떨어지는 것을 확인할 수 있었다.

그렇다. 우리가 공식대로 했는데 안 되는 것이 아니라 실제로는 하지 않았음을 알 수 있다. 평생 피드백을 지속하기는 쉽지 않지만 일정 기간은 가능하다. 좋은 습관이 형성될 때까지 실천할 수 있는 좋은 도구다.

성과는 목표와 기대와 계획이 아니라 실행에서 나오는 것이다. 현업에 있을 때 머리 좋고 말 잘하고 똑똑하지만 행동하는 것을 꺼리는 사람보다 다소 더디더라도 꾸준히 행동하고 실천하는 사람들이 성과를 더 잘 내는 것을 보았다. 특히 반복적인 훈련을 하는 운동선수들이나 실제 장사 경험을 한 사람, 또는 체력적으로 힘들게 반복되는 업무를 경험한 사람들의 영업성과가 두드러졌다. 그들은 자신도 모르게 행동하고 피드백하는 습관이 몸에 배어 있었다.

우리 세대가 어린 시절에는 한 반의 정원이 70명이 넘었다. 이 많은 학생에게 수업을 진행하시는 선생님은 일방적으로 강의를 할 수밖에 없었을 것이다. 이러한 수업형태는 초등학교에서 시작해서 대학까지 이어졌다. 회사에 들어와서도 다를 것이 없었다. 내가 지금까지 받았거나 아니면 가르쳤던 대부분의 교육은 이와 유사했다. 근본적으로 피드백이 제한적일 수밖에 없고 피교육생이 교육내용을 습득했는지 알 수 없는 구조인 셈이다. 교육생도 교육하는 사람도 착각하기 쉬운 구조이다. 선생은 교육했고 학생은 교육을 받았으니 아는 것으로 착각하는 것이다.

월 일정표

날짜	요일	성경	헬스	골프	영어	중국어	일본어	점심 비지니스	컴퓨터	업무	퍼팅	독서	걷기	비고
O월 1일	월	x	x	x	x	o	o	휴일	x	x	x	o	o	
O월 2일	화	o	o	o	o	o	o	유OO	o	o	o	o	o	
O월 3일	수	o	o	o	o	o	o	자회사	o	o	x	o	o	
O월 4일	목	x	x	x	o	o	o	고전무	o	o	o	o	o	
O월 5일	금	o	o	o	o	o	o	혼밥	o	o	o	o	o	
O월 6일	토	x	x	x	o	o	o	혼밥	o	x	o	o	o	
O월 7일	일	x	x	x	o	o	o	가족	x	x	o	o	o	
O월 8일	월	o	o	o	o	o	o	혼밥	o	o	o	o	o	이OO
O월 9일	화	o	o	o	o	o	o	혼밥	o	o	o	o	o	
O월 10일	수	x	x	o	o	o	o	한국 OO	x	x	o	x	o	양OO
O월 11일	목	x	x	x	o	o	o	정례모임	o	o	x	x	o	
O월 12일	금	x	x	o	x	x	x	신실본	o	o	o	o	o	
O월 13일	토	x	x	o	x	x	x	골 사랑	o	x	o	o	x	
O월 14일	일	x	x	o	o	o	o	격리	o	x	x	o	x	
O월 15일	월	x	x	x	o	o	o	격리	o	o	x	o	x	

O월 16일	화	x	o	x	o	o	x	격리	o	o	x	o	o	
O월 17일	수	x	x	x	o	o	x	격리	o	o	x	o	o	
O월 18일	목	x	x	x	o	o	x	격리	o	x	x	o	x	
O월19일	금	x	x	x	x	x	x	격리	o	x	x	x	x	
O월 20일	토	x	x	x	x	x	x	격리	o	x	x	x	x	
O월 21일	일	x	x	x	x	x	x	격리	o	o	x	o	x	
O월 22일	월	x	x	x	o	x	x	격리	o	o	x	o	x	
O월 23일	화	x	x	x	o	x	x	격리	o	o	x	o	x	
O월 24일	수	x	x	x	o	o	o	격리	o	o	x	o	x	
O월 25일	목	x	x	x	o	o	o	격리	x	x	x	x	x	
O월 26일	금	x	x	x	o	o	o	격리	x	x	x	x	x	
O월 27일	토	x	x	x	o	o	o	격리	x	x	o	o	o	
O월 28일	일	x	x	x	x	x	x	해제	x	x	o	o	o	
O월 29일	월	o	o	o	o	o	o	면접	o	o	o	o	o	김OO 면접
O월 30일	화	x	x	o	o	o	o	면접	o	o	o	o	o	남OO 면접
O월 31일	수	o	o	o	o	o	o	아내	o	o	x	x	x	휴식

최근에 이런 일이 있었다. 2년 정도의 영업경험을 가진 사람을 1:1로 상담해달라는 후배의 부탁을 받았다. 대부분의 교육이 다수의 피교육자를 상대로 하는 것이 일반적이라 1:1 상담은 매우 특별한 경험이었다. 먼저 그간 많은 교육을 진행했기에 자기분석 리스트를 만들어 피교육생의 상태가 어느 정도인지 파악을 해보았다. 결과는 한마디로 독학으로 학교를 졸업한 학생을 보는 느낌이었다. 그 정도 경력이면 당연히 알아야 할 것들을 모르고 있었다. 1:1 상담을 하면서 교육하는 사람으로서 매우 힘들고 에너지가 많이 소진되었다. 다행히 확실한 피드백과 그의 상황에 맞는 솔루션을 제공하자 빠른 습득효과를 보이는 장점이 있었다.

확실한 성과를 원한다면 피드백은 절대적이다. 옛날 도제식으로 후계자를 기른 교육방법이 바로 피드백에 기초한 학습방법이라고 할 수 있을 것이다. 사실 고대의 교육방법은 대부분 질문하고 들어보고 솔루션을 함께 만들어가는 것이었다. 공자나 석가모니나 소크라테스나 한결같이 이런 교육방법을 실천했다. 일방적으로 주입식으로 강의만 한 경우는 보지 못했다. 가르친다기보다는 질문하고 점검하고 확인하는 것이 진정한 의미의 교육인 것이다. 그래서 본인 스스로 자신의 목표와 계획을 세우고 어느 정도 실행됐는지 점검한 후 그 결과를 전문가와 상담해보면 피드백의 수준은 더 높아진다.

5. 리더십 도구

사람이 태어나서 혼자 사는 예는 거의 없다. 부모와의 관계든 형제 간의 관계든 대부분은 크고 작은 인간관계를 형성하며 살아가기 마련이다. 크기와 성격만 다를 뿐 인간관계를 통해 삶을 꾸려간다. 인간관계란 것도 엄밀히 들여다보면 그 관계 속에 힘의 관계가 있고 그 힘이란 것이 사람들 간의 관계에 미묘한 영향을 미친다. 이를테면 부부 간에도 부부만 아는 역학관계가 존재한다. 배우자를 존경할 수도 있고 배우자를 마음속에서 무시할 수도 있다. 배우자에 대해 열등감을 가질 수도 있고 은연중에 우월감을 가질 수도 있다. 형제 간에도 분명히 역학관계가 존재한다. 힘센 형제도 있고, 공부를 잘하는 형제도 있고, 유독 정이 많은 형제도 있다. 한 부모의 자식이라도 다른 점이 너무나 많다. 친구 간에도 그렇고 회사의 선후배나 동료 간에도 분명 역학관계가 존재한다. 이처럼 개인 간의 관계이든 더 많은 집단의 관계이든 사람들의 관계에는 역학이 존재할 수밖에 없기에 리더십의 문제는 어느 관계에서든 발생하는 것이다.

개인 간의 관계마저 이런 힘의 영향을 받는다면 조직은 말할 것도 없다. 조그만 조직이든 기업이나 국가와 같이 큰 조직이든 조직은 사람들이 모인 곳이다. 먼저 설명한 것처럼 사람이 모인 곳에는 당연히 인간관계가 있고 그 관계에는 역학관계가 있기 마련이다. 이 역학관계를 운영하는 핵심이 리더십이다.

리더십이라 하면 흔히 리더의 역할로 한정하는 경향이 있다. 그러나 우리는 일상의 관계 속에서도 지위와 나이가 아닌 또 다른 의미의 리더십이 있다는 것을 알고 있다. 이를테면 조직에서 리더는 아니지만, 그가 가진 반듯한 처신과 합리적인 의견 제시 등으로 리더와는 다른 영향력을 끼치는 사람을 본 적이 있을 것이다.

사람 간의 관계에 영향을 미치는 좋은 리더십이 우리 삶에 영향을 미친다. 과거에는 가족이든, 사회든, 학교든, 기업이든 연공서열에 기반한 가부장적이고 권위적인 리더십이 원형이었다. 그러나 시대의 변화에 따라 다양한 형태의 리더십이 요구되어왔다. 합리적이고 민주적인 리더십이 좋은 리더십으로 여겨지기도 했다. 리더가 솔선수범해야 한다는 예수님의 리더십을 본받자는 서번트 리더십이나 섬김의 리더십이 강조되기도 했다. 최근에는 소통과 공감의 리더십이 강조되고 있다.

나는 지금까지 다양한 유형의 성공적인 리더십을 가진 사람을 경험했다. 성공적인 인간관계를 만들어가고 **바람직한 리더십을 보여주는 사람들의 특징**을 요약하면 아래와 같다.

첫째, 그들은 가족이든, 동료든 상관없이 사람들에게 비전을 제시하고 그들의 마음속의 잠재력에 불을 지피는 사람들이다. 당연히 이런 사람들은 상대가 가진 장점을 유심히 관찰해서 말해줌으로써 돈을 들이지 않고서도 큰 힘을 선물로 줄 줄 아는 사람들이다. 빈말로 칭찬하는 것이 아니라 진지하게 칭찬할 줄 아는 사람들이다. 이런 사람을 만나면 사람들은 에너지를 얻고 회복되는 기분을 느낀다. 그들은 그들 자신도 넘치는 비전과 꿈을 가지고 있고, 그것을 이루려고 부단히 노력하는 사람들이다. 그들은 당연히 남들이 가지지 않은 열정을 지닌 사람들이다. 역사를 돌아봐도 위대한 지도자들은 한결같이 이런 리더십을 가진 사람들이었다.

둘째, 공정함과 합리적 기준에 의해 정당하게 보상하는 사람들이다. 이는 인사원칙이기도 하다. 어린 시절 부모님들이 무심코 하는 이해할 수 없는 질책이나 작은 편애가 평생 지워지지 않는 기억으로 남아 있는 때도 있다. 학교생활이나 사회생활에서 공정하지 않은 평가는 깊은 상처를 남기는 법이다. 사람들의 편을 가르고 편에 따라 불공정한 대우를 하기 시작하면 불만의 씨앗이 잉태되고 이것이 관계를 깨뜨리게 된다. 인류 역사를 통틀어서 답을 알면서도 잘 지켜지지 않는 것이 바로 불공정과 불평등의 문제이다.

불공정의 문제는 분배의 불평등으로 이어진다. 가족 간이나 개인 간의 갈등도 여기에서 비롯되는 경우가 많다. 좀 과장해서 말하자면 이는 많은 나라가 몰락하는 원인이 되었다. 로마가 그랬고 세계사 대부분에 등장한 제국은 이 두 가지 원칙을 지키지 못해서 몰락했다. 동서양의 왕조들이 망해가는 시대나 한반도에서도 고려 말이나 조선 말과 같이 사회가 암울하고 사람들의 역량이 발휘되지 않던 시대에는 극심한 부패와 권력의 사유화 등 사회에 불공정이 극심했다. 이런 시대에는 특정 세력이 권력을 독점하여 공정함이 훼손되고 기득권층이 다른 사람의 기회를 가로챘다는 공통점이 있다. 반면 구성원들의 역량이 극대화되고 사회에 활력이 넘쳤던 시절은 어김없이 모든 사람에게 공평하게 기회가 제공되고 누구나 자신의 미래를 위해 열정적으로 일에 임했던 시대이다.

사람들을 가장 가슴 뛰게 하고 자신의 역량을 무한정으로 발휘하게 하는 것은 바로 자기 일에 대한 합당한 보상이 이루어지고 공정한 기회를 보장받을 때이다. 이것은 모든 조직 운영에 기본이 되는 공식이다.

이렇게 명확한 이유가 있음에도 늘 이러한 원칙이 지켜지지 않는 이유는 인간이 가진 욕심과 서로에 대한 신뢰 부족 때문이다. 사람에 대한 신뢰가 부족하게 되면 자연히 더 믿을 만한 사람을 찾게 되는데 이때 합리적 기준과 공정함보다는 혈연, 학연, 지연과 같은 고질병이 나타나는 것이다. 더하여 자신과 코드가 맞는 사람을 찾아 공동체 이익보다는 사적 이익을 위한 카르텔을 형성하기도 한다.

이와 같은 불평등과 불공정에 기반한 관계는 사람들의 관심을 정략적으로 바꾼다. 정상적으로 일을 해서 성과를 창출하는 데 자신의 역량을 사용하는 것이 아니라 자신의 미래에 이익을 주는 사람을 찾아 줄을 서게 한다. 자신이 신뢰했던 사람이 공동체에 꼭 유익하다는 법은 없다. 대부분의 배신은 측근에서 발생하는 법이다. 조직에서 자신과 인연이 없다 해서 믿고 기용하지 못할 이유는 어디에도 없다. 다만 사람들이 그렇게 믿을 뿐이다. 이러한 리더십에서 더 나쁜 영향은 리더에게 선택받지 못한 사람이 조직의 방관자가 되거나 조직을 떠나버려 결국 조직은 쇠퇴하고 성과가 저하될 수밖에 없다는 점이다.

인간사회에서 어쩔 수 없는 일 아니냐는 반론이 있을 수 있다. 분명한 것은 잘못된 리더십을 가진 사람과 살아간다는 것은 기회비용이 많아진다는 점을 잊어서는 안 된다. 더 잘할 수 있는 기회를 놓치게 만드는 것이다. 예를 들어 조선의 27명의 왕은 이씨 왕조의 핏줄이어야 했다. 능력에 기반한 공정한 선출방식으로 왕이 선출되었다면 백성의 고통은 줄어들고 민족의 운명도 달라졌을 것이다. 단기적으로는 끼리끼리 똘똘 뭉쳐 성과를 만들 수 있겠으나 장기적으로는 합리적 기준에 의한 정당한 평가와 보상에 기반한 리더십을 갖춘 조직만이 성과를 담보할 수 있다. 왜냐하면 이런 조직에서 사람들은 가슴 뛰는 꿈을 꾸고 자신이 가진 최대한의 역량을 발휘하기 때문이다.

셋째, 바람직한 리더들은 억지로 일을 시키지 않아도 자발적으로 일하게 하는 능력이 있다. 사람들은 누구나 남의 지시와 통제를 불편해한다. 반면 자신이 좋아하거나 자신이 원하는 일은 더 열심히 하게 된다. 그래서 좋아서 일하는 사람을 이길 수가 없다. 미련한 농부는 소를 때려서 일 시키고 현명한 농부는 달래서 일 시킨다. 비단 농부만이 아니다. 모든 리더는 이와 같은 원칙에 지배를 받는다.

넷째, 이들은 가정에서든 사회에서든 최적화를 추구하지만, 수구에 머무르지 않고 더 나은 미래를 위한 혁신을 지향한다. 사람은 누구나 지금의 상황에 머무르려 하는 본능이 있다. 그것을 항상성의 원칙이라 한다. 말하자면 익숙한 것과 잘해온 것을 지키려는 마음이 있다. 그래서 대부분의 사람은 변화에 대한 합리적인 거부를 하게 된다. 가정에서도 성공한 가장은 자신의 가치를 가족에게 강요할 수 있다. 조직의 경우에도 성공한 엘리트들은 그 조직의 본질이나 메커니즘에 최적화된 사람들이다. 그러나 이러한 최적화는 항상 수구라는 함정에 빠질 위험이 있다.

마지막으로 바람직한 리더십을 가진 사람은 소통과 공감 능력을 갖추고 있었다. 이 부분은 앞에서 자세히 설명하였다.

6. 평균의 함정 극복

사람을 설득할 때 가장 많이 쓰는 도구가 아마도 통계일 것이다. 그리고 통계는 이미 발생한 실제의 숫자를 사용하기에 매우 정확하다. 이런 이유로 이익을 위해 최악의 경우 통계를 조작하는 예도 있다. 그래서 우리가 유의하여 보지 않으면 얼마든지 통계의 오류에 빠질 수 있다. 그 대표적인 사례가 바로 평균이 가진 오류이다.

평균이란 '개별적인 수치를 무시하고 전체를 분모로 나눈 후 나온 평균값'을 말한다. 그러나 우리 삶의 완성은 평균값이 아니라 철저하게 개별적이다. 무엇보다 행복의 척도는 일반적인 것이 아니다. 남이 행복하다고 내가 행복한 것도 아니고 평균만큼의 행복이란 것도 있을 수 없다. 우리는 평균이란 말을 통해 모든 사람이 그만큼 같다는 착각을 하게 되는데 나는 이것을 '평균의 함정'이라 부른다.

평균의 함정

우리가 흔히 쓰는 용어 중에 '1인당 GDP'가 있다. 한 나라의 GDP를 전체 인구로 나눈 것이다. 물론 이 숫자가 높다면 그만큼 부자 나라라는 이야기임에는 분명하다. 그러나 이 평균값이 모든 국민 개개인의 소득은 아니다. 이 평균치 안에는 엄청난 부자도 있고 겨우 하루를 살아가는 저

소득층도 있다.

몇 년 전 내가 지방 본부장에 재임할 때 어떤 지점의 평균소득이 전국 최고 상위권이었다. 그곳에는 20여 명의 사원이 있었는데 그중 월소득이 5,000만 원이 넘는 사람이 한 명 있었다. 이분 외에는 소득이 형편없었는데 그가 인당 200만 원으로 평균을 끌어 올린 것이다.

양극화가 심해지고 있는 오늘날에는 평균의 의미가 더욱 실제 상황을 반영한다고 볼 수 없다. 그보다는 오히려 구간별로 파악하는 것이 훨씬 정확할 것이다. 통계를 활용할 때 구간별로 파악하면 좀 더 현실을 반영할 수 있다. 그러나 보다 정확하려면 개별적인 데이터로 접근해야 한다.

양극화

코로나19 직전에 《기생충》이란 영화가 전 세계에서 크게 조명을 받았는데 이 영화는 부의 불평등과 양극화 문제를 다루고 있다. 영화에서처럼 요즈음 양극화와 불평등의 이슈는 전 세계적으로 문제가 되고 있다. 우리나라만 해도 GDP 3만 달러, 국민총생산 세계 11위, 무역 규모 7위 등으로 숫자만 보면 상당히 잘사는 나라에 속한다. 그러나 국민의 행복지수는 그에 한참 미치지 못한다. 평균은 부자이고 평균은 행복한데, 그렇지 않은 사람이 많다는 것을 알 수 있다. 우리가 평균의 함정에 빠진 채로 양극화와 불평등의 문제를 직시하지 않으면 사회의 안정성은 위협받을 것이다.

이 문제를 직시할 때 사회 전체의 안정에 관해 관심을 두고 공정한 분배적 정의를 통해 공존해갈 수 있다.

내가 영업본부장으로 재임하고 있을 때 강하게 추진했던 정책을 하나 소개하고자 한다. 평범해 보이지만 대단히 의미 있는 도전이었다.

20,000명이 넘는 조직을 책임지는 자리에서 가장 중요한 과제는 아무래도 본부장의 철학이 반영된 주요정책일 수밖에 없다. 내가 강하게 추진했던 몇 가지는 첫째 영업문화의 선진화, 둘째 개인의 영업경쟁력 업그레이드, 셋째는 정예화 — 모든 사람의 성장을 추구하는 용어 — 등이다. 한마디로 요약하면 매출 총량으로만 평가하는 엘리트 중심의 영업정책이 아니라 모든 사람의 성장에 방점을 둔 정책이라 할 수 있다.

만약 전체나 평균만 가지고 평가하게 되면 중간관리자들은 조직 전체를 하나하나 살펴야 할 이유가 적어진다. 왜냐하면 한 명이 하든 10명이 하든 매출 총량에만 관심을 두면 쉬운 길을 갈 수 있기 때문이다. 그러나 개개인의 성장상태를 보게 되면 관리자는 조직원 각자를 신경 써야 한다. 개별적으로 관심을 두는 정책이 중간관리자들에게 좀 더 세밀한 관리를 필요로 하고 어려운 지도력을 요구하게 된다. 그러나 이렇게 개별적으로 관심을 기울일 때 조직은 훨씬 단단해지고 성과 역시 좋아질 수밖에 없다. 왜냐하면 개인 각자가 성장할수록 조직은 강해지고 모두 행복을 느낄 수 있기 때문이다.

우리나라도 이제 개발도상국이 아니다. 그리고 고도성장을 위해 모든 사람이 희생을 감수해야 할 나라도 아니다. 이제는 지금까지 우리가 달려왔던 성장모델을 재점검해봐야 한다. 패러다임의 대전환이 필요하다. 이러한 대전환기에 가장 큰 장애물이 바로 특혜를 누린 기득권층의 저항이다.

한국의 기득권층은 고도성장 과정에 국가로부터 보호를 받고 국민은 비용과 수고를 감수했다. 그냥 자신들의 노력으로만 얻은 것은 아니다. 그런데도 그들이 얻은 성과를 지키기 위해 공동체를 배려하지 않는다. 부족한 금융자원을 대기업에 지원하여 경쟁력을 갖도록 국가가 지원해줬지만, 일반 대중은 더 높은 이자를 부담해야 했다. 공장을 짓거나 기업을 시작할 때 국가로부터 유무형의 지원을 받았지만, 일반 국민은 그런 지원으로부터 소외됐다. 기업의 경쟁력을 위해 값싼 노동력을 활용하는 과정에 노동자의 희생을 감수해야 했다. 그 외에도 환경의 문제라든가 산업재해의 문제라든가 인권문제 등도 많은 부분 유보해왔음을 기억해야 한다.

그러나 이제는 나의 성공과 행복만큼 다른 사람의 성공과 행복도 중요한 시대가 됐다. **평균이란 개념으로 개별적인 부분과 부분적인 것이 덮어지거나 무시돼서는 안 된다.** 여러 번 강조 했지만, **인간은 한 명 한 명이 소중한 존재이다. 누구나 행복을 누릴 권리가 있고 인간은 누구나 밤하늘의 별처럼 빛나는 삶을 살 권리가 있다.** 우리 각자가 나름대로 빛나는 인생을 만들어가기 위한 내 나름의 방법을 적어보았다. 이 글을 읽은 사람들 모두가 빛나는 인생을 만들어가기를 바란다.

✳

어떤 사람은 인생이 짧다고 하고 어떤 사람은 길다고 한다. 나는 어느 쪽인지 모르겠다. 그러나 우리의 삶이 매 순간 보람 있고 행복하다면 인생이 짧게 느껴질 것이고 늘 불만으로 가득 차 있다면 길게 느껴질 것 같다.

우리는 어떤 경우도 행복해지고 싶어 한다. 나는 인생을 4막으로 구분해보았다. 지금까지 열심히 살아왔다. 성공적이라 말하기에 부족하고 아쉬운 것은 있으나 그런대로 열심히 살아왔다. 이제 살 날이 산 날보다는 적을 것이 분명하다. 그러나 한 가지 분명한 것이 있다. 지금까지의 삶이 오직 성장을 위해 살아왔다면 이제부터의 삶은 좀 더 의식이 확장된 삶을 살아내고 싶다. 4년 전 출간한 『어제의 나를 넘어서라』라는 책은 회사를 막 나온 후의 소회를 가지고 썼던 글이다. 이번 글은 회사를 나온 지 4년이 지난 후 전혀 다른 경험을 하면서 썼다. 남은 시간을 후회하지 않는 시간으로 채우고 싶은 마음으로 글을 썼다.

간디가 본격적으로 활동했던 나이는 61세부터 78세까지였다고 한다. 김형석 교수는 본인 인생의 황금기는 60부터 75세였다고 말했다. 이런 말이 좀 먼 이야기처럼 들리는 것도 사실이지만 세계 최강국인 미국, 일본, 중국, 독일의 최고 지도자 역시 모두 60세가 넘는 이들이다. 우연의 일치일까? 아니면 뭔가 이유가 있을까? 잘 모르겠다. 앞에서도 언급했듯이 공자는 40세면 불혹(不惑)의 나이라 했고, 50세면 지천명(知天命)이라 했고, 60세면 이순(耳順)이라 했다. 그 당시 신체 나이를 지금과 단순 비교는 어렵겠지만 평균수명을 고려하면 오늘날의 60대가 그 당시 불혹의 나이와 비슷하지 않을까 생각해봤다. 분명한 것은 일국의 지도자로서 필요한 능력은 그 나이 정도 돼야 갖추어지는 것이 아닐까 하고 생각해본다.

오늘날 회사에서 퇴직하는 나이를 공자 시대의 신체 나이로 비교해본다면 이제 겨우 불혹의 나이를 맞이한 것과 같을 것이다. 이 나이에 은퇴라는 것은 좀 민망한 일이다. 차라리 역할이 바뀐 변곡점이라고 생각해보면 어떨까? 다만 우리 사회가 지혜와 경험이 축적된 이 세대에게 맡길 역할을 미처 준비하지 못하고 있는 것 같은데, 우리 스스로 이 시기를 개척해보는 세대가 되면 어떨까?

젊은이의 용기와 열정은 때론 무모함과 미숙함을 드러낼 수도 있다. 역사상 대부분 정복자는 젊은 나이에 전쟁을 일으켰다. 늙은이의 지혜와 경험은 변화를 주저하게 만드는 요인이 되기도 한다. 동서양 모든 철학자가 공통으로 중시하는 중용의 미덕을 실천할 수 있는 나이가 바로

60대가 아닌가 생각해본다. 그러나 현대사회는 이 소중한 연령대에 은퇴를 강요하고, 젊은이는 일자리를 구하지 못하고 있다. 한번 깊이 생각해볼 점이다.

책을 쓰면서 제목이 바뀌어가는 것을 느꼈다. 원래 제목은 '**완성을 향한 끊임없는 도전**'으로 생각했었다. 그러나 도중에 바뀌었다. 내 주변에 나이가 많으신 어른들의 준비되지 않은 고통을 보면서 내가 깊게 생각하지 않았던 부분을 구체적으로 생각하게 되었다. 그들의 인생 4막을 보면서 새로운 에너지가 생기는 것을 느꼈다. 그래서 인생 4막을 어떻게 하면 잘 살아낼 수 있을까 하고 생각하게 되었다. 책 내용을 보완하면서 후회하지 않을 삶을 위한 생각이 계속 머리에 맴돌았다. 그래서 '**젊을 때부터 준비해야 할 인생 4막**'으로 정했다. 그러나 교정을 하다 보니 모든 사람이 행복하고 빛나는 삶을 살았으면 하는 마음으로 글을 쓰고 있다는 생각이 들었다. 결국 '**인생 4막, 은퇴란 없다**'나 '**언제나 빛나는 인생**'으로 했으면 좋겠다는 생각이 들었다.

얼마 전 김형석 교수가 강연 중, "일하는 사람, 베푸는 사람, 공부하는 사람이 가장 행복한 사람"이라고 하신 것을 기사로 보았다. 가슴 깊게 울림이 왔다. 나의 인생 3막과 4막이 일하고 베풀며 공부하는 삶으로 채워지면 좋겠다는 소망이 생겼다. 나는 인생 1막과 2막을 지나왔다. 내가 질풍노도처럼 보내온 그 시기를 누군가는 지금 맞이하고 있다. 인생 1막, 2막을 맞이한 젊은이들이 나의 실수와 실패를 거울 삼아 미리미리 인생 3막과 4막을 예측하고 검토해서 대비를 잘했으면 하는 바람이다.

한편 나 역시 지금까지는 무지한 탓에 실수도 많이 했지만, 이제부터라도 성숙하고 지혜로운 사람이 되어 아름다운 3막을 잘 보내고 싶다. 그리고 맞이할 인생 4막을 위해 다음을 다짐해본다.

1. 자식에게 의존하지 않는 자립적인 노인이 되자.
2. 자식의 돌봄이 예상과 다르다고 서운해 말자.
3. 존엄한 인생 4막의 노후를 보내기 위해, 규칙적인 운동과 함께 지금의 3막에서 할 수 있는 것을 찾아서 하자.
4. 계속 배우고 공부하며 나의 지경을 확대하여 내면이 더욱 성숙해지는 사람이 되자.
5. 내가 할 수 없는 것에 대해 과감히 내려놓고 떠나보내자.

비록 다짐이지만 이러한 것들이 현실적인 실천으로 이어져서, 인생 4막을 멋지게 맞이하고 빛나는 삶을 완성해가고 싶다.

언제나 빛나는 인생

인생 4막, 은퇴란 없다

초판 1쇄 발행	2021년 12월 20일
지은이	윤병철
펴낸이	신민식
펴낸곳	가디언
출판등록	제2010-000113호
주소	서울시 마포구 토정로 222 한국출판콘텐츠센터 306호
전화	02-332-4103
팩스	02-332-4111
이메일	gadian7@naver.com
홈페이지	www.sirubooks.com

ISBN 979-11-6778-026-3 (03190)